부수명칭(部首名稱)

1획			大	큰 대		木	나무 목
一	한 일		女	계집 녀		欠	하품 흠
丨	뚫을 곤		子	아들 자		止	그칠 지
丶	점 주(점)		宀	집 면(갓머리)		歹(歺)	뼈앙상할 알(죽을사변)
丿	삐칠 별(삐침)		寸	마디 촌		殳	칠 수 (갖은등글월문)
乙(乚)	새 을		小	작을 소		毋	말 무
亅	갈고리 궐		尢(尣)	절름발이 왕		比	견줄 비
2획			尸	주검 시		毛	터럭 모
二	두 이		屮(艸)	싹날 철		氏	각시 씨
亠	머리 두(돼지해머리)		山	메 산		气	기운 기
人(亻)	사람 인(인변)		巛(川)	개미허리(내 천)		水(氵)	물 수(삼수변)
儿	어진사람 인		工	장인 공		火(灬)	불 화
入	들 입		己	몸 기		爪(爫)	손톱 조
八	여덟 팔		巾	수건 건		父	아비 부
冂	멀 경(멀경몸)		干	방패 간		爻	점괘 효
冖	덮을 멱(민갓머리)		幺	작을 요		爿	조각널 장(장수장변)
冫	얼음 빙(이수변)		广	집 엄(엄호)		片	조각 편
几	안석 궤(책상궤)		廴	길게걸을 인(민책받침)		牙	어금니 아
凵	입벌릴 감 (위터진입구)		廾	손맞잡을 공(밑스물입)		牛(牜)	소 우
刀(刂)	칼 도		弋	주살 익		犬(犭)	개 견
力	힘 력		弓	활 궁		5획	
勹	쌀 포		彐(彑)	돼지머리 계(터진가로왈)		玄	검을 현
匕	비수 비		彡	터럭 삼(삐친석삼)		玉(王)	구슬 옥
匚	상자 방(터진입구)		彳	조금걸을 척(중인변)		瓜	오이 과
匸	감출 혜(터진에운담)		4획			瓦	기와 와
十	열 십		心(忄·㣺)	마음 심(심방변)		甘	달 감
卜	점 복		戈	창 과		生	날 생
卩(㔾)	병부 절		戶	지게 호		用	쓸 용
厂	굴바위 엄(민엄호)		手(扌)	손 수(재방변)		田	밭 전
厶	사사로울 사(마늘모)		支	지탱할 지		疋	필 필
又	또 우		攴(攵)	칠 복 (등글월문)		疒	병들 녁(병질엄)
3획			文	글월 문		癶	걸을 발(필발머리)
口	입 구		斗	말 두		白	흰 백
囗	에울 위(큰입구)		斤	도끼 근(날근)		皮	가죽 피
土	흙 토		方	모 방		皿	그릇 명
士	선비 사		无(旡)	없을 무(이미기방)		目(罒)	눈 목
夂	뒤져올 치		日	날 일		矛	창 모
夊	천천히걸을 쇠		曰	가로 왈		矢	화살 시
夕	저녁 석		月	달 월		石	돌 석

示(礻)	보일 시		谷	골 곡		10 획	
内	짐승발자국 유		豆	콩 두	馬	말 마	
禾	벼 화		豕	돼지 시	骨	뼈 골	
穴	구멍 혈		豸	발없는벌레 치(갖은돼지시변)	高	높을 고	
立	설 립		貝	조개 패	髟	머리털늘어질 표(터럭발)	
6 획			赤	붉을 적	鬥	싸울 투	
竹	대 죽		走	달아날 주	鬯	술 창	
米	쌀 미		足(⻊)	발 족	鬲	솥 력	
糸	실 사		身	몸 신	鬼	귀신 귀	
缶	장군 부		車	수레 거	11 획		
网(罒·皿)	그물 망		辛	매울 신	魚	물고기 어	
羊	양 양		辰	별 진	鳥	새 조	
羽	깃 우		辵(辶)	쉬엄쉬엄갈 착(책받침)	鹵	소금밭 로	
老(耂)	늙을 로		邑(⻏)	고을 읍(우부방)	鹿	사슴 록	
而	말이을 이		酉	닭 유	麥	보리 맥	
耒	쟁기 뢰		釆	분별할 변	麻	삼 마	
耳	귀 이		里	마을 리	12 획		
聿	붓 율		8 획		黃	누를 황	
肉(月)	고기 육(육달월변)		金	쇠 금	黍	기장 서	
臣	신하 신		長(镸)	길 장	黑	검을 흑	
自	스스로 자		門	문 문	黹	바느질할 치	
至	이를 지		阜(⻖)	언덕 부(좌부방)	13 획		
臼	절구 구(확구)		隶	미칠 이	黽	맹꽁이 맹	
舌	혀 설		隹	새 추	鼎	솥 정	
舛(桀)	어그러질 천		雨	비 우	鼓	북 고	
舟	배 주		青	푸를 청	鼠	쥐 서	
艮	그칠 간		非	아닐 비	14 획		
色	빛 색		9 획		鼻	코 비	
艸(艹)	풀 초(초두)		面	낯 면	齊	가지런할 제	
虍	범의문채 호(범호)		革	가죽 혁	15 획		
虫	벌레 충(훼)		韋	다룸가죽 위	齒	이 치	
血	피 혈		韭	부추 구	16 획		
行	다닐 행		音	소리 음	龍	용 룡	
衣(衤)	옷 의		頁	머리 혈	龜	거북 귀(구)	
襾	덮을 아		風	바람 풍	17 획		
7 획			飛	날 비	龠	피리 약변	
見	볼 견		食(飠)	밥 식(변)	*는	*忄심방(변) *扌재방(변)	
角	뿔 각		首	머리 수	부수의	*氵삼수(변) *犭개사슴록(변)	
言	말씀 언		香	향기 향	변형글자	*阝(邑)우부(방) *阝(阜)좌부(변)	

고등 교육용 한자 900+ 고사성어 故事成語 쓰기교본

국립중앙도서관 출판예정도서목록(CIP)

고등 교육용 한자 900+고사성어 쓰기교본 /
창 [편]. — 서울 : 창, 2017 p. ; cm

감수: 최청화, 유향미
권말부록: 부수(部首) 일람표 등
색인수록
ISBN 978-89-7453-420-2 13710 : ₩12000

한자 교본[漢字敎本]

711.47-KDC6
495.78-DDC23   CIP2016032115

고등 교육용 한자 900+고사성어 쓰기교본

2021년 3월 10일 2쇄 인쇄
2021년 3월 15일 2쇄 발행

감수자 | 최청화/유향미
펴낸이 | 이규인
펴낸곳 | 도서출판 **창**
등록번호 | 제15-454호
등록일자 | 2004년 3월 25일

주소 | 서울특별시 마포구 대흥로 4길 49 1층(용강동, 월명빌딩)
전화 | (02) 322-2686, 2687 / **팩시밀리** | (02) 326-3218
홈페이지 | http://www.changbook.co.kr
e-mail | changbook1@hanmail.net

ISBN 978-89-7453-420-2 13710

정가 12,000원
*잘못 만들어진 책은 〈도서출판 **창**〉에서 바꾸어 드립니다.

*이 책의 저작권은 〈도서출판 **창**〉에 있습니다.
 저작권법에 의해 보호를 받는 저작물이므로 무단 전재와 복제를 금합니다.

고등 교육용 한자 900 + 고사성어
故事成語

최청화·유향미 감수

쓰기교본

창 Chang Books

Foreword

간편하고 효율적인 학습을 위해

여러분은 지금 국제화 시대에 살고 있습니다. 한자는 중국 등 한자문화권 국가와의 비즈니스 관계에 따라 영어와 마찬가지로 여러분과 떼려야 뗄 수 없는 불가분의 관계입니다. 지구상의 글자를 소리글자와 뜻글자로 크게 분류한다면 소리글자가 영어, 뜻글자는 한자입니다. 이러한 시대 상황을 고려하여 편집·제작된 '고등 교육용 한자 900+고사성어 쓰기교본'은 교육부에서 발표한 21세기 한자·한문 교육의 내실을 기하며, 새로운 교육적 전망을 확립하기 위하여 만들어졌습니다. 따라서 정부에서 정한 고등학교 교육용 한자 900자와 고사성어를 능력시험의 8급~2급까지의 기초한자 및 필수한자와 핵심한자 등을 포함해서 누구나 부담없이 공부할 수 있도록 900자로 구성하였습니다. 그리고 왕초보자를 위해 필순을 넣어 쉽게 쓸 수 있도록 하였을뿐만 아니라 쓰기 연습을 넣어 한 번에 완벽하게 끝낼 수 있도록 하였으며, 또한 10년 이상 각종 시험자료에서 입증된 필수 고사성어만을 골라 함께 실었습니다. 우리 글은 상당 부분을 한자에서 유래된 말이 많이 차지하고 있어 비록 복잡하지만 공부해보면 정말 신비하고 재미있는 철학이 담겨 있다는 것을 알게 될 것입니다.

이 책의 구성을 살펴보면,
Part I 고등 교육용 한자 900(8~2급)
Part II 고등 교육용 고사성어 (8~1급)

이와 같이 고등학교 교육용 기초한자는 급수별로 분류한 후, 중요도에 따라 알기 쉽게 '가나다(ㄱ, ㄴ, ㄷ)'순으로 배열·수록하였으며, 학생들이 언어생활과 전공 학습에 필요한 한자를 학습하고, 국가공인 한자자격증 시험을 준비하는 데 도움을 주고자 상용 한자 어휘의 자료를 충실히 반영하고, 그외 다양한 실생활과 학업에 필요한 한자만을 열거하였습니다. 모든 한자는 표제자(標題字)의 부수(部首), 획수(畫數), 총획수(總畫數)를 표시하여 고등학교 교육용 한자만을 골라 900자와 고사성어로 구성되었습니다. 그리고 세계화

Foreword

에 대비해서 완벽한 언어로 발전하기 위해 4개국어로 표기되어 누구든지 쉽게 활용할 수 있습니다. 또한 한자 어휘를 중심으로 해당 한자의 음과 뜻, 한자 어휘의 활용, 해당 어휘가 활용된 예를 제시하였으며, 중국어 간체자뿐만 아니라 일본어 약자 및 파생어 등도 함께 수록하여 한자 익히기에 도움을 주었습니다. 부록은 한자 학습에 꼭 필요한 알찬 내용만을 엄선하여 실었습니다. 꾸준히 반복하여 학습하면 많은 한자를 활용할 수 있을 것입니다.

참고로 이 책을 학습하는 데 필요한 사용기호를 살펴보면,
기본 뜻 외에 영어, 중국어, 일본어 등을 표기하고 교육용 1800 기본한자는 반대자와 상대자, 약자와 속자 등을 제시하고 영 → 영어 중 → 중국어 일 → 일본어 유 → 유의어 반 → 반의어를 표시하였습니다.
＊는 중요도를 표기했음.

〈본문설명〉

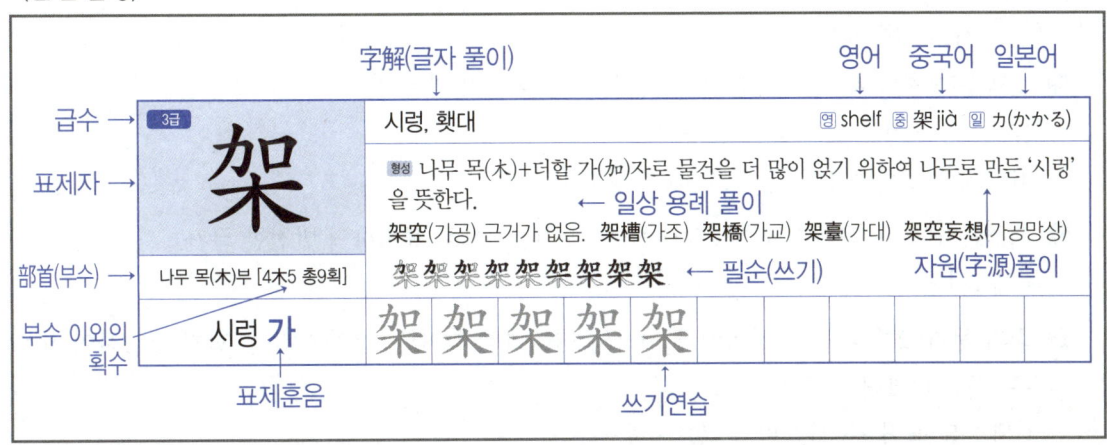

한자(漢字)에 대하여

1. 한자(漢字)의 필요성

지구상에서 한자가 통용되는 인구는 줄잡아 14억을 넘고 있다. 최근 글로벌 시대를 맞이하여 한자를 사용하고 있는 한국·중국·일본을 중심으로 한 동아시아의 경제와 문화가 급격히 부상하면서 한자 학습의 중요성이 더욱 강조되고 있다.

2. 한자(漢字)의 생성 원리

한글은 말소리를 나타내는 소리글자 즉, 표음문자(表音文字)이지만, 한자는 그림이나 사물의 형상을 본떠서 시각적으로 의미를 전달하는 뜻글자로 표의문자(表意文字)이다. 대부분의 사람들은 한자를 공부하는 데 우선 어렵다고 느껴지겠지만 한자의 기본 원칙인 육서(六書)를 익혀두고, 기본 부수풀이를 익힌다면 한자를 이해하는 데 많은 도움이 될 것이다.

(가) 한자(漢字)의 세 가지 요소

모든 한자는 고유한 모양 '형(形)'과 소리 '음(音)'과 뜻 '의(義)'의 세 가지 요소로 이루어져 있으며, 일반적으로 뜻을 먼저 읽고 나중에 음을 읽는다.

모양	天	地	日	月	山	川
소리	천	지	일	월	산	천
뜻	하늘	땅	해·날	달	메	내

(나) 한자(漢字)를 만든 원리

❶ 상형문자(象形文字) : 구체적인 사물의 모양을 본떠 만든 것.
  (예 : ◎ → 日 , ⛰ → 山 , 〰 → 川)
  日 : 해의 모양을 본뜬 글자로 '해'를 뜻한다.

❷ 지사문자(指事文字) : 그 추상적인 뜻을 점이나 선으로 표시하여 발전한 글자.
  (예 : 上, 下, 一, 二, 三)

❸ 회의 문자(會意文字) : 상형이나 지사의 원리에 의하여 두 글자의 뜻을 합쳐 결합하여 새로운 뜻을 나타내는 글자.
  (예 : 日 + 月 → 明 , 田 + 力 → 男)

❹ 형성문자(形聲文字) : 상형이나 지사문자들을 서로 결합하여 뜻 부분과 음 부분 나타내도록 만든 글자.
  (예 : 工 + 力 → 功)
❺ 전주문자(轉注文字) : 이미 만들어진 글자를 최대한으로 다른 뜻으로 유추하여 늘여서 쓰는 것.
  (예 : 樂 → 풍류 악, 즐거울 락, 좋아할 요 惡 → 악할 악, 미워할 오)
❻ 가차문자(假借文字) : 이미 있는 글자의 뜻에 관계 없이 음이나 형태를 빌어다 쓰는 글자.
  (예 : 自 → 처음에는 코(鼻 : 코 비)라는 글자였으나 그음을 빌려서 '자기'라는 뜻으로 사용.

(다) 부수(部首)의 위치와 명칭

❶ 머리(冠) · 두(頭)
  부수가 글자의 위에 있는 것.
  대표부수: 亠, 宀, 竹, 艸(艹)

  宀 갓머리(집면) : 官(벼슬 관)
  艹(艸) 초두머리(풀초) : 花(꽃 화), 苦(쓸 고)

❷ 변(邊)
  부수가 글자의 왼쪽에 있는 것.
  대표부수: 人(亻), 彳, 心(忄), 手(扌), 木, 水(氵), 石

  亻(人) 사람인변 : 仁(어질 인), 代(대신 대)
  禾 벼화변 : 科(과목 과), 秋(가을 추)

❸ 발 · 다리(脚)
  부수가 글자의 아래에 있는 것.
  대표부수: 儿, 火(灬), 皿

  儿 어진사람인 : 兄(형 형), 光(빛 광)
  灬(火) 연화발(불화) : 烈(매울 열), 無(없을 무)

❹ 방(傍)
  부수가 글자의 오른쪽에 있는 것.
  대표부수: 刀(刂), 攴(攵), 欠, 見, 邑(阝)

  刂(刀) 선칼도방 : 刻(새길 각), 刑(형벌 형)
  阝(邑) 우부방 : 郡(고을 군), 邦(나라 방)

❺ 엄(广)
부수가 글자의 위에서 왼쪽으로 덮여 있는 것.
대표부수: 厂, 广, 疒, 虍

广 엄호(집엄) : 序(차례 서), 度(법도 도)
尸(주검시) : 居(살 거), 局(판 국)

❻ 받침
부수가 왼쪽에서 밑으로 있는 것.
대표부수: 廴, 走, 辵(辶)

廴 민책받침(길게걸을인) : 廷(조정 정), 建(세울 건)
辶(辵) 책받침(쉬엄쉬엄갈착) : 近(가까울 근), 追(따를 추)

❼ 몸
부수가 글자를 에워싸고 있는 것.
대표부수: 凵, 口, 門

凵 위튼입구몸(입벌릴감) : 凶(흉할 흉), 出(날 출)

匸 감출혜 : 匹(짝 필), 區(구분할 구)
匚 튼입구몸(상자방) : 匠(장인 장), 匣(갑 갑)

門 문문 : 開(열 개), 間(사이 간)

口 큰입구몸(에운담) :
四(넉 사), 困(곤할 곤), 國(나라 국)

❽ 제부수
부수가 그대로 한 글자를 구성한다.

木(나무목) : 本(근본 본), 末(끝 말)
車(수레거) : 軍(군사 군), 較(비교할 교)
馬(말마) : 驛(역마 역), 騎(말탈 기)

한자 쓰기의 기본 원칙

1. 위에서 아래로 쓴다.

위를 먼저 쓰고 아래는 나중에

工(장인 공) → 一 T 工, 三(석 삼) → 一 二 三

2. 왼쪽에서 오른쪽으로 쓴다.

왼쪽을 먼저, 오른쪽을 나중에

川(내 천) → 丿 丿丨 川, 江(강 강) → 丶 丶丶 氵 汀 江

3. 가로획과 세로획이 겹칠 때에는 가로획을 먼저 쓴다.

木(나무 목) → 一 十 才 木
吉(길할 길) → 一 十 士 吉 吉 吉

4. 삐침과 파임이 만날 때에는 삐침을 먼저 쓴다.

人(사람 인) → 丿 人
文(글월 문) → 丶 亠 ナ 文

5. 좌우가 대칭될 때에는 가운데를 먼저 쓴다.

小(작을 소) → 亅 小 小
水(물 수) → 亅 氵 水 水

6. 둘러싼 모양으로 된 자는 바깥쪽을 먼저 쓴다.

同(같을 동) → 丨 冂 冂 同 同 同
固(굳을 고) → 冂 冂 冂 周 周 固

7. 글자 전체를 꿰뚫는 획은 나중에 쓴다.

中(가운데 중) → 丶 口 口 中
事(일 사) → 一 口 曰 亘 事 事

8. 글자를 가로지르는 획은 나중에 긋는다.

女(계집 여) → ㄑ 夂 女
丹(붉을 단) → ノ 刀 月 丹

9. 오른쪽 위에 점이 있는 글자는 그 점을 나중에 찍는다.

犬(개 견) → 一 ナ 大 犬
伐(칠 벌) → ノ 亻 仁 代 伐 伐

10. 세로획을 먼저 쓴다.

세로획을 먼저 쓰는 경우 由(말미암을 유) → ㅣ 冂 叶 由 由
둘러싸여 있지 않을 경우 王(임금 왕) → 一 丅 千 王

11. 가로획과 왼쪽 삐침일 경우, 가로획을 먼저 쓴다.

가로획을 먼저 쓸 경우 左(왼 좌) → 一 ナ 七 눈 左
삐침을 먼저 쓰는 경우 右(오른 우) → ノ 十 ナ 右 右

12. 책받침(辶·廴)은 나중에 쓴다.

遠(멀 원) → 十 土 吉 享 袁 遠
建(세울 건) → 코 ㅋ 聿 肀 建 建

※ 받침이 있을 때 먼저 쓰는 글자 : 起(일어날 기) 題(제목 제)

영자팔법(永字八法)

영자팔법(永字八法)은 붓글씨를 쓸 때 한자의 글씨 쓰는 법을 가르치는 방법의 하나로 자주 나오는 여덟 가지 획의 종류를 '永(길 영)'자 한자 속에 쓰는 방법이다. 一(측:側)은 윗점, 二(늑:勒)는 가로획, 三(노:努)은 가운데 내리 획, 四(적:趯)는 아래 구부림, 五(책:策)는 짧은 가로획, 六(약:掠)은 오른쪽에서 삐침, 七(탁:啄)은 짧은 오른쪽 삐침, 八(책:磔)은 왼쪽에서 삐침을 설명한 것이다.

* '①~⑤'은 획순이며, '一~八'은 획의 종류 설명이다.

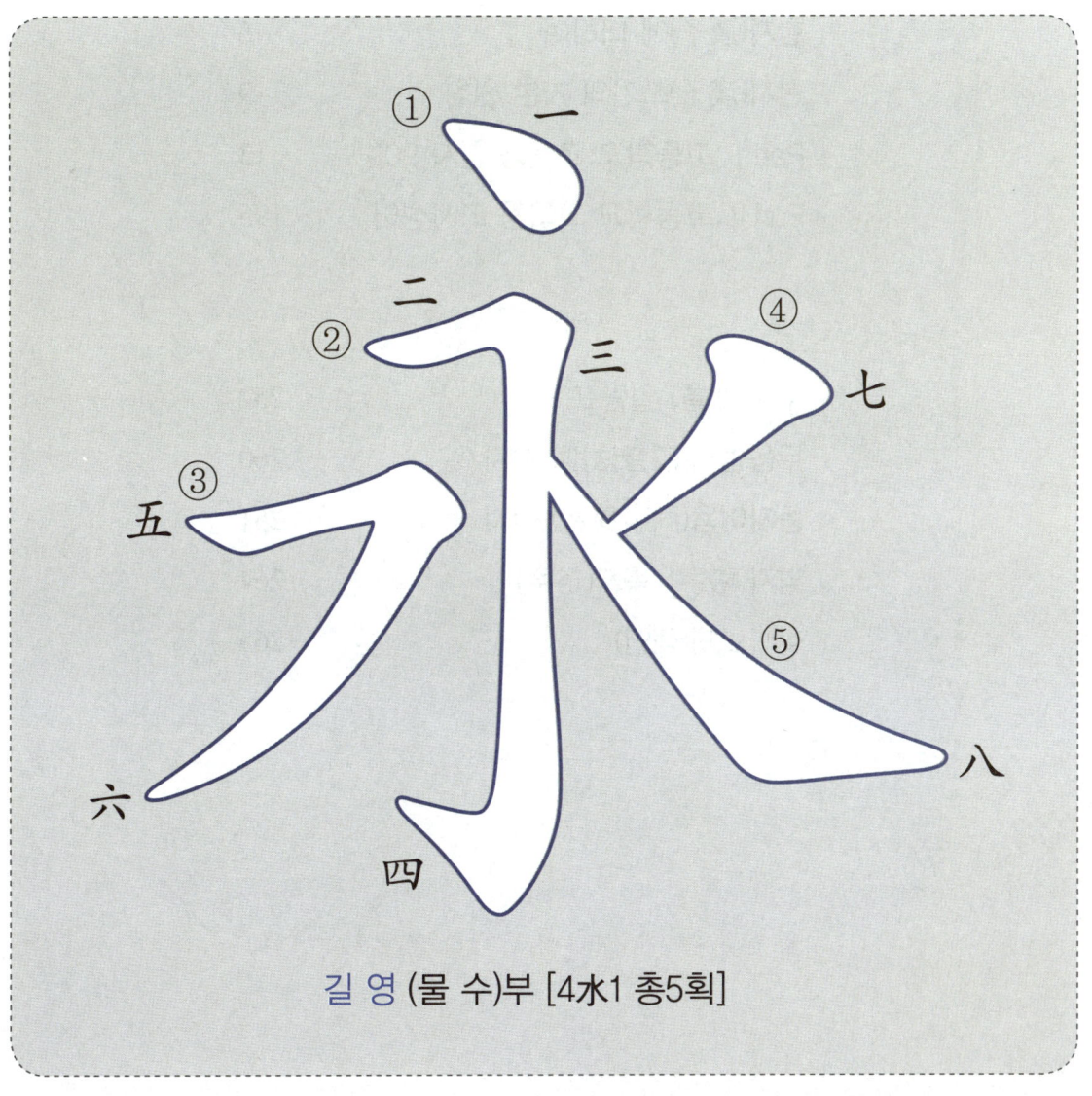

길 영 (물 수)부 [4水1 총5획]

차례

- 머리말   4
- 한자(漢字)에 대하여   6
- 한자(漢字)쓰기의 기본 원칙   9
- Part I 고등학교 교육용 한자 900   13
- Part II 고등학교 교육용 고사성어   195

〈부록〉

- 부수(部首) 일람표   252
- 두음법칙(頭音法則) 한자   260
- 동자이음(同字異音) 한자   261
- 약자(略字)·속자(俗字)   264
- 찾아보기(색인)   265

고등학교 교육용 한자 900

고등 교육용 한자
900 ⊕ 고사성어
故事成語
쓰기교본

Part I

3급	架	시렁, 횃대	영 shelf 중 架 jià 일 カ(かかる)

형성 나무 목(木)+더할 가(加)자로 물건을 더 많이 얹기 위하여 나무로 만든 '시렁'을 뜻한다.

架空(가공) 근거가 없음. 架槽(가조) 架橋(가교) 架臺(가대) 架空妄想(가공망상)

나무 목(木)부 [4木5 총9획]

시렁 **가**

4급	暇	겨를, 한가하다	영 leisure 중 暇 xiá 일 カ(ひま)

형성 날 일(日)+빌릴 가(段)자로 할 일 없는 하루이므로 '한가하다'의 뜻이다.

休暇(휴가) 정상 업무 날 이외에 쉴 수 있는 날. 暇日(가일) 病暇(병가) 餘暇(여가)

날 일(日)부 [4日9 총13획]

겨를·한가할 **가**

3급	却	물리치다	영 reject 중 却 què 일 キャク(しりぞける)

형성 갈 거(去)+몸기 절(卩)자로 무릎걸음으로 뒤로 '물러나다'를 뜻한다.

却望(각망) 뒤를 돌아다 봄. 却說(각설) 却走(각주) 却下(각하)

병부 절(卩/㔾)부 [2卩5 총7획]

물리칠 **각**

4급	刻	새기다, 깎다	영 carve 중 刻 kè 일 コク(きざむ)

회의·형성 핵(亥)+칼 도[刂]자로 딱딱한 씨에 글을 써넣는 것으로 '새기다'의 뜻이다.

刻苦(각고) 고생을 이겨내면서 애를 씀. 刻字(각자) 刻印(각인) 刻薄(각박)

칼 도(刀/刂)부 [2刀6 총8획]

새길 **각**

3II급	閣	누각, 다락집	영 gate post 중 阁 gé 일 カク(たかどの)

형성 문 문(門)+각각 각(各)자로 문을 열었을 때나 닫았을 때 문짝이 움직이지 않게 거는 '도구(道具)'를 뜻한다.

閣道(각도) 다락집의 복도. 閣議(각의) 閣令(각령) 閣僚(각료) 高堂畵閣(고당화각)

문 문(門)부 [8門6 총14획]

집·문설주 **각**

覺

4급 | 깨닫다, 깨우치다 | 영 conscious 중 觉 jué 일 覚 カク(おぼえる)

형성 배울 학(學)+볼 견(見)자로 보고 배워서 사물의 이치를 '깨닫다'는 뜻이다.
覺書(각서) 약속을 지키겠다는 내용을 적은 문서.
覺知(각지) 覺悟(각오) 覺性(각성) 見聞覺知(견문각지)

볼 견(見)부 [7見13 총20획]

깨달을 각

刊

3Ⅱ급 | 새기다, 책 펴내다 | 영 carve·publish 중 刊 kān 일 カン(きざむ)

형성 방패 간(干)+칼 도(刂)자로 옛날에는 나무판자나 대나무 쪽에 글자를 새겨 책을 만들었다.
刊本(간본) 인쇄된 서책. 刊刻(간각) 不刊之書(불간지서)

칼 도(刀/刂)부 [2刀3 총5획]

새길 간

肝

3Ⅱ급 | 간, 간장 | 영 liver 중 肝 gān 일 カン(きも)

형성 고기 육(月)+방패 간(干:줄기(幹)를 가리킴)자로 몸속의 중요한 부분, 즉 '간'을 뜻한다.
肝膈(간격) 몸 속 깊이 있는 간장과 가로막. 肝要(간요) 肝膽(간담) 肝癌(간암)

고기 육(육달월) 肉(月)부 [4月3 총7획]

간 간

姦

3급 | 간사하다, 속임 | 영 adultery 중 奸 jiān 일 カン(よこしま)

회의 여자(女) 세 명을 합하여 '불의, 간사함'을 뜻한다.
姦夫(간부) 간통한 사내. 姦通(간통) 姦婦(간부) 姦淫(간음) 近親相姦(근친상간)

계집 녀(女)부 [3女6 총9획]

간사할 간

幹

3Ⅱ급 | 줄기, 기둥 | 영 trunk 중 干 gàn 일 カン(みき)

형성 해돋을 간(𠦝 : 깃대 모양)+방패 간(干)자로 '줄기'를 뜻한다.
幹部(간부) 조직에서 중심을 이루는 사람. 幹枝(간지) 幹能(간능)

방패 간(干)부 [3干10 총13획]

줄기 간

懇

3II급 · 마음 심(심방변) 心(忄/㣺)부 [4心13 총17획]

간절할 **간**

간절하다, 노력하다 · 영 sincerity · 중 恳 kěn · 일 コン(ねんごろ)

형성 정성스러울 간(豤)+마음 심(心)자로 정성스러운 마음과 간절한 것을 뜻한다.

懇切(간절) 절실함. 懇求(간구) 懇談(간담) 勤勤懇懇(근근간간)

簡

4급 · 대 죽(竹)부 [6竹12 총18획]

편지·대쪽 **간**

편지 · 유 略(간략할 략) · 영 letter · 중 简 jiǎn · 일 カン(てがみ)

형성 대 죽(竹)+사이 간(間)자로 대쪽에 글을 쓰도록 엮은 '편지'를 뜻한다.

簡潔(간결) 간단하고 요령이 있음. 簡牘(간독) 簡單(간단) 簡略(간략)

監

4II급 · 그릇 명(皿)부 [5皿9 총14획]

볼·살필 **감**

보다, 경계하다 · 유 視(볼 시) · 영 oversee · 중 监 jiān · 일 カン(みる)

회의 신하 신(臣)+사람 인(亻)+그릇 명(皿)+한 일(一)자로 눈뜨고 물에 비친 그림자를 '본다'는 뜻이다.

監督(감독) 감시하여 단속함. 監戒(감계) 監獄(감옥) 監視(감시)

鑑

3II급 · 쇠 금(金)부 [8金14 총22획]

거울 **감**

거울, 본보기 · 영 mirror · 중 鉴 jiàn · 일 カン(かがみ)

형성 쇠 금(金)+살필 감(監)자로 비추어 보는 쇠, 즉 '거울'을 뜻한다.

鑑別(감별) 감정하여 좋고 나쁨을 가림. 鑑賞(감상) 鑑識(감식) 鑑定(감정)

剛

3II급 · 칼 도(刀/刂)부 [2刀8 총10획]

굳셀 **강**

굳세다, 굳다 · 영 firm · 중 刚 gāng · 일 ゴウ(つよい)

형성 산등성이 강(岡:강하다)+칼 도(刂)자로 칼로 위협해도 산처럼 버티고 서서 굴하지 않음을 뜻한다.

剛性(강성) 굳센 성질. 剛直(강직) 剛健(강건) 剛斷(강단) 外柔內剛(외유내강)

康

4Ⅱ급

편안하다, 화목하다 유 健(건강할 건)   영 healthy 중 康 kāng 일 コウ

회의·형성 집[广]도 고치고[庚] 쌀[米→氺]도 풍족하니 '편안하다'는 뜻이다.

康衢煙月(강구연월) 태평성대. 康衢(강구) 康建(강건) 康寧(강녕)

엄 호(广)부 [3广8 총11획]

康康康康康康康康康康康

편안할 강

康 康 康 康 康

綱

3급

벼리, 사물의 근본   영 outline 중 纲 gāng 일 コウ(つな)

형성 실 사(糸)+산등성이 강(岡)자로, 매우 튼튼한 새끼줄이나 밧줄, 즉 '벼리'를 뜻한다.

綱領(강령) 일의 큰 줄거리. 綱目(강목) 綱常(강상) 綱要(강요)

실 사(糸)부 [6糸8 총14획]

綱綱綱綱綱綱綱綱綱綱綱綱綱綱

벼리 강

綱 綱 綱 綱 綱

鋼

3급

강철, 강하다   영 steel 중 钢 gāng 일 コウ(はがね)

형성 쇠 금(金)+굳셀 강(剛)자로 강한 금속, 즉 '강철'을 뜻한다.

鋼板(강판) 강철판. 鋼鐵(강철) 鋼管(강관) 鋼線(강선)

쇠 금(金)부 [8金8 총16획]

鋼鋼鋼鋼鋼鋼鋼鋼鋼鋼鋼

강철 강

鋼 鋼 鋼 鋼 鋼

慨

3급

슬퍼하다, 분개하다   영 lament 중 慨 kǎi 일 ガイ(なげく)

회의 마음 심(忄)+이미 기(旣:목이 메다)자로, 마음이 막히어 슬퍼하고 분개하는 것을 뜻한다.

慨嘆(개탄) 의분이 복받쳐 오름. 慨然(개연) 慨世(개세) 慷慨(강개)

마음 심(심방변) 心(忄/㣺)부 [3忄11 총14획]

慨慨慨慨慨慨慨慨慨慨慨慨

슬퍼할 개

慨 慨 慨 慨 慨

介

3Ⅱ급

끼이다, 굳다   영 between 중 介 jiè 일 カイ(はさまる)

회의 사람 인(亻)+나누다(八)자로 갑옷 속에 들어 있는 사람을 본뜬 글자이다.

介殼(개각) 조가비. 介甲(개갑) 介馬(개마) 介意(개의) 介者不拜(개자불배)

사람 인(人)부 [2人2 총4획]

介介介介

끼일 개

介 介 介 介 介

蓋 (3급)

덮다, 덮어놓다 영 cover 중 蓋 gài 일 ガイ(おおう)

형성 풀 초(艹)+덮을 합(盍)자로 풀을 엮어서 만든 '덮개'를 뜻한다.

蓋世(개세) 떨치는 힘이 세상(世上)을 뒤엎음. 蓋瓦(개와) 蓋棺(개관) 蓋覆(개복)

풀초(초두) 艸(艹)부 [4艹10 총14획]

덮을 개

概 (3Ⅱ급)

대개, 대강 영 generally 중 概 gài 일 ガイ(おおむね)

형성 나무 목(木)+이미 기(旣)자로 곡식이 넘쳐흐르는 평미레를 뜻하였으나 파생되어 '대개'를 뜻한다.

概要(개요) 대충 살펴 봄. 概括(개괄) 概念(개념) 概況(개황)

나무 목(木)부 [4木11 총15획]

대개 개

拒 (4급)

막다, 맞서다 영 defend 중 拒 jù 일 キョ(こばむ)

형성 손 수(扌)+클 거(巨)자로 가까이 오는 자를 손으로 '막다'의 뜻이다.

拒否(거부) 승낙을 하지 않고 물리침. 拒逆(거역) 拒納(거납) 拒切(거절)

손 수(재방변) 手(扌)부 [3扌5 총8획]

막을 거

距 (3Ⅱ급)

떨어지다, 며느리발톱 영 distant 중 距 jù 일 キョ(へだたる)

형성 발 족(足)+클 거(巨:물리치다)자로 닭의 며느리 발톱이나 떨어지는 것을 뜻한다.

距骨(거골) 복사뼈. 距今(거금) 距離(거리) 距躍(거약) 距離空間(거리공간)

발 족(足)부 [7足5 총12획]

떨어질 거

據 (4급)

의거하다, 의지하다 영 dependent 중 据 jù 일 拠 キョ(よる)

형성 손 수(扌)+원숭이 거(豦)자로 원숭이는 나무에 오를 때 손에 '의지하다'의 뜻이다.

據守(거수) 성안에 웅크린 채 지킴. 據點(거점) 據執(거집) 據有(거유)

손 수(재방변) 手(扌)부 [3扌13 총16획]

의거할 거

件

5급

일, 물건 유 物(물건 물) 영 case 중 件 jiàn 일 ケン(くだん)

회의 사람 인(亻)+소 우(牛)자로 사람이 소를 끄는 것이 눈에 띄므로 '사건'의 뜻이다.

人件費(인건비) 노임. 件數(건수) 件名(건명) 與件(여건) 事事件件(사사건건)

件件件件件件

사람 인(人)부 [2人4 총6획]

건 건

件 件 件 件 件

健

5급

굳세다, 튼튼하다 유 康(건강할 강) 영 strong 중 健 jiàn 일 ケン(すこやか)

형성 사람 인(亻)+세울 건(建)자로 자세를 바로 세우는 사람은 항상 몸이 '건강하다'는 뜻이다.

健忘症(건망증) 보고들은 것을 자꾸 잊어버림. 健實(건실) 健康(건강) 健全(건전)

健健健健健健健健健健

사람 인(人)부 [2人9 총11획]

튼튼할 건

健 健 健 健

乞

3급

빌다, 구걸하다 영 beg 중 乞 qǐ 일 コツ(こう)

가차 기운기 엄(气)부의 생략자로 '열망하는 뜻'으로 차용했다.

乞食(걸식) 음식 따위를 빌어먹음. 乞粒(걸립) 求乞(구걸)

乞乞乞

새 을(乙)부 [1乙2, 총3획]

빌 걸

乞 乞 乞 乞 乞

傑

4급

뛰어나다, 출중(出衆)함 영 eminent 중 杰 jié 일 ケツ(すぐれる)

회의·형성 사람 인(亻)+빼어날 걸(桀)자로 사람들 중에 인품이 빼어난 사람은 '호걸'이란 뜻이다.

傑作(걸작) 훌륭하게 잘된 작품. 英雄豪傑(영웅호걸) 傑出(걸출) 傑物(걸물)

傑傑傑傑傑傑傑傑傑傑

사람 인(人)부 [2人10 총12획]

뛰어날 걸

傑 傑 傑 傑

劍

3Ⅱ급

칼, 검 영 sword 중 剑 jiàn 일 ケン(つるぎ)

형성 여러 첨(僉)+칼 도(刂)자로 고르게 단련된 '양날의 칼'을 뜻한다.

劍客(검객) 칼을 쓰는 사람. 劍舞(검비) 劍道(검도) 劍舞(검무)

劍劍劍劍劍劍劍劍劍劍劍

칼 도(刀/刂)부 [2刀13 총15획]

칼 검 (剣)

劍 劍 劍 劍 劍

4급	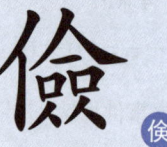	검소하다, 절약하다　　　　　　　　영 thrifty　중 俭 jiǎn　일 倹 ケン(つづしやか)
		회의·형성 사람 인(亻)+첨(僉)자로 많은 물건을 한 곳에 모아놓으므로 '검소하다'의 뜻이다. 儉素(검소) 사치하지 아니함. 勤儉(근검)　儉約(검약)　儉朴(검박)
사람 인(人)부 [2人13 총15획]		儉儉儉儉儉儉儉儉儉儉儉
검소할 **검**		儉 儉 儉 儉 儉

4Ⅱ급		조사하다 헤아리다, 생각하다　　　　영 inspect　중 检 jiǎn　일 検 ケン(しらべる)
		형성 나무 목(木)+첨(僉)자로 여러 사람이 모여 좋은 의견을 내놓으므로 '검사하다'는 뜻이다. 檢査(검사) 실상을 조사하여 시비나 우열을 가림. 檢討(검토)　檢問(검문)　檢擧(검거)
나무 목(木)부 [4木13 총17획]		檢檢檢檢檢檢檢檢檢檢檢檢
조사할 **검**		檢 檢 檢 檢 檢

5급		격식, 이르다　　　　　　　　　　　영 formality　중 格 gé　일 カク·キャク
		형성 나무 목(木)+각 각(各)자로 나무를 돌계단같이 상하좌우로 '격식'의 뜻이다. 格式(격식) 격에 어울리는 법식. 格調(격조)　格上(격상)　格言(격언)
나무 목(木)부 [4木6 총10획]		格格格格格格格格格
격식 **격**		格 格 格 格 格

3Ⅱ급	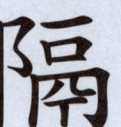	사이가 뜨다, 막다　　　　　　　　영 separate　중 隔 gé　일 カク(へだたる)
		형성 좌부변(阝=阜)+ 막을 격(鬲)자로 이루어져 '언덕으로 가로막히다'의 뜻이다. 隔離(격리) 멀리 떨어지게 함. 隔差(격차)　間隔(간격)
좌부변(阝)부 [3阝10, 총13획]		隔隔隔隔隔隔隔隔隔隔
사이 뜰 **격**		隔 隔 隔 隔 隔

4급		과격하다, 부딪쳐 흐르다　　　　　영 flow　중 激 jī　일 カク(へだる)
		형성 물 수(氵)+노래할 교(敫)자로 물결이 돌에 부딪치므로 '과격하다'의 뜻이다. 激突(격돌) 심하게 부딪침. 激烈(격렬)　激鬪(격투)　激減(격감)　激化一路(격화일로)
물 수(삼수변) 水(氵)부 [3氵13 총16획]		激激激激激激激激激激激激
격할 **격**		激 激 激 激 激

擊

4급 | 손 수(재방변) 手(扌)부 [4手13 총17획] | 칠 격

치다, 두드리다 유 攻(칠 공)　영 hit　중 击 jī　일 撃 ゲキ(うつ)

형성 손 수(手)+몽둥이(殳)를 서로 '치다'의 뜻이다.

擊滅(격멸) 쳐서 멸망시킴. 擊蒙(격몽) 擊破(격파) 擊墜(격추) 以卵擊石(이란격석)

肩

3급 | 고기 육(육달월) 肉(月)부 [4月4 총8획] | 어깨 견

어깨, 견디다　영 shoulder　중 肩 jiān　일 ケン(かた)

회의 머무를 호(戶:어깨)+고기 육(月)자로 '어깨'를 뜻한다.

肩胛(견갑) 어깨뼈가 있는 자리. 肩骨(견골) 肩頭(견두) 肩章(견장)

牽

3급 | 소 우(牛)부 [4牛7, 총11획] | 이끌 견

이끌다, 매이다　영 draw　중 牵 qiān　일 ケン

형성 소 우(牛=牜)+덮을 멱(冖)+검을 현(玄)자로 이루어져 '쇠코뚜레를 끌어 앞으로 나아가게 함'을 뜻한다.

牽伸(견신)당겨 늘임. 牽引(견인)　牽制(견제)

絹

3급 | 실 사(糸)부 [6糸7 총13획] | 비단 견

비단, 명주　영 silk　중 绢 juàn　일 ケン(きぬ)

형성 실 사(糸)+장구벌레 연(肙)자로 실줄기처럼 조금의 물이 흐르는 것 같은 실, 즉 '비단, 명주'를 뜻한다.

絹本(견본) 서화를 그리는 데 쓰는 비단 천. 絹絲(견사)　絹毛(견모)　絹紡(견방)

遣

3급 | 쉬엄쉬엄갈 착(책받침) 辵(辶)부 [4辶_10 총14획] | 보낼 견

보내다, 파견하다　영 send　중 遣 qiǎn　일 ケン(つかわす)

형성 물건을 보내어 삼가 바치게 하다, 즉 전(轉)하여 보낸다는 데서 '파견하다'를 뜻한다.

遣外(견외) 외국으로 파견함. 遣唐使(견당사)　遣悶(견민)　遣支(견지)

4II급  欠 장군 부(缶)부 [6缶4 총10획]	이지러지다, 깨지다　　　영 wane　중 缺 quē　일 欠 ケツ(かける) 회의 장군 부(缶)+결단할 쾌(夬)자로 그릇이 흠이 나므로 '이지러지다'의 뜻이다. 缺格(결격) 필요한 자격을 갖추지 못함.　缺席(결석)　缺禮(결례)　缺航(결항)
이지러질 결	

3II급  여덟 팔(八)부 [2八8 총10획]	겸하다, 다하다　　　영 combine　중 兼 jiān　일 ケン(かねる) 회의 벼 화(禾) 두 자와 또 우(又)자로 손으로 두 포기의 벼를 잡고 있는 모양에서, '겸하다'를 뜻한다. 兼業(겸업) 본업 이외에 하는 사업이나 일.　兼床(겸상)　兼務(겸무)　兼備(겸비)
겸할 겸	

3II급  말씀 언(言)부 [7言10 총17획]	겸손하다　　　영 humble　중 谦 qiān　일 ケン(へりくだる) 형성 말씀 언(言)+단정할 겸(兼)자로 단정한 언동으로 '겸손함'을 뜻한다. 謙遜(겸손) 남 앞에서 자신을 낮춤.　謙讓(겸양)　謙稱(겸칭)　過謙(과겸)
겸손할 겸	

3급 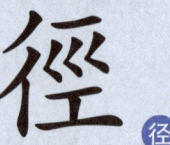 径 두인 변(彳)부 [3彳7 총10획]	지름길　　　영 short cut　중 径 jìng　일 径 ケイ(てみち) 형성 자축거릴 척(彳)+물줄기 경(巠:똑바르다) 자로 곧고 가까운 '지름길'을 뜻한다. 捷徑(첩경) 지름길.　徑情直行(경정직행)　徑行(경행)　行不由徑(행불유경)
지름길 경	

3급  설 립(立)부 [5立6 총11획]	마침내, 마치다, 끝남　　　영 finish　중 竟 jìng　일 キョウ(ついに) 회의 소리 음(音)+사람 인(儿)자로 사람이 음악 연주를 끝내는 것으로, 즉 '마치다'를 뜻한다. 畢竟(필경) 마침내.　竟夕(경석)　竟夜(경야)　究竟(구경)　有志竟成(유지경성)
마침내 경	

3Ⅱ급	頃	밭 넓이, 기울다　　영 for a while　중 顷 qǐng　일 ケイ(ころ)
		회의 비수 비(匕:몸을 기울임)+ 머리 혈(頁), 즉 가차하여 '기울다'의 뜻으로 쓰인다.
		頃日(경일) 지나간 날이나 때. 頃刻(경각) 頃步(경보) 月頃(월경)
머리혈(頁)부 [9頁2 총11획]		頃頃頃頃頃頃頃頃頃頃頃
잠깐 경		頃頃頃頃頃

3급	硬	굳다, 단단하다　　영 hard　중 硬 yìng　일 コウ(かたい)
		형성 돌 석(石)+지날 경(更)자로 돌은 세월이 지나도 굳고 단단하다는 것을 뜻한다.
		硬度(경도) 물체의 단단함 정도. 硬性(경성) 硬直(경직) 硬質(경질)
돌 석(石)부 [5石7 총12획]		硬硬硬硬硬硬硬硬硬硬硬
굳을 경		硬硬硬硬硬

3급	卿	벼슬, 경　　영 government job　중 卿 qīng　일 ケイ(くげ)
		회의 두 사람이(卯) 음식(皀)을 사이에 두고 마주 보고 있는 모양, 즉 풍족한 녹봉을 받는'벼슬아치'를 뜻한다.
		樞機卿(추기경) 로마 교황(敎皇)의 최고 고문(顧問). 上卿(상경) 卿相(경상) 公卿(공경)
병부 절(卩/㔾)부 [2卩10 총12획]		卿卿卿卿卿卿卿卿卿
벼슬 경		卿卿卿卿卿

4급	傾	기울다, 위태롭게 하다　　영 incline　중 倾 qīng　일 ケイ(かたむく)
		회의·형성 사람 인(亻)+기울 경(頃)자로 사람의 몸이 '기울다'의 뜻이다.
		傾聽(경청) 주의를 기울여 열심히 들음. 傾斜(경사) 傾度(경도) 傾注(경주)
사람 인(人)부 [2人11 총13획]		傾傾傾傾傾傾傾傾傾傾傾傾
기울 경		傾傾傾傾傾

4Ⅱ급	境	지경, 경계　유 界(지경 계)　영 boundary　중 境 jìng　일 キョウ(さかい)
		형성 흙 토(土)+마칠 경(竟)자로 자기의 땅이 끝나므로 '경계'를 뜻하다.
		境內(경내) 지경의 안. 境外(경외) 境遇(경우) 境界(경계)
흙 토(土)부 [3土11 총14획]		境境境境境境境境境境境
지경 경		境境境境境

고등 교육용 한자 900 | 23

鏡

4급 — 쇠 금(金)부 [8金11 총19획] — 거울 경

거울, 안경 영 mirror 중 镜 jìng 일 キョウ(かがみ)

형성 쇠 금(金)+마칠 경(竟)자로 형상이 비치므로 '거울'의 뜻이다.

鏡中(경중) 거울 속. 銅鏡(동경) 眼鏡(안경) 顯微鏡(현미경) 明鏡止水(명경지수)

警

4Ⅱ급 — 말씀 언(言)부 [7言13 총20획] — 경계할 경

경계하다, 타이르다 유 戒(경계할 계) 영 warn 중 警 jǐng 일 ケイ(いましめる)

형성 공경할 경(敬)+말씀 언(言)자로 언행을 주의하여 삼가하므로 '경계하다'의 뜻이다.

警覺(경각) 경계하여 깨닫게 하는 것. 警世(경세) 警備(경비) 警告(경고)

系

4급 — 실 사(糸)부 [6糸1 총7획] — 이을 계

잇다, 맺다 영 connect 중 系 xì 일 ケイ(つなぐ)

회의·형성 삐칠 별(丿)+실 사(糸)자로 실을 잇는 '혈통'의 뜻이다.

系圖(계도) 대대의 계통을 한눈에 볼 수 있는 도표. 系聯(계련) 系統(계통) 體系(체계)

戒
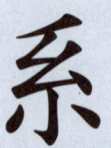

4급 — 창 과(戈)부 [4戈3 총7획] — 경계할 계

경계하다, 삼가다 유 警(경계할 경) 영 warning 중 戒 jiè 일 カイ(いましめ)

회의·형성 들 공(廾)+창 과(戈)자로 두 손에 창을 들고 비상사태를 '경계하다'의 뜻이다.

戒告(계고) 훈계와 충고. 戒名(계명) 戒律(계율) 戒命(계명) 一罰百戒(일벌백계)

係

4Ⅱ급 — 사람 인(人)부 [2人7 총9획] — 맬 계

매다, 묶다 영 tie 중 系 xì 일 ケイ(かかり)

형성 사람 인(亻)+이을 계(系)자로 사람과 사람을 '연계하다'의 뜻이다.

係着(계착) 늘 마음에 두고 잊지 아니함. 係戀(계련) 係長(계장) 關係(관계)

3II급 契 큰 대(大)부 [3大6 총9획] 맺을 계	맺다, 계약서　　　　　　　　　　영 sign　중 契 qì　일 ケイ(ちぎる)
	형성 새길 갈(㓞)+클 대(大)자로 사람에게 새겨 넣는 모양에서 '맺다'의 뜻이다.
	契機(계기) 어떤 일이 되는 동기.　契約(계약)　契員(계원)　契約金(계약금)
	契契契契契契契契契
	契 契 契 契 契

3급 桂 나무 목(木)부 [4木6 총10획] 계수나무 계	계수나무, 월계수　　　　　　　　영 cassia　중 桂 guì　일 ケイ(かつら)
	형성 나무 목(木)+서옥 규(圭)자로 달 속에 있다고 상상하는 '계수나무'를 뜻한다.
	桂樹(계수) 계수나무.　桂皮(계피)　桂林(계림)　官桂(관계)　食玉炊桂(식옥취계)
	桂桂桂桂桂桂桂桂桂桂
	桂 桂 桂 桂 桂

3II급 械 나무 목(木)부 [4木7 총11획] 기계 계	기계, 기구　　　　　　　　　　　영 machine　중 械 xiè　일 カイ
	형성 나무 목(木)+징계할 계(戒)자로 징계하기 위해 만들어진 목재의 '기구'를 뜻한다.
	械繫(계계) 죄인에게 형구를 채워 감옥에 집어넣음.
	器械(기계)　器械體操(기계체조)　兵械(병계)
	械械械械械械械械械械械
	械 械 械 械 械

3II급  입 구(口)부 [3口8 총11획] 열 계	열다, 인도하다　　　　　　　　　영 open　중 启 qǐ　일 ケイ(ひらく)
	형성 집대문 호(戶)+칠 복(攵:손)+입 구(口)자로 손으로 문을 '연다'를 뜻한다.
	啓告(계고) 상부에 일에 대한 의견을 아룀.　啓奏(계주)　啓導(계도)　啓蒙(계몽)
	啓啓啓啓啓啓啓啓啓啓啓
	啓 啓 啓 啓 啓

4급 階 언덕 부(좌부방) 阜(阝)부 [3阝9 총12획] 층계 계	섬돌, 층계　　유 段(층계 단)　　영 stairs, steps　중 阶 jiē　일 カイ
	형성 언덕 부(阝)+다 개(皆)자로 언덕을 오르려면 '층계'따라 올라야 한다는 뜻이다.
	階段(계단) 층계.　階梯(계제)　階級(계급)　階層(계층)　階高職卑(계고직비)
	階階階階階階階階階階階階
	階 階 階 階 階

3급	繫 실 사(糸)부 [6糸13, 총19획] **맬 계**	매다, 묶다 영 tie 중 系 xì 일 ケイ(つなぐ) 형성 실 사(糸)+매어기를 계(縠)자로 이루어졌다. 繫屬(계속) 다른 것에 매여 딸림. 繫囚(계수) 聯繫(연계)
4급	繼 _継 실 사(糸)부 [6糸14 총20획] **이을 계**	잇다, 계승하다 유 續(이을 속) 영 connect 중 继 jì 일 継 ケイ(つぐ) 형성 실 사(糸)+이을 계(𢇍)자로 잘게 끊어진 실을 '잇다'를 뜻한다. 繼起(계기) 뒤를 이어 번성함. 繼母(계모) 繼譜(계보) 繼續(계속)
4급	孤 아들 자(子)부 [3子5 총8획] **외로울 고**	외롭다, 고아 유 獨(홀로 독) 영 lonely 중 孤 gū 일 コ(みなしご) 회의 아들 자(子)+오이 과(瓜)자로 오이덩굴이 시들어 열매만 달려있으므로 '외롭다'는 뜻이다. 孤獨(고독) 외톨박이. 孤立(고립) 孤兒(고아) 孤寂(고적) 傲霜孤節(오상고절)
3Ⅱ급	姑 계집 녀(女)부 [3女5 총8획] **시어미 고**	시어미, 고모 영 mother in law 중 姑 gū 일 コ(しゆうとめ) 회의·형성 계집 녀(女)+옛 고(古)자로 남편의 '어머니, 시어머니, 장모'의 뜻이다. 姑母(고모) 아버지의 누이. 姑息(고식) 姑從(고종) 姑婦之間(고부지간)
3급	枯 나무 목(木)부 [4木5 총9획] **마를 고**	마르다, 야위다 영 wither 중 枯 kū 일 コ(からす) 형성 나무 목(木)+옛 고(古)자로 오래된 나무, 즉 말라서 굳어진 것을 뜻한다. 枯葉(고엽) 시든 잎, 마른 잎. 枯骨(고골) 枯渴(고갈) 枯木(고목)

4급 庫	곳집, 곳간　　　　　　　　　　　　영 warehouse　중 库 kù　일 コ・ク〈くら〉
	회의 집 엄(广)+수레 거(車)자로 옛날 수레를 넣어 두던 '곳집'을 뜻하다.
	庫房(고방) 창고.　倉庫(창고)　庫直(고직)　倉庫任置(창고임치)
엄 호(广)부 [3广7 총10획]	庫庫庫庫庫庫庫庫庫庫
곳집 고	庫 庫 庫 庫 庫

3Ⅱ급 鼓	북, 북을 치다　　　　　　　　　　　　영 drum　중 鼓 gǔ　일 コ〈つづみ〉
	회의 악기이름 주(壴)+가지 지(支)자로 손을 채를 잡고 북을 치는 것으로, 즉 '북'을 뜻한다.
	鼓角(고각) 북을 치고 호각을 붊.　鼓舞(고무)　鼓手(고수)　鼓吹(고취)
북 고(鼓)부 [13鼓0 총13획]	鼓鼓鼓鼓鼓鼓鼓鼓鼓鼓鼓鼓鼓
북 고	鼓 鼓 鼓 鼓 鼓

3Ⅱ급 	원고, 볏짚, 초고　　　　　　　　　　영 straw　중 稿 gǎo　일 コウ〈わら・したがき〉
	형성 벼 화(禾)+높을 고(高)자로 볏단을 높이 쌓아올린 볏짚, 초벌 원고를 뜻한다.
	稿案(고안) 문서의 초안.　稿草(고초)　稿料(고료)　稿本(고본)
벼 화(禾)부 [5禾10 총15획]	稿稿稿稿稿稿稿稿稿稿
원고·볏짚 고	稿 稿 稿 稿 稿

3급 	돌아보다, 도리어　　　　　　　　　　영 look after　중 顾 gù　일 コ〈かえりみる〉
	형성 품팔이 고(雇)+머리 혈(頁)자로 머리를 뒤쪽으로 돌려서 보는 것을 뜻한다.
	顧忌(고기) 뒷일을 염려하고 꺼림.　顧慮(고려)　顧客(고객)　顧見(고견)
머리 혈(頁)부 [9頁12 총21획]	顧顧顧顧顧顧顧顧顧顧
돌아볼 고	顧 顧 顧 顧 顧

3Ⅱ급 	소리 내어 울다, 곡하다　　　　　　　영 weep　중 哭 kū　일 コク〈なく〉
	회의 부르짖을 현(吅)+개 견(犬)자로 개가 울부짖음, 즉 '울다'의 뜻이다.
	哭聲(곡성) 크게 우는소리.　哭班(곡반)　哭婢(곡비)　哭泣(곡읍)　失性痛哭(실성통곡)
입 구(口)부 [3口7 총10획]	哭哭哭哭哭哭哭哭哭哭
울 곡	哭 哭 哭 哭 哭

孔 [4급]

구멍, 매우   영 hole   중 孔 kǒng   일 コウ(あな)

상형 아들 자(子)+제비 을(乙)자로 아이의 정수리에 있는 '숨구멍'을 뜻한다.

孔孟(공맹) 공자와 맹자. 孔夫子(공부자) 孔性(공성) 孔雀(공작)

아들 자(子)부 [3子1 총4획]

구멍 공

孔孔孔孔

孔 孔 孔 孔 孔

攻 [4급]

치다, 공격하다   유 擊(칠 격)   영 attack   중 攻 gōng   일 コウ(せめる)

형성 장인 공(工)+칠 복(攵)자로 무기를 만들어 적군을 '공격하다'의 뜻이다.

攻擊(공격) 적을 침. 攻玉(공옥) 攻防(공방) 攻勢(공세) 人身攻擊(인신공격)

칠 복(등글월문)攴(攵)부 [4攴3 총7획]

칠 공

攻攻攻攻攻攻攻

攻 攻 攻 攻 攻

供 [3Ⅱ급]

이바지하다   영 offer   중 供 gōng   일 キョウ・ク(そなえる)

형성 사람 인(亻)+한 가지 공(共)자로 두 손으로 물건을 받들어 올린다는 뜻이다.

供給(공급) 수요에 따라 물건을 대어줌. 提供(제공) 供與(공여) 供招(공초)

사람 인(人)부 [2人6 총8획]

이바지할 공

供供供供供供供供

供 供 供 供 供

恐 [3Ⅱ급]

두렵다   영 afraid   중 恐 kǒng   일 キョウ(おそろしい)

형성 마음 심(心)+두려워할 공(巩:두 손을 가슴에 댄 모양)자로 조심스러운 마음, 즉 '두려운 것'을 뜻한다.

恐怖(공포) 두렵고 무서워함. 恐喝(공갈) 恐龍(공룡) 恐慌(공황)

마음 심(심방변) 心(忄/㣺)부 [4心6 총10획]

두려울 공

恐恐恐恐恐恐恐恐恐恐

恐 恐 恐 恐 恐

恭 [3Ⅱ급]

공손하다   영 respectful   중 恭 gōng   일 キョウ(うやうやしい)

형성 마음 심(忄)+한가지 공(共)자로 신에게 바치는 마음, 즉 '공손하다'를 뜻한다.

恭儉(공검) 공손하고 검소함. 恭敬(공경) 恭待(공대) 恭遜(공손)

마음 심(심방변) 心(忄/㣺)부 [4心6 총10획]

공손할 공

恭恭恭恭恭恭恭恭恭恭

恭 恭 恭 恭 恭

3Ⅱ급	貢	바치다, 천거하다　　　　　　영 tribute　중 贡 gòng　일 コウ·ク(みつぐ)
		형성 바칠 공(工)+조개 패(貝)자로 재물을 바치는 것으로, 즉 '공물'을 뜻한다.
		貢物(공물) 백성이 궁에 바치는 토산물. 貢納(공납) 貢緞(공단) 貢獻(공헌)
조개 패(貝)부 [7貝3 총10획]		貢貢貢貢貢貢貢貢貢貢
바칠 공		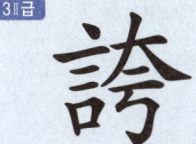

3Ⅱ급	誇	자랑하다, 자만함　　　　　　영 pride　중 夸 kuā　일 コ(はこる)
		형성 말씀 언(言)+자랑할 과(夸)자로 큰 체하여 화려하게 말하는 것으로, 즉 '자랑하다'를 뜻한다.
		誇矜(과긍) 자랑함. 誇示(과시) 誇大(과대) 誇張(과장) 誇大妄想(과대망상)
말씀 언(言)부 [7言6 총13획]		誇誇誇誇誇誇誇誇誇誇誇誇
자랑할 과		

3Ⅱ급	寡	적다, 약하다　　　　　　영 few　중 寡 guǎ　일 カ(すない)
		회의 움집 면(宀)+머리 혈(頁)+나눌 분(分)자로 집안에 의지할 사람이 없는 외로운 처지에서 '적다, 과부'의 뜻이다.
		寡宅(과택) 과부댁. 寡少(과소) 寡黙(과묵) 寡婦(과부) 衆寡不敵(중과부적)
갓머리(宀)부 [3宀11 총14획]		寡寡寡寡寡寡寡寡寡寡寡寡
적을 과		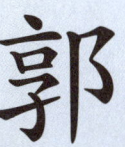

3급	郭	둘레, 외성(外城)　　　　　　영 outer wall　중 郭 guō　일 カク(くるみ)
		형성 마을 읍(阝)+소리 음(音)자로 주민을 지키는 '바깥 울타리'를 뜻한다.
		外廓(외곽) 내성(內城)과 외성(外城)을 일컫는 말. 郭公(곽공) 輪郭(윤곽) 城郭(성곽)
고을 읍(우부방) 邑(阝)부 [3阝8 총11획]		郭郭郭郭郭郭郭郭郭郭
둘레·성곽 곽		

3Ⅱ급	冠	갓, 관　　　　　　영 crown　중 官 guān　일 カン(かんむり)
		형성 덮을 멱(冖)+으뜸 원(元)+마디 촌(寸)자로 '관을 쓰다'를 뜻한다.
		冠網(관망) 갓과 망건. 冠絶(관절) 冠禮(관례) 冠詞(관사) 敝衣破冠(폐의파관)
덮을 멱(민갓머리)(冖)부 [2冖7 총9획]		冠冠冠冠冠冠冠冠冠
갓 관		冠冠冠冠冠

3II급 貫 조개 패(貝)부 [7貝4 총11획]	꿰다, 꿰뚫다　　　　　　　　　영 pierce　중 贯 guàn　일 カン(つらぬく)
	형성 조개 패(貝)+꿸 관(毌)자로 꿰미에 꿴 돈으로, 즉 '꿰다'를 뜻한다. 貫祿(관록) 인격에 따른 위엄.　貫流(관류)　貫穿(관천)　貫徹(관철) 貫貫貫貫貫貫貫貫貫貫貫
꿸 관	貫 貫 貫 貫 貫

4급 管 대 죽(竹)부 [6竹8 총14획]	대롱, 피리　　　　　　　　　영 pipe, manage　중 管 guǎn　일 カン(くだ)
	형성 대 죽(竹)+벼슬 관(官)자로 대나무로 만든 피리는 속이 비어 있으므로 '대롱'의 뜻이다. 管內(관내) 맡아서 다스리는 구역.　管下(관하)　管轄(관할)　管理(관리) 管管管管管管管管管管管管
대롱 관	管 管 管 管 管

3II급 慣 마음 심(심방변) 心(忄/㣺)부 [3忄11 총14획]	익숙하다, 버릇　　　　　　　　　영 accustomed　중 惯 guàn　일 カン(なれる)
	형성 마음 심(忄)+꿸 관(貫)자로 마음을 꿰뚫어 일관되거나 익숙해지는 것을 뜻한다. 慣用(관용) 관습적으로 익음.　慣行(관행)　慣例(관례)　慣性(관성) 慣慣慣慣慣慣慣慣慣慣慣慣
익숙할 관	慣 慣 慣 慣 慣

3II급 寬 갓머리(宀)부 [3宀12 총15획]	너그럽다, 넓다　　　　　　　　　영 generous　중 宽 kuān　일 カン
	형성 집 면(宀)+패모 한(萈)자로 집안에 약초를 심을 수 있을 만큼 '넓은 것'을 뜻한다. 寬大(관대) 너그럽고 도량이 큼.　寬容(관용)　寬政(관정)　寬厚(관후) 寬寬寬寬寬寬寬寬寬寬寬寬寬寬
너그러울 관	寬 寬 寬 寬 寬

3II급 館 (舘) 밥 식(食)부 [9食8 총17획]	집　　　　　　　　　영 lodge　중 馆 guǎn　일 館 カン(たち・たて)
	형성 밥 식(食)+벼슬 관(官)자로 식사를 제공하는 장소, 즉 '숙박소'를 뜻한다. 館長(관장) 학관(學館) 또는 도서관의 우두머리.　館舍(관사)　館員(관원)　館田(관전) 館館館館館館館館館館館
객사 관	館 館 館 館 館

狂

3II급 | 미치다, 사납다 | 영 mad 중 狂 kuàng 일 キョウ(くるう)

형성 개사슴록변(犭=犬)+황(坒)의 생략형이 합하여 이루어졌다.

狂亂(광란) 미친 듯이 어지럽게 날뜀. 狂氣(광기) 熱狂(열광)

개사슴록변(犭)부 [3犭4, 총7획]

미칠 광

鑛

4급 | 쇳돌, 광석(鑛石) | 영 mineral 중 矿 kuàng 일 鉱 コウ(あらがね)

형성 쇠 금(金)+넓을 광(廣)자로 땅 속에 넓게 묻혀 있는 '쇳돌'이란 뜻이다.

鑛脈(광맥) 광물의 맥. 鑛山(광산) 鑛物(광물) 鑛夫(광부) 砂鑛床(사광상)

쇠 금(金)부 [8금15 총23획]

쇳돌 광

掛

3급 | 걸다, 걸쳐놓다 | 영 hang 중 挂 guà 일 ケ·カイ(かける)

형성 손 수(扌)+점 괘(卦)자로 손으로 점친 결과를 벽에 '걸어놓는다'를 뜻한다.

掛念(괘념) 마음에 두고 잊지를 아니함. 掛燈(괘등) 掛冠(괘관) 掛圖(괘도)

손 수(재방변) 手(扌)부 [3扌8 총11획]

걸 괘

怪

3II급 | 괴이하다 | 영 strange 중 怪 guài 일 カイ(あやしい)

형성 마음 심(忄)+오른손 우(又)+흙 토(土)자로 땅의 신을 건드린 마음으로, 즉 '괴이한 것'을 뜻한다.

怪奇(괴기) 괴상하고 기이함. 怪談(괴담) 怪物(괴물) 怪疾(괴질)

마음 심(심방변) 心(忄/㣺)부 [3忄5 총8획]

괴이할 괴

塊

3급 | 흙덩이, 덩어리 | 영 lump of earth 중 块 kuài 일 カイ(つちくれ)

형성 흙 토(土)+귀신 귀(鬼), 즉 '흙덩어리'의 뜻이다.

塊狀(괴상) 덩이 모양. 塊莖(괴경) 塊根(괴근) 塊金(괴금)

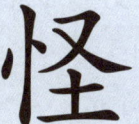

흙 토(土)부 [3土10 총13획]

흙덩이 괴

3급	愧	부끄러워하다	영 bashful	중 愧 kuì	일 ゲ(はじる)

회의·형성 마음 심(忄)+귀신 귀(鬼)자로 마음이 예사롭지 않은 것으로, 즉 '부끄러운 것'을 뜻한다.
自愧(자괴) 스스로 부끄러워 함. 愧色(괴색) 愧赧(괴란) 愧死(괴사)

마음 심(심방변) 心(忄/㣺)부 [3忄10 총13획]

부끄러워할 괴

3II급	壞	무너지다, 파괴하다	영 collapse	중 坏 huài	일 カイ(やぶれる)

형성 흙 토(土)+회(褱)자로 이루어져 '흙이 갈라져 허물어지다'의 뜻이다.
壞亂(괴란) 무너뜨려 어지럽게 함. 壞滅(괴멸) 崩壞(붕괴)

흙 토(土) [3土16, 총19획]

무너질 괴

3급	巧	공교하다, 교묘하다	영 skilful	중 巧 qiǎo	일 コウ(たくみ)

형성 장인 공(工)+공교할 교(丂)자로 '기교, 공교하다'의 뜻이다.
巧妙(교묘) 썩 잘 되고 묘함. 巧言(교언) 巧技(교기)

장인 공(工)부 [3工2 총5획]

공교할 교

3급		들, 전야(田野)	영 suburb	중 郊 jiāo	일 コウ(はずれ)

형성 마을 읍(阝)+사귈 교(交)자로 두리의 '넓고 넓은 곳'을 뜻한다.
近郊(근교) 도시에 가까운 주변. 郊祀(교사) 郊迎(교영) 遠郊(원교)

고을 읍(우부방) 邑(阝)부 [3阝6 총9획]

들 교

3II급	較	비교하다, 견주다	영 compare	중 较 jiào	일 コウ(くらべる)

형성 수레 거(車)+사귈 교(交)자로 수레의 가로대가 양쪽에 맞닿아 있다는 데서 '견주다'를 뜻한다.
較略(교략) 대략. 줄거리. 較量(교량) 較差(교차) 較然(교연)

수레 거(車)부 [7車6 총13획]

견줄 교

3급	바로잡다　　　영 reform　중 矯 jiǎo　일 キョウ(ためる·なおす)
矯 화살 시(矢)부 [5矢12 총17획]	형성 화살 시(矢)+높을 교(喬)자로 굽은 화살을 곧게 펴서, 즉 그 길이를 바로잡는 것을 뜻한다. 矯正(교정) 바로잡음.　矯導(교도)　矯角(교각)　奇矯(기교)　矯角殺牛(교각살우) 矯矯矯矯矯矯矯矯矯矯矯
바로잡을 교	矯 矯 矯 矯 矯

3급	언덕, 동산　　　영 hill　중 丘 qiū　일 キュウ(おか)
丘 한 일(一)부 [1一4 총5획]	회의 땅 위에 쌓인 흙더미를 본뜬 글자로 '언덕'을 뜻한다. 丘陵(구릉) 언덕, 나직한 산(山).　丘木(구목)　丘壟(구롱)　三丘(삼구) 丘丘丘丘丘
언덕 구	丘 丘 丘 丘 丘

3급	개, 작은 개　　　영 dog　중 狗 gǒu　일 ク(いぬ)
狗 개 견(犬/犭)부 [3犭5 총8획]	회의·형성 개 견(犭)+굽을 구(句)자로 마구 뛰어다니는 '강아지'를 뜻한다. 狗盜(구도) 작은 도둑(좀도둑).　狗肉(구육)　狗寶(구보)　狗蒸(구증) 狗狗狗狗狗狗狗狗
개 구	狗 狗 狗 狗 狗

3II급	잡다, 한정하다　　　영 catch　중 拘 jū　일 コウ(かかわる)
拘 손 수(재방변) 手(扌)부 [3扌5 총8획]	형성 손 수(扌)+굽을 구(句)자로 갈고리를 걸어서 '잡다'를 뜻한다. 拘禁(구금) 교도소 등에 잡아 가둠.　拘留(구류)　拘束(구속)　拘礙(구애) 拘拘拘拘拘拘拘拘
잡을 구	拘 拘 拘 拘 拘

5급	갖추다, 차림　유 備(갖출 비)　영 equipped　중 具 jù　일 グ(そなえる)
具 여덟 팔(八)부 [2八6 총8획]	회의 조개 패(貝→目)+받들 공(廾)의 변형자로 두 손에 돈을 쥐면 무엇이든 '갖추다'의 뜻이다. 具備(구비) 빠짐없이 갖춤.　具色(구색)　具象(구상)　具現(구현) 具具具具具具具具
갖출 구	具 具 具 具 具

고등 교육용 한자 900 | **33**

3급 苟 풀초(초두) 艸(艹)부 [4艹5 총9획] **구차할 구**	구차하다, 진실로　　　영 lame　중 苟 gǒu　일 コウ(いやしくも) 회의·형성 풀 초(艹)+굽을 구(句)자로 원래는 풀이름을 나타냈다. 苟且(구차) 일시적으로 미봉하는 것. 苟免(구면) 苟生(구생) 苟安(구안) 苟苟苟苟苟苟苟苟苟 苟 苟 苟 苟 苟	
3급 俱 사람 인(人)부 [2亻8 총10획] **함께 구**	함께, 다　　　영 together　중 俱 jù　일 グ(ともに) 회의 사람 인(亻)+갖출 구(具)자로 여러 사람이 모여 같은 행동을 하는 것을 뜻한다. 俱歿(구몰) 부모가 모두 죽음. 俱發(구발) 俱存(구존) 俱現(구현) 俱俱俱俱俱俱俱俱俱 俱 俱 俱 俱 俱	
6급 區 区 감출 혜(匸)부 [2匸9 총11획] **구분할 구**	구분하다, 구역, 갈피　　　영 separately　중 区 qū　일 区 ク(まち) 회의 감출 혜(匸)+물건 품(品)자로 좁은 곳에 물건을 두기 위하여 '구역'의 뜻이다. 區間(구간) 일정한 지역. 區別(구별) 區民(구민) 區分(구분) 區區不一(구구불일) 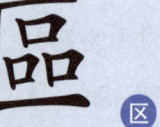區區區區區區區區區區 區 區 區 區 區	
6급 球 구슬 옥(玉/王)부 [4王7 총11획] **둥글·구슬 구**	공, 구슬　　　영 beads　중 球 qiú　일 キュウ(たま) 회의·형성 가죽(求)을 구슬(玉)같이 둥글게 만들어 '공'을 뜻한다. 球速(구속) 투수가 던지는 공의 속도. 球技(구기) 球場(구장) 球團(구단) 球球球球球球球球球球球 球 球 球 球 球	
4급 構 나무 목(木)부 [4木10 총14획] **얽을 구**	얽다, 맺다　　　영 frame　중 构 gòu　일 コウ(かまえる) 형성 나무[木]를 가로 세로로 쌓아올린 모양으로 '얽어매다'의 뜻이다. 構成(구성) 얽어서 만듦. 構內(구내) 構築(구축) 構圖(구도) 肯構肯堂(긍구긍당) 構構構構構構構構構構構構 構 構 構 構 構	

龜

3급

거북, 거북점

영 tortoise 　중 龟 guī 　일 龜 キ(かめ)

상형 거북이의 형상을 나타낸다.

龜鑑(귀감) 사물의 본보기. 龜玆(구자) 龜頭(귀두) 龜裂(균열) 龜旨歌(구지가)

거북귀(龜)부 [16龜0 총16획]

이름 구/귀/균

龜龜龜龜龜龜龜龜龜龜龜

龜龜龜龜龜

懼

3급

두려워하다, 겁이 나다

영 fear 　중 惧 jù 　일 ク·グ(おそれる)

회의 마음 심(忄)+놀라울 구(瞿)자로 '두려움'을 뜻한다.

疑懼心(의구심) 의심하고 두려워하는 마음. 懼然(구연) 兢懼(긍구) 恐懼(공구)

마음 심(심방변) 心(忄/㣺)부 [3忄18 총21획]

두려워할 구

懼懼懼懼懼懼懼懼懼懼懼懼

懼懼懼懼懼

驅

3급

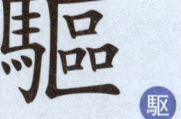

몰다, 빨리 달리다

영 drive 　중 驱 qū 　일 駆 ク(かける)

형성 말 마(馬)+지경 구(區)자로 말을 구분하기 위하여 채찍으로 때려서 모는 것을 뜻한다.

驅迫(구박) 못 견디게 학대함. 驅步(구보) 驅役(구역) 乘勝長驅(승승장구)

말 마(馬)부 [10馬11 총21획]

몰 구

驅驅驅驅驅驅驅驅驅驅驅驅

驅驅驅驅驅

局

5급

판, 방

영 bureau 　중 局 jú 　일 キョク(つぼね)

회의 지붕 시(尸)+쌀 포(句)자로 지붕 밑의 큰 공간을 구획지어 각각 '방'으로 쓰다.

局量(국량) 도량이나 재간. 局地(국지) 局外(국외) 局長(국장)

주검 시(尸)부 [3尸4 총7획]

판 국

局局局局局局局

局局局局局

菊

3Ⅱ급

국화

영 chrysanthemum 　중 菊 jú 　일 キク(きく)

형성 풀 초(艹)와 움킬 국(匊)자로 꽃잎이 한 점으로 모여 피는 '국화'를 뜻한다.

菊月(국월) 음력 9월의 다른 칭호. 菊花(국화) 菊水(국수) 白菊(백국)

풀초(초두) 艸(艹)부 [4艹8 총12획]

국화 국

菊菊菊菊菊菊菊菊菊菊

菊菊菊菊菊

群

4급

무리, 떼 유 衆(무리 중)   영 crowd 중 群 qún 일 グン(むら)

형성 임금 군(君)+양 양(羊)자로 임금 같은 지도자와 양같이 따르는 백성이 '무리'이다.

群居(군거) 무리를 지어 삶. 群賢(군현) 群島(군도) 群落(군락)

양 양(羊)부 [6羊7 총13획]

무리 군

屈

4급

굽히다, 굽다   영 stooped 중 屈 qū 일 クツ(かがむ)

형성 주검 시(尸)+날 출(出)자로 몸을 굽히고 앞으로 나가는 것으로 '굽다'를 뜻한다.

屈強(굴강) 의지가 강함. 屈曲(굴곡) 屈伏(굴복) 屈折(굴절) 百折不屈(백절불굴)

주검 시(尸)부 [3尸5 총8획]

굽을 굴

宮

4Ⅱ급

집, 궁궐   영 palace 중 宮 gōng 일 キュウ(みや)

회의 집 면(宀)+음률 려(呂)자로 여러 채의 건물이 연이어 있는 것으로 '궁궐'을 뜻한다.

宮闕(궁궐) 임금이 거취하는 집. 宮女(궁녀) 宮中(궁중) 宮合(궁합)

갓머리(宀)부 [3宀7 총10획]

집 궁

窮
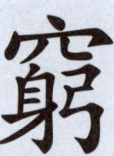

4급

궁하다, 다하다 유 貧(가난할 빈)   영 finish 중 穷 qióng 일 キュウ(きわまる)

형성 구멍 혈(穴)+몸 궁(躬)자로 몸을 구부렸으나 좁아 더 들어갈수 없는 곳으로 '궁하다'는 뜻이다.

窮究(궁구) 파고 들어가 연구함. 窮極(궁극) 窮塞(궁색) 窮理(궁리)

구멍 혈(穴)부 [5穴10 총15획]

다할 궁

券

4급

문서, 증서   영 document 중 券 quàn 일 ケン(てがた)

형성 작거나[小] 큰[大] 문서도 모두 칼[刀]로 새겨 만든다.

株券(주권) 주주가 소유하거나 소유할 주식. 債券(채권) 券面(권면) 福券(복권)

칼 도(刀/刂)부 [2刀6 총8획]

문서 권

3Ⅱ급		주먹, 주먹을 쥐다　　　　　　　　　　영 fist　중 拳 quán　일 ケン·ゲン(こぶし)
		회의·형성 손 수(手)+구부릴 권(㧏)자로 손을 구부려 주먹을 쥐는 것을 뜻한다.
		拳法(권법) 주먹으로 서로 치는 기술.　拳術(권술)　拳銃(권총)　拳鬪(권투)
	손 수(재방변) 手(扌)부 [4手6 총10획]	拳拳拳拳拳拳拳拳拳拳
주먹 **권**		拳　拳　拳　拳　拳

3급		그, 그 사람　　　　　　　　　　　　　영 that　중 厥 jué　일 ケツ(それ)
		회의·형성 집 엄(厂)+상기 궐(欮)자로 '그, 그것'을 뜻한다.
		厥角(궐각) 이마를 땅에 대고 절을 함.　厥女(궐녀)　厥冷(궐랭)　厥者(궐자)
	민엄호(厂)부 [2厂10 총12획]	厥厥厥厥厥厥厥厥厥厥厥厥
그 **궐**		厥　厥　厥　厥　厥

3급		바퀴 자국, 수레 바퀴　　　　　　　　영 track　중 軌 guǐ　일 キ(わだち)
		형성 수레 거(車)+구(九)자로 이루어져 '바퀴 사이는 일정하므로, 법도(法度=길)의 뜻을 나타낸다.
		軌條(궤조) 기나 전 따위가 다니도록 까는 쇠줄.　軌度(궤도)　軌模(궤모)
	수레 거(車)부 [7車2, 총9획]	軌軌軌軌軌軌軌軌軌
바퀴 자국 **궤**		軌　軌　軌　軌　軌

3Ⅱ급		귀신, 도깨비　　　　　　　　　　　영 ghost　중 鬼 guǐ　일 キ(おに)
		회의 무시무시한 머리를 한 사람으로, 즉 '귀신'을 뜻한다.
		鬼面(귀면) 귀신의 얼굴을 상상하여 만든 탈.　鬼門(귀문)　鬼才(귀재)　鬼神(귀신)
	귀신 귀(鬼)부 [10鬼0 총10획]	鬼鬼鬼鬼鬼鬼鬼鬼鬼鬼
귀신 **귀**		鬼　鬼　鬼　鬼　鬼

3급	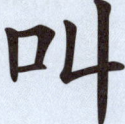	부르짖다, 부르다　　　　　　　　　　영 cry　중 叫 jiào　일 キユウ(さけぶ)
		형성 입 구(口)+얽힐 구(丩)자로 말이 복잡해져서 큰 소리로 부르짖는 것을 뜻한다.
		絶叫(절규) 힘을 다하여 부르짖음.　叫呼(규호)　叫喚(규환)　叫聲(규성)
	입 구(口)부 [3口2 총5획]	叫叫叫叫叫
부르짖을 **규**		叫　叫　叫　叫　叫

3급	糾	얽히다, 꼬다 영 entangled 중 纠 jiū 일 キユウ(ただす)
		형성 실 사(糸)+구(丩)자로 이루어졌다.
		糾問(규문) 죄(罪)를 따져 가며 물음. 糾察(규찰) 紛糾(분규)
	실 사(糸)부 [6糸2, 총8획]	糾 糾 糾 糾 糾 糾 糾
	얽힐 **규**	糾 糾 糾 糾 糾

5급	規	법, 법칙 유 律(법칙 률) 영 rule 중 规 guī 일 キ(のり)
		회의 사내 부(夫)+볼 견(見)자로 대장부가 보는 바에 합당해야 하므로 '법'을 뜻한다.
		規格(규격) 표준. 規定(규정) 規則(규칙) 規律(규율)
	볼 견(見)부 [7見4 총11획]	規 規 規 規 規 規 規 規 規 規
	법 **규**	規 規 規 規 規

3급	菌	버섯, 곰팡이 영 mushroom 중 菌 jūn 일 キン(きのこ)
		형성 풀 초(艹)+곳간 균(囷)자로 곳간 같은 갓이 있는 '버섯'을 뜻한다.
		病菌(병균) 병의 원인이 되는 균. 菌絲(균사) 菌毒(균독) 菌傘(균산)
	풀초(초두) 艸(艹)부 [4艹8 총12획]	菌 菌 菌 菌 菌 菌 菌 菌 菌 菌 菌 菌
	버섯 **균**	菌 菌 菌 菌 菌

3Ⅱ급	克	이기다, 능히 영 overcome 중 克 kè 일 コク(かつ)
		회의 무거운 물건을 쓴 사람의 모양을 그린 글자로 무게에 '견디다, 이기다'의 뜻을 나타낸다.
		克明(극명) 속속들이 밝힘. 克服(극복) 克己(극기) 克家(극가) 克己復禮(극기복례)
	어진사람 인(儿)부 [2儿5 총7획]	克 克 克 克 克 克 克
	이길 **극**	克 克 克 克 克

4급	劇	심하다, 혹독하다 영 violent 중 剧 jù 일 ゲキ(はげしい)
		형성 호랑이와 멧돼지가 서로 '심하게' 싸우는 것을 뜻한다.
		劇團(극단) 연극을 하는 단체. 劇場(극장) 悲劇(비극) 演劇(연극)
	칼 도(刀/刂)부 [2刀13 총15획]	劇 劇 劇 劇 劇 劇 劇 劇 劇 劇
	심할 **극**	劇 劇 劇 劇 劇

斤

3급 근, 도끼, 밝게 살피다 영 axe, pound 중 斤 jīn 일 キン(おの)

상형 날이 선 도끼로 물건을 자르려는 형상을 본떠, 즉 '도끼, 베다'의 뜻이다.

斤兩(근량) 무게의 단위인 근과 냥을 아울러 이르는 말.
斤量(근량) 斤數(근수) 斤重(근중)

도끼 근(斤)부 [4斤0 총4획]

斤斤斤斤

근·도끼 **근**

僅

3급 겨우, 조금 영 recently 중 仅 jǐn 일 ケイ(にろ)

형성 사람 인(亻)+적을 근(堇)자로 재주가 남만 못한 사람으로 '겨우, 적다'의 뜻을 나타낸다.

僅僅(근근) 매우 힘들고 어렵사리. 僅少(근소) 僅僅扶持(근근부지)

사람인 변(亻)부 [2亻11 총13획]

僅僅僅僅僅僅僅僅僅僅僅

겨우 **근**

謹

3급 삼가다, 조심하다 영 refain, respectful 중 谨 jǐn 일 キン(つつしむ)

형성 말씀 언(言)+진흙 근(堇)자로 말을 바르게 하는 것으로, 즉 '삼가다'를 뜻한다.

謹嚴(근엄) 삼가고 엄숙함. 謹愼(근신) 謹弔(근조) 謹呈(근정)

말씀 언(言)부 [7言11 총18획]

謹謹謹謹謹謹謹謹謹謹謹謹

삼갈 **근**

琴

3Ⅱ급 거문고(한국의 현악기) 영 harp 중 琴 qín 일 キン(こと)

상형 기러기발이 있는 거문고의 단면을 본떠, 즉 '거문고'를 뜻한다.

心琴(심금) 자극에 따라 미묘하게 움직이는 마음을 거문고.
琴線(금선) 琴高(금고) 徽琴(휘금) 琴瑟相和(금슬상화)

구슬 옥(玉/王)부 [4王8 총12획]

琴琴琴琴琴琴琴琴琴琴琴琴

거문고 **금**

禽

3Ⅱ급 새, 날짐승 영 birds 중 禽 qín 일 キン(とり)

회의·형성 발자국 유(禸)+이제 금(今)자로 '날짐승'을 뜻한다.

禽獸(금수) 날짐승과 길짐승의 총칭. 禽獲(금획) 禽鳥(금조) 寒禽(한금)

짐승발자국 유(禸)부 [5禸8 총13획]

禽禽禽禽禽禽禽禽禽禽禽

새·날짐승 **금**

3Ⅱ급	비단, 아름다운 것의 비유	영 silk 중 锦 jǐn 일 キン(にしき)
 錦 쇠 금(金)부 [8金8 총16획]	형성 쇠 금(金)+비단 백(帛)자로 오색이 빛나는 '비단'을 뜻한다. 錦繡江山(금수강산) 아름다운 우리나라의 산하. 錦上添花(금상첨화) 錦衣(금의) 反錦(반금) 錦錦錦錦錦錦錦錦錦錦錦	
비단 금	錦 錦 錦 錦 錦	

6급	등급, 차례	영 grade 중 级 jí 일 キュウ(しな)
 級 실 사(糸)부 [6糸4 총10획]	형성 실 사(糸)+미칠 급(及)자로 실이 차례차례로 이어져 있는 것으로 '등급'을 뜻한다. 級友(급우) 같은 학급의 친구. 級數(급수) 級訓(급훈) 階級(계급) 級級級級級級級級級級	
등급 급	級 級 級 級 級	

3급	즐기다, 기꺼이	영 enjoy 중 肯 kěn 일 コウ(うなずく)
 肯 고기 육(육달월) 肉(月)부 [4月4 총8획]	회의 멈출 지(止)+고기 육(月)자로 뼈에 붙은 살을 뜻하였으나 가차하여 쓰인다. 肯諾(긍낙) 기꺼이 승낙함. 肯定(긍정) 肯志(긍지) 首肯(수긍) 肯肯肯肯肯肯肯肯	
즐길 긍	肯 肯 肯 肯 肯	

3Ⅱ급	꾀하다, 도모하다, 꾀함	영 scheme 중 企 qǐ 일 キ(くわだて)
 企 사람 인(人)부 [2人4 총6획]	회의 사람 인(人)+그칠 지(止)자로 사람이 발돋움하여 멀리 바라보는 뜻, 즉 '꾀하다'를 뜻한다. 企待(기대) 발돋움하여 기다림. 企望(기망) 企圖(기도) 企劃(기획) 企企企企企企	
꾀할 기	企 企 企 企 企	

3급	꺼리다, 미워하다	영 avoid 중 忌 jì 일 キ(いむ)
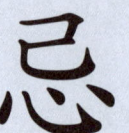 忌 마음 심(심방변) 心(忄/㣺)부 [4心3 총7획]	형성 몸 기(己)+마음 심(心)자로 자기의 몸을 염려하여 '마음이 꺼려지는 것'을 뜻한다. 忌日(기일) 어버이가 죽은 날. 忌故(기고) 忌中(기중) 忌避(기피) 忌忌忌忌忌忌忌	
꺼릴 기	忌 忌 忌 忌 忌	

奇

4급

기이하다, 기특하다
영 strange 중 奇 qí 일 キ(くし・めずらしい)

형성 큰 대(大)+옳을 가(可)자로 크게 옳다는 데서 '뛰어나다'의 뜻이다.

奇計(기계) 기이한 계책. 奇妙(기묘) 奇蹟(기적) 奇特(기특) 奇想天外(기상천외)

큰 대(大)부 [3大5 총8획]

기이할 기

祈

3Ⅱ급

빌다, 기도함
영 pray 중 祈 qí 일 キ(いのる)

형성 보일 시(示)+살필 근(斤)자로 제상을 차려 신께서 살펴주시길 '비는 것'을 뜻한다.

祈願(기원) 바라는 일이 이루어지기를 빎. 祈禱(기도) 祈求(기구)

보일 시(示)부 [5示4 총9획]

빌 기

紀

4급

벼리, 기강
영 discipline 중 纪 jì 일 キ(のり)

형성 실 사(糸)+몸 기(己)자로 그물이 헝클어지지 않게 하는 굵은 줄로 된 '벼리'를 뜻한다.

紀念(기념) 사적을 전하여 깊이 잊지 않게 함. 紀元(기원) 紀律(기율) 紀綱(기강)

실 사(糸)부 [6糸3 총9획]

벼리 기

豈

3급

어찌, 결코
영 how 중 岂 qǐ 일 キ(あに)

형성 위에 장식이 달린 북 모양을 본뜬 글자로, '어찌'를 뜻한다.

豈不(기불) 어찌 ~않으랴. 豈敢(기감) 豈豫(기불) 豈弟(개제) 豈敢毁傷(기감훼상)

콩 두(豆)부 [7豆3 총10획]

어찌 기/개

飢

3급

주리다, 굶주림
영 hunger 중 饥 jī 일 キ(うえる)

형성 밥 식(食)+상 궤(几)자로 음식물이 바닥난 것으로, 즉 '주리다'를 뜻한다.

虛飢(허기) 몹시 배고픈 느낌. 飢餓(기아) 飢饉(기근) 飢渴(기갈)

밥 식(食)부 [9食2 총11획]

주릴 기

4급	寄	부치다, 맡기다	영 send 중 寄 jì 일 キ(よる)
		형성 갓머리(宀)부+奇(기)가 합하여 이루어짐을 뜻한다.	
		寄與(기여) 도움이 되도록 이바지함. 寄贈(기증) 寄稿(기고) 寄與補裨(기여보비)	
갓머리(宀)부 [3宀8 총11획]		寄寄寄寄寄寄寄寄寄寄寄	
부칠 기		寄 寄 寄 寄 寄	

3급	欺	속이다, 거짓	영 cheat 중 欺 qī 일 ギ(あざむく)
		형성 그 기(其)+하품 흠(欠)자로 큰 기대를 갖게 하면서 '배반하는 것'을 뜻한다.	
		欺弄(기롱) 상대를 속이고 놀리는 것. 欺瞞(기만) 欺罔(기망) 欺心(기심)	
하품 흠(欠)부 [4欠8 총12획]		欺欺欺欺欺欺欺欺欺欺欺欺	
속일 기		欺 欺 欺 欺 欺	

3급	棄 	버리다, 내버림	영 abandon 중 弃 qì 일 キ(すてる)
		형성 팔 여덟(八)+버릴 거(去)자로 양손에 쓰레받기를 들고 쓰레기를 내버린다는 데서 '버리다'를 뜻한다.	
		棄權(기권) 권리를 포기함. 棄世(기세) 棄却(기각) 遺棄(유기) 自暴自棄(자포자기)	
나무 목(木)부 [4木8 총12획]		棄棄棄棄棄棄棄棄棄棄棄棄	
버릴 기		棄 棄 棄 棄 棄	

7급	旗	기, 대장기	영 flag 중 旗 qí 일 キ(はた)
		형성 전쟁에서 지휘하기 위하여 높이 올리는 '기'를 뜻한다.	
		旗手(기수) 기를 든 사람. 旗亭(기정) 旗幟(기치) 旗章(기장) 星旗電戟(성기전극)	
모 방(方)부 [4方10 총14획]		旗旗旗旗旗旗旗旗旗旗旗旗旗旗	
기 기		旗 旗 旗 旗 旗	

3Ⅱ급	畿	경기, 도성	영 suburbs 중 畿 jī 일 キ
		회의·형성 밭 전(田)+기계 기(幾)자로 천자와 가까운 곳, 즉 '도성'을 뜻한다.	
		畿檢(기백) 경기도 관찰사의 다른 이름. 畿內(기내) 畿甸(기전) 畿湖(기호)	
밭 전(田)부 [5田10 총15획]		畿畿畿畿畿畿畿畿畿畿畿畿	
경기 기		畿 畿 畿 畿 畿	

4II급 器 입 구(口)부 [3口13 총16획]	그릇, 재능이나 도량　　　　　　　　영vessel 중器 qì 일キ(うつわ)
	회의 입 구(口)+개 견(犬)자로 옛날 서민들이 개고기를 담던 '그릇'의 뜻이다.
	器量(기량) 재능. 器物(기물) 器具(기구) 器皿(기명) 大器晚成(대기만성)
그릇 기	器器器器器器器器器器 器 器 器 器 器

4급 機 나무 목(木)부 [4木12 총16획]	틀, 베틀　　　　　　　　　　　　영machine 중机 jī 일キ(はた)
	형성 나무 목(木)+몇 기(幾)자로 베를 짜는 기구의 일종으로 '베틀'를 뜻한다.
	機根(기근) 중생의 마음속에 가지고 있던 능력. 機密(기밀) 機會(기회) 機械(기계)
베틀·기계 기	機機機機機機機機機機機機 機 機 機 機 機

3급 騎 말 마(馬)부 [10馬8 총18획]	말 타다, 걸터앉다　　　　　　　영ride a horse 중骑 qí 일キ
	형성 말 마(馬)+이상할 기(奇)자로 양다리를 구부려 말에 '올라타다'를 뜻한다.
	騎馬(기마) 말을 탐. 騎兵(기병) 騎士(기사) 騎手(기수) 一騎當千(일기당천)
말탈 기	騎騎騎馬馬馬騎騎騎騎騎 騎 騎 騎 騎 騎

3II급 緊 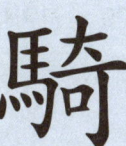 실 사(糸)부 [6糸8 총14획]	긴요하다, 급하다　　　　　　　영urgent 중紧 jǐn 일キン(ひきしめる)
	회의 실 사(糸)+단단할 견(臤)자로 실로 단단히 죄는 것으로, 즉 '긴요하다'를 뜻한다.
	緊急(긴급) 일이 긴하고 급함. 緊迫(긴박) 緊密(긴밀) 緊張(긴장)
긴요할 긴	緊緊緊緊緊緊緊緊緊緊緊緊緊 緊 緊 緊 緊 緊

3급 那 고을 읍(우부방) 邑(阝)부 [3阝4 총7획]	어찌, 어느　　　　　　　　　　영how 중那 nà 일ナ
	형성 마을 읍(阝)+丹(염→나)로 이루어진 글자다.
	那何(나하) 어찌. 那邊(나변) 那間(나간) 那落(나락) 那易等則(나역등칙)
어찌 나	那那那那那那那那 那 那 那 那 那

고등 교육용 한자 900 | 43

| 3II급 諾
말씀 언(言)부 [7言9 총16획]
허락할 **낙** | 허락하다　　　　　　　　　　　　　영 respond 중 诺 nuò 일 ダク(うべなう)
형성 말씀 언(言)+같을 약(若)자로 말로 '승낙하는 것'을 뜻한다.
諾從(낙종) 응낙(應諾)하여 좇음.　諾意(낙의)　諾否(낙부)　承諾(승낙)
諾諾諾諾諾諾諾諾
諾 諾 諾 諾 諾 |

| 4급 納
실 사(糸)부 [6糸4 총10획]
들일 **납** | 들이다, 받아들이다　반 出(낼 출)　영 receive 중 纳 nà 일 ノウ(おさめる)
형성 실 사(糸)+안 내(內)자로 실을 당겨 창고에 계속 '들이다'의 뜻이다.
納吉(납길) 신랑집에서 신부집에 혼인날을 받아 보냄.
納得(납득)　納付(납부)　納入(납입)　本第入納(본제입납)
納納納納納納納納納納
納 納 納 納 納 |

| 3급 娘
계집 녀(女)부 [3女7 총10획]
아가씨 **낭** | 각시, 아가씨　　　　　　　　　　　영 girl 중 娘 niáng 일 ロウ(むすめ)
형성 계집 녀(女)+어질 량(良)으로 나긋나긋한 젊은 '여인'을 뜻한다.
娘子(낭자) 처녀, 궁녀, 처녀, 어머니.　娘娘(낭낭)　令娘(영랑)
娘娘娘娘娘娘娘娘娘
娘 娘 娘 娘 娘 |

| 3급 奈
큰 대(大)부 [3大5 총8획]
어찌 **내/나** | 어찌, 왜　　　　　　　　　　　　영 how 중 奈 nài 일 ナ(いかん)
형성 큰 대(大)+보일 시(示)자로 사과나무의 일종을 나타내는 글자로 '어찌'를 뜻한다.
奈何(내하) 어찌함, 어떻게.　奈落(나락)　奈翁(나옹)　奈率(내솔)
奈奈奈奈奈奈奈奈
奈 奈 奈 奈 奈 |

| 3II급 耐
말이을이(而)부 [6而3 총9획]
견딜 **내** | 견디다, 참음　　　　　　　　　　영 endure 중 耐 nài 일 タイ(たえる)
형성 말이을 이(而)+마디 촌(寸)자로 일을 대할 때 턱수염처럼 부드럽고 팔꿈치처럼 능히 '견딤'을 뜻한다.
耐久性(내구성) 오랫동안 지속하거나 견디어 낼 수 있는 성질.　耐熱(내열)　耐震(내진)
耐耐耐耐耐耐耐耐耐
耐 耐 耐 耐 耐 |

| 3급 |  寧
 갓머리(宀)부 [3宀11 총14획]
 편안할 녕(영) | 편안하다   영 peaceful   중 宁 nìng   일 ネイ(むしろ)
 형성 움집 면(宀)+마음 심(心)+그릇 명(皿)+못 정(丁)자로, 집안에 먹을 것이 많아 '편안함'을 뜻한다.
 寧日(영일) 나날이 편안함. 寧察(영찰) 晏寧(안녕) 丁寧(정녕) |

| 3급 | 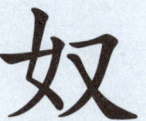 奴
 계집 녀(女)부 [3女2 총5획]
 종 노 | 종, 사내종   영 servant   중 奴 nú   일 ド(やつこ)
 회의 계집 녀(女)+손 수(又:手의 변형)자로 잡힌 계집종을 뜻하였으나 남자에게 쓰인다.
 奴婢(노비) 사내종과 계집 종. 奴僕(노복) 奴役(노역) 奴隷(노예) |

| 4II급 |  努
 힘 력(力)부 [2力5 총7획]
 힘쓸 노 | 힘쓰다, 부지런히 일하다   영 endeavor   중 努 nǔ   일 ド(つとめる)
 형성 종 노(奴)+힘 력(力)자로 종처럼 '힘쓰다'를 뜻한다.
 努力(노력) 힘을 다하고 애를 씀. 努肉(노육) 努目(노목) 努力家(노력가) |

| 3급 | 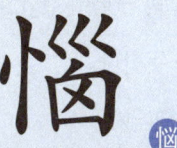 惱
 마음 심(심방변) 心(忄/㣺)부 [3忄9 총12획]
 괴로워할 뇌 | 괴로워하다, 고민함   영 vexed   중 恼 nǎo   일 ノウ(なやむ)
 형성 마음 심(忄)+한해 입은 밭 치(甾)자로 마음의 '걱정, 즉 괴로움'을 뜻한다.
 惱心(뇌심) 마음으로 괴로워함. 惱殺(뇌쇄) 惱亂(뇌란) 惱神(뇌신) |

| 3II급 |  腦
 고기 육(육달월) 肉(月)부 [4月9 총13획]
 뇌·골 뇌 | 뇌, 머릿골   영 brain   중 脑 nǎo   일 ノウ(のう)
 형성 고기 육(月)+내 천(巛)+정수리 신(囟)자로 머리털과 두개골에 딸려 있는 '뇌'를 뜻한다.
 腦裏(뇌리) 머릿속. 腦力(뇌력) 腦膜(뇌막) 腦死(뇌사) 肝腦塗地(간뇌도지) |

3급  물 수(삼수변) 水(氵)부 [3氵5 총8획]	진흙, 진창　　　　　　　　　영 mud　중 泥 ní　일 デイ(どろ)
	형성 물 수(氵)+화할 니(尼)자로 물과 흙이 섞여서 된 '진흙'을 뜻한다.
	泥工(이공) 흙을 바르는 사람.　泥金(이금)　泥丘(이구)　泥水(이수)
	泥泥泥泥泥泥泥
진흙 **니**	泥 泥 泥 泥 泥

3II급  풀초(초두) 艹(++)부 [4++6 총10획]	차, 차나무　　　　　　　　　영 tea plant　중 茶 chá　일 チヤ(ちやのき)
	형성 풀 초(艹)+나머지 여(余)자로 자란 새싹을 따서 음료로 삼는 '차'를 뜻한다.
	茶道(다도) 차를 마시는 예법.　茶果(다과)　茶食(다식)　綠茶(녹차)
	茶茶茶茶茶茶茶茶
차 **다/차**	茶 茶 茶 茶 茶

3II급 旦 날 일(日)부 [4日1 총5획]	아침, 일찍　　　　　　　　　영 morning　중 旦 dàn　일 タン
	지사 날 일(日)과 한 일(一) 자로 해가 지평선 위로 떠오르는 '아침'을 뜻한다.
	旦旦(단단) 공손하고 성실한 모양.　旦望(단망)　旦暮(단모)　旦夕(단석)
	旦旦旦旦旦
아침 **단**	旦 旦 旦 旦 旦

4급  칠 수(殳)부 [4殳5 총9획]	층계, 층　　　　유 階(층계 계)　　영 stairs　중 段 duàn　일 ダン・タン
	형성 막대기 끝으로 물건을 쳐서[殳] 조각을 내므로 '층계'를 뜻한다.
	段階(단계) 일이 나아가는 과정.　段氏(단씨)　段落(단락)　段數(단수)
	段段段段段段段段段
층계·구분 **단**	段 段 段 段 段

5급  [团] 큰입 구(口)부 [3口11 총14획]	둥글다, 모이다　　　　　　영 round　중 团 tuán　일 団 ダン(あつまり)
	형성 에울 위(口)+오로지 전(專)자로 여러 사람이 한데 모여 '둥글다'를 뜻한다.
	團結(단결) 여러 사람이 한데 뭉침.　團欒(단란)　團體(단체)　團合(단합)
	團團團團團團團團團團團
둥글 **단**	團 團 團 團 團

5급	壇	제터, 제단 영 altar 중 坛 tán 일 ダン(だん)
		회의·형성 흙 토(土)+도타울 단(亶)자로 흙을 도탑게 쌓아올린 '제단'을 뜻한다.
		壇下(단하) 단의 아래. 壇上(단상) 壇垣(단원) 壇所(단소)
흙 토(土)부 [3土13 총16획]		壇壇壇壇壇壇壇壇壇壇
제단 단		壇 壇 壇 壇 壇

4Ⅱ급	檀	박달나무, 향나무 영 birch 중 檀 tán 일 ダン(まゆみ)
		형성 나무 목(木)+도타울 단(亶)자로 단단한 나무인 '박달나무'를 뜻한다.
		檀君王儉(단군왕검) 한국 민족의 시조. 檀木(단목) 檀君(단군) 檀紀(단기)
나무 목(木)부 [4木13 총17획]		檀檀檀檀檀檀檀檀檀檀檀
박달나무 단		檀 檀 檀 檀 檀

4Ⅱ급	斷	끊다, 끊어지다 유 絶(끊을 절) 영 cut off 중 断 duàn 일 断 ダン(たつ)
	(断)	회의·형성 실 사(糸)+도끼 근(斤)자로 이어진 실다발을 도끼로 '자르다'를 뜻한다.
		斷交(단교) 교제를 끊음. 斷念(단념) 斷水(단수) 斷乎(단호) 優柔不斷(우유부단)
도끼 근(斤)부 [4斤14 총18획]		斷斷斷斷斷斷斷斷斷斷斷斷
끊을 단		斷 斷 斷 斷 斷

3Ⅱ급	淡	묽다, 연하다 영 light 중 淡 dàn 일 タン(あわい)
		형성 물 수(氵)+불꽃 염(炎)자로 세차게 타오르는 아지랑이를 뜻하였으나 '묽다, 맑다'를 뜻한다.
		淡淡(담담) 욕심이 없고 깨끗함. 淡白(담백) 淡水(담수) 淡紅(담홍)
물 수(삼수변) 水(氵)부 [3氵8 총11획]		淡淡淡淡淡淡淡淡淡淡淡
맑을 담		淡 淡 淡 淡 淡

4Ⅱ급	擔 	메다, 짊어지다, 맡다 영 bear 중 担 dān 일 担 タン(かつぐ)
		형성 손 수(扌)+이를 첨(詹)자로 무거운 짐을 손으로 들어 어깨에 '메다'를 뜻한다.
		擔當(담당) 일을 맡아봄. 擔保(담보) 擔當者(담당자) 擔任(담임)
손 수(재방변) 手(扌)부 [3扌13 총16획]		擔擔擔擔擔擔擔擔擔擔擔
멜·맡을 담		擔 擔 擔 擔 擔

3급 畓

논 — rice field / 畓 duō / デン

회의 물이 담겨져 있는 '밭'을 뜻한다.

畓穀(답곡) 밭에서 나는 곡식. 畓農(답농) 畓土(답토)

밭 전(田)부 [5田4 총9획]

논 **답**

3급 踏

밟다, 발판 — tread / 踏 tà / トウ (ふむ)

형성 발 족(足)+거듭 답(沓)자로 발을 구르며 '밟는 것'을 뜻한다.

踏橋(답교) 다리 밟기. 踏步(답보) 踏査(답사) 踏襲(답습) 前人未踏(전인미답)

발 족(足)부 [7足8 총15획]

밟을 **답**

3급 唐

당나라, 황당하다 — Tang(state) / 唐 táng / トウ (にわか)

형성 굳셀 경(庚)+입 구(口)자로 큰 소리, 즉 '황당하게 크다'의 뜻이다.

唐麪(당면) 감자 가루로 만든 국수. 唐材(당재) 唐手(당수) 唐惶(당황)

입 구(口)부 [3口7 총10획]

당나라 **당**

3급 糖

엿, 사탕 — sugar / 糖 táng / トウ

형성 쌀 미(米)+당나라 당(唐)자로 쌀로 쑨 죽에 엿기름을 넣어 단맛을 내는 '엿'을 뜻한다.

糖尿病(당뇨병) 당뇨가 오래 계속되는 병. 糖分(당분) 糖蜜(당밀) 果糖(과당)

쌀 미(米)부 [6米10 총16획]

엿 **당** / 사탕 **탕**

4II급 黨 (당)

무리, 동아리 · 徒(무리 도) — company / 党 dǎng / 党 トウ

형성 높을 상(尙)+검을 흑(黑)자로 어두운 장래를 개척하려는 '무리'를 뜻한다.

黨論(당론) 그 당파가 주장하는 의견. 黨規(당규) 黨內(당내) 黨權(당권)

검을 흑(黑)부 [12黑8 총20획]

무리 **당**

帶

4Ⅱ급
수건 건(巾)부 [3巾8 총11획]
띠 대

띠, 띠다   영 belt   중 带 dài   일 タイ(おび)

회의 여러 장식품을 곁들여 허리[一]에 두를 수건[巾]으로 만든 '띠'를 뜻한다.

帶劍(대검) 칼을 참. 帶同(대동) 帶電(대전) 帶狀(대상) 無風地帶(무풍지대)

隊

4Ⅱ급
언덕 부(좌부방) 阜(阝)부 [3阝9 총12획]
무리 대

무리, 떼   영 band   중 队 duì   일 タイ

형성 돼지[豕]새끼 8마리가 '떼'지어가 언덕[阝]이건 밭이건 들쑤시고 다닌다.

隊員(대원) 대를 구성(構成)하고 있는 사람. 隊列(대열) 隊長(대장) 部隊(부대)

貸

3급
조개 패(貝)부 [7貝5 총12획]
빌릴 대

빌리다, 차용하다   영 lend   중 贷 dài   일 タイ(かす)

형성 조개 패(貝)+대신할 대(代). 재화를 대신하는 것으로, 즉 '빌리다'를 뜻한다.

貸家(대가) 셋집. 貸付(대부) 貸與(대여) 貸出(대출) 東推西貸(동추서대)

臺

3Ⅱ급
이를 지(至)부 [6至8 총14획]
대 대

돈대, 누각   영 height   중 台 tái   일 ダイ(だいうてな)

형성 높을 고(高:망대)+이를 지(至)+토대 지(坐)자로 토대가 튼튼한 '망대'를 뜻한다.

臺本(대본) 영화나 연극의 각본. 臺帳(대장) 臺詞(대사) 臺地(대지)

挑

3급
손 수(재방변) 手(扌)부 [3扌6 총9획]
돋을 도

돋우다, 끌어내다   영 incite   중 挑 tiāo   일 チョウ(いどむ)

형성 손 수(扌)+조짐 조(兆)자로 싸움을 건다는 뜻이다.

挑發(도발) 싸움을 걺. 挑戰(도전) 挑燈(도등) 挑出(도출) 以琴心挑(이금심도)

倒

3급

사람 인(人)부 [2人8 총10획]

넘어질 도

넘어지다, 넘어뜨리다 영 fall 중 倒 dǎo 일 トウ(たおれる)

형성 사람 인(亻)+이를 도(到)자로 사람이 땅에 '넘어진 것'을 뜻한다.

倒閣(도각) 내각을 거꾸러뜨림. 倒立(도립) 倒産(도산) 倒錯(도착)

桃

3급

나무 목(木)부 [4木6 총10획]

복숭아 도

복숭아, 복숭아나무 영 peach 중 桃 táo 일 トウ(もも)

형성 나무 목(木)+조짐 조(兆)자로, 둘로 쪼갤 수 있는 나무 열매, 즉 '복숭아'를 뜻한다.

桃仁(도인) 복숭아씨. 桃花粉(도화분) 桃園(도원) 桃花(도화) 武陵桃源(무릉도원)

逃

4II급

쉬엄쉬엄갈 책(책받침) 辵(辶)부 [4辶6 총10획]

달아날 도

달아나다, 도망하다 유 避(피할 피) 영 escape 중 逃 táo 일 トウ(にげる)

형성 조짐 조(兆)+쉬엄쉬엄갈 착(辶)자로 거북이의 등껍질이 갈라지듯이 '달아나다'를 뜻한다.

逃亡(도망) 달아남. 逃走(도주) 逃避(도피) 逃路(도로) 夜半逃走(야반도주)

##

3II급

좌부변(阝)부 [3阝8 총11획]

질그릇 도

질그릇 영 earthenware 중 陶 táo 일 トウ(すえやの)

형성 언덕 부(阝)+가마 요(匋)자로 언덕에 가마굴을 차려 구운 '질그릇'을 뜻한다.

陶器(도기) 질그릇. 陶然(도연) 陶藝(도예) 陶醉(도취) 陶犬瓦鷄(도견와계)

##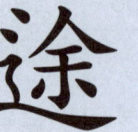

3II급

쉬엄쉬엄갈 책(책받침) 辵(辶)부 [4辶7 총11획]

길 도

길, 도로 영 road 중 途 tú 일 ト・ズ(みち)

형성 쉬엄쉬엄갈 착(辶)+조짐 조(兆)자로 슬금슬금 갈라져 달아나는 것을 뜻한다.

途上(도상) 길을 가고 있는 동안. 途中(도중) 前途(전도)

4급	盜	도둑, 훔치다 ㉨ 賊(도둑 적)	영 thief 중 盗 dào 일 トウ(ぬすむ)

형성 침 연(次)+그릇 명(皿)자로 그릇에 있는 음식을 침을 흘리며 탐내므로 '도둑'을 뜻한다.
盜掘(도굴) 몰래 매장물을 캠. 盜伐(도벌) 盜賊(도적) 盜用(도용)

그릇 명(皿)부 [5皿7 총12획]

盜盜盜盜盜盜盜盜盜盜盜盜

도둑 **도**   盜 盜 盜 盜 盜

3급	塗	칠하다, 지우다	영 mud 중 涂 tú 일 ト(ぬる)

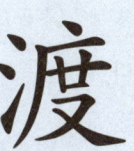

형성 흙 토(土)+도(涂:삼수변(氵=水, 氺)+余)자로 이루어져 탁한 물, 즉 '진흙'을 뜻한다.
塗墨(도묵) 먹칠을 함. 塗壁(도벽) 塗裝(도장)

흙 토(土)부 [3土10, 총13획]

塗塗塗塗塗塗塗塗塗塗塗塗塗

칠할 **도**   塗 塗 塗 塗 塗

3급	渡	건너다, 지나가다	영 cross over 중 渡 dù 일 ト(わたる)

형성 물 수(氵)+건널 도(度)자로 물을 건너는 것을 뜻한다.
渡日(도일) 일본으로 감. 渡船(도선) 渡江(도강) 渡來(도래)

물 수(삼수변) 水(氵)부 [3氵9 총12획]

渡渡渡渡渡渡渡渡渡渡渡渡

건널 **도**   渡 渡 渡 渡 渡

3급	跳	뛰다, 뛰어오르다	영 jump 중 跳 tiào 일 チョウ(はねる)

형성 발 족(足)+조짐 조(兆)자로 발로 땅을 박차며 '뛰어오르다'를 뜻한다.
跳躍(도약) 몸을 위로 솟구쳐 뛰는 것. 跳梁(도량) 跳開橋(도개교) 高跳(고도)

발 족(足)부 [7足6 총13획]

跳跳跳跳跳跳跳跳跳跳跳跳跳

뛸 **도**   跳 跳 跳 跳 跳

3급	稻	벼	영 rice plant 중 稻 dào 일 トウ(いね)

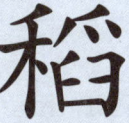

형성 벼 화(禾)+절구 요(舀)자로 절구에서 꺼내는 곡물, 즉 '벼'를 뜻한다.
稻植(도식) 볏모를 심음. 稻作(도작) 稻稷(도직) 水稻(수도) 立稻先賣(입도선매)

벼 화(禾)부 [5禾10 총15획]

稻稻稻稻稻稻稻稻稻稻稻

벼 **도**   稻 稻 稻 稻 稻

導

4II급 | 마디 촌(寸)부 [3寸13 총16획] | 인도할 **도**

인도하다, 이끌다 (유) 引(끌 인)   (영) guide (중) 导 dǎo (일) ドウ(みちびく)

형성 길 도(道)+마디 촌(寸)자로 법도에 의하여 '인도하다'의 뜻이다.
導水路(도수로) 물을 끌어들이기 위하여 만든 수로.
導入(도입) 導水(도수) 導出(도출) 導火線(도화선)

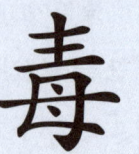

毒

4II급 | 말 무(毋)부 [4毋4 총8획] | 독 **독**

독하다, 독   (영) poison (중) 毒 dú (일) ドク(どく)

회의 풀 초(草)+음란할 매(毋)자로 먹으면 인간의 이성이 없어지는 '독'을 뜻한다.
毒性(독성) 독이 있는 성분. 毒藥(독약) 毒害(독해) 毒感(독감)

督

4II급 | 눈 목(目)부 [5目8 총13획] | 살펴볼 **독**

살펴보다, 감독하다   (영) supervise (중) 督 dū (일) トク(みる·ただす)

형성 아재비 숙(叔)+눈 목(目)자로 어린이를 잘 '살피다'의 뜻이다.
督勵(독려) 감독하며 격려함. 督促(독촉) 督戰(독전) 監督(감독)

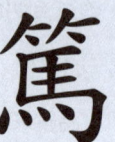

篤

3급 | 대 죽(竹)부 [6竹10 총16획] | 도타울 **독**

도탑다, 미쁘다   (영) generous, cordial (중) 笃 dǔ (일) トク(あつい)

형성 대나무 죽(竹)+말 마(馬)자로 죽마(竹馬)를 타던 벗과의 정, 즉 '도탑다'를 뜻한다.
篤老(독로) 매우 늙음. 篤信(독신) 篤實(독실) 篤志(독지) 溫厚篤實(온후독실)

豚

3급 | 돼지시(豕)부 [7豕4 총11획] | 돼지 **돈**

돼지, 새끼돼지   (영) pig (중) 豚 tún (일) トン(ぶた)

회의 고기 육(月)+돼지 시(豕)자로 '살찐 돼지'를 뜻한다.
豚肉(돈육) 돼지고기. 豚犬(돈견) 豚舍(돈사) 迷豚(미돈) 鷄豚同社(계돈동사)

3급	 도탑다, 정성	영 cordial 중 敦 dūn 일 トン(あつい)

형성 누릴 향(享)+칠 복(攵)자로 두툼한 질그릇의 모양에서 '인정이 깊고 많은 것'을 뜻한다.

敦篤(돈독) 인정이 두터움. 敦諭(돈유) 敦厚(돈후)

칠 복(등글월문)攴(攵)부 [4攵8 총12획]

敦敦敦敦敦敦敦敦敦敦敦敦

도타울 **돈** | 敦 敦 敦 敦 敦

3Ⅱ급	 부딪치다, 우뚝하다	영 collide 중 突 tū 일 トツ(つく)

회의 구멍 혈(穴)+개 견(犬)자로 구멍에서 개가 갑자기 뛰쳐나오는 것으로, 즉 '돌출'을 뜻한다.

突擊(돌격) 돌진하여 공격함. 突發(돌발) 突出(돌출) 突風(돌풍)

구멍 혈(穴)부 [5穴4 총9획]

突突突突突突突突突

갑자기 **돌** | 突 突 突 突 突

3급	 얼다, 춥다	영 freeze 중 冻 dòng 일 トウ(こおる)

형성 얼음 빙(冫)+동녘 동(東)자로 봄이 오기 전에는 추워서 '얼음이 언다'는 뜻이다.

凍結(동결) 얼어붙음. 凍死(동사) 凍傷(동상) 凍太(동태)

이 수(冫)부 [2冫8 총10획]

凍凍凍凍凍凍凍凍凍凍

얼 **동** | 凍 凍 凍 凍 凍

4Ⅱ급	 구리, 동화	영 copper 중 铜 tóng 일 ドウ(あかがね)

형성 쇠 금(金)+한 가지 동(同)자로 금과 같은 빛깔을 가진 '구리'를 뜻한다.

銅鑛(동광) 구리를 캐는 광산. 銅錢(동전) 銅像(동상) 銅線(동선)

쇠 금(金)부 [8金6 총14획]

銅銅銅銅銅銅銅銅銅銅銅銅銅銅

구리 **동** | 銅 銅 銅 銅 銅

3급	 진치다, 진	영 assemble 중 屯 tú 일 トン

회의 왼손 좌(屮)+일(一)자로 이루어져 풀의 싹이 간신히 돋아난 모양을 나타내어 '어렵다'의 뜻이다.

屯兵(둔병) 군사가 주둔함. 屯守(둔수) 駐屯(주둔)

왼손 좌(屮)부 [3屮1, 총4획]

屯屯屯屯

진칠 **둔** | 屯 屯 屯 屯 屯

鈍 [3급]

쇠 금(金)부 [8金4 총12획]

둔할 둔

둔하다, 무디다   영 dull   중 钝 dùn   일 ドン(にぶい)

형성 쇠 금(金)+모일 둔(屯)자로 무디어서 잘 들지 않는 쇠, 즉 '둔하다'를 뜻한다.

鈍感(둔감) 감각이 무딤.   鈍器(둔기)   鈍才(둔재)   鈍濁(둔탁)

騰 [3급]

말 마(馬)부 [10馬10, 총20획]

오를 등

오르다, 도약하다   영 ascend   중 腾 téng   일 トウ

형성 말 마(馬)+짐(朕)자로 이루어져 '역참(驛站)에서 갈아타는 말'의 뜻이다.

騰奔(등분) 뛰어서 달아남.   騰貴(등귀)   反騰(반등)

羅 [4Ⅱ급]

그물 망网(罒/㓁/网)부 [5罒14 총19획]

그물·벌릴 라(나)

그물, 벌이다, 늘어서다   유 列(벌릴 렬)   영 net   중 罗 luó   일 ラ

회의 그물 망(罒)+맬 유(維)자로 실로 그물을 만들어 새를 잡기 위해 '벌려' 놓다.

羅網(나망) 새 잡는 그물.   羅城(나성)   新羅(신라)   網羅(망라)

絡 [3Ⅱ급]

실 사(糸)부 [6糸6 총12획]

이을·맥락 락(낙)

잇다   유 連(잇닿을 련(연))   영 connect   중 络 luò   일 ラク(からまる)

형성 실 사(糸)+각 각(各)자로 실이 휘감겨 양끝을 잇는 모습으로, 즉 '맥락'을 뜻한다.

絡車(낙거) 실을 감는 물레.   絡絡(낙락)   絡蹄(낙제)   經絡(경락)

亂 [4급]

새 을(乙)부 [1乙12 총13획]

어지러울 란(난)

어지럽다, 난리   영 confuse   중 乱 luàn   일 乱 ラン(みだれる)

형성 손(爫)+창(▽)을 들고 다투고 또(又) 발자국(冂)이며, 새떼(乙)가 나는 것 같은 '어지럽다'의 뜻이다.

亂離(난리) 세상의 소란을 만나 뿔뿔이 헤어짐.   亂立(난립)   亂國(난국)   亂動(난동)

3Ⅱ급	난초, 얼룩	영 orchid 중 兰 lán 일 ラン(あららぎ)
 蘭 풀초(초두) 艸(艹)부 [4艹17 총21획]	형성 풀 초(艹)+드물 란(闌)자로 향기가 높고 흔치 않은 화초, 즉 '난초, 목란'을 뜻한다. 蘭草(난초) 난초과의 여러해살이 풀. 蘭秋(난추) 蘭交(난교) 波蘭(파란) 蘭蘭蘭蘭蘭蘭蘭蘭蘭蘭蘭蘭	
난초 란(난)	蘭 蘭 蘭 蘭 蘭	

3Ⅱ급	난간, 우리	영 rail 중 栏 lán 일 ラン(てすり)
欄 나무 목(木)부 [4木17, 총21획]	형성 나무 목(木)+난간 란(闌)자로 문에 건너질러 출입을 막는 '나무'를 뜻한다. 欄干(난간) 층계 등의 가장 자리를 일정한 높이로 막은 물건. 欄外(난외) 交欄(교란) 本欄(본란) 欄欄欄欄欄欄欄欄欄欄欄	
난간 란(난)	欄 欄 欄 欄 欄	

3급	넘치다, 지나치다	영 over flow 중 滥 làn 일 ラン(あふれ)
濫 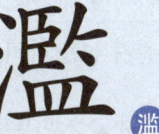 물 수(삼수변) 水(氵)부 [3氵14 총17획]	형성 물 수(氵)+볼 감(監)자로 뿜어져 나오는 샘물, 즉 '넘치다'를 뜻한다. 濫用(남용) 함부로 마구 씀. 濫作(남작) 濫發(남발) 濫觴(남상) 濫濫濫濫濫濫濫濫濫濫濫濫濫濫濫濫	
넘칠 람	濫 濫 濫 濫 濫	

4급	보다, 두루 보다 유 觀(볼 관)	영 view 중 览 lǎn 일 覧 ラン(みる)
覽  볼 견(見)부 [7見14 총21획]	형성 볼 감(監)+볼 견(見)자로 보고 또 '보다'를 뜻한다. 展覽會(전람회) 그림 등을 전시하여 여러 사람이 봄. 閱覽(열람) 觀覽(관람) 博覽會(박람회) 覽覽覽覽覽覽覽覽覽覽覽覽	
볼 람	覽 覽 覽 覽 覽	

3Ⅱ급	행랑, 복도	영 corridor 중 廊 láng 일 ロウ(ひさし)
廊 엄 호(广)부 [3广10 총13획]	형성 집 엄(广)+사내 랑(郞)자로 사내들이 기거하는 집, 즉 '행랑'의 뜻이다. 廻廊(회랑) 정당(正堂)의 양 옆으로 있는 기다란 집채. 廊屬(낭속) 廊下(낭하) 舍廊(사랑) 步廊(보랑) 廊廊廊廊廊廊廊廊廊廊廊	
행랑 랑(낭)	廊 廊 廊 廊 廊	

掠

3급

손 수(扌)부 [3扌8 총11획]

노략질할 **략(약)**

노략질하다　　영 plunder　중 掠 lüè　일 リャク(かすめる)

형성 손 수(扌)+서울 경(京)자로 손을 뻗어 남의 것을 함부로 '빼앗는 것'을 뜻한다.
掠取(약취) 노략질하여 가짐.　掠奪(약탈)　侵掠(침략)　擄掠(노략)

掠掠掠掠掠掠掠掠掠掠掠

略

4급

밭전(田)부 [5田6 총11획]

감략할 **략(약)**

간략하다, 다스리다, 경영하다　　영 govern　중 略 lüè　일 リャク(はかる)

형성 밭전(田=밭)부+各(각→략)이 합하여 이루어져 略(략)은 땅을 구분하여 경영하는 일을 뜻한다.
省略(생략) 덜어서 줄이거나 뺌.　戰略(전략)　侵略(침략)

略略略略略略略略略略略

梁

3급

나무 목(木)부 [4木7 총11획]

들보 **량(양)**

들보, 대들보　　영 beam　중 梁 liáng　일 リョウ(はり)

회의 물 수(氵)+벨 창(刅)+나무 목(木)자로 나무를 물 위에 걸쳐 놓는 다리, 나아가 들보를 뜻한다.
跳梁(도량) 함부로 날뜀.　橋梁(교량)　木梁(목량)　退梁(퇴량)　棟梁之材(동량지재)

梁梁梁梁梁梁梁梁梁梁梁

諒

3급

말씀 언(言)부 [7言8 총15획]

살필·믿을 **량(양)**

살피다, 믿다　　영 credible　중 谅 liàng　일 リョウ(あきらか)

형성 말씀 언(言)+헤아릴 경(京·量)자로 상대의 마음을 헤아리는 것으로, '살피다'를 뜻한다.
諒知(양지) 살펴 앎.　諒察(양찰)　體諒(체량)　深諒(심량)

諒諒諒諒諒諒諒諒諒諒諒諒

糧

4급

쌀 미(米)부 [6米12 총18획]

양식 **량(양)**

양식, 먹이　　영 food　중 粮 liáng　일 リョウ(かて)

형성 쌀 미(米)+헤아릴 량(量)자로 쌀을 먹을 만큼 헤아려서 남겨놓으므로 '양식'이다.
糧穀(양곡) 양식이 되는 곡물.　糧食(양식)　糧米(양미)　食糧(식량)

糧糧糧糧糧糧糧糧糧糧糧

慮

4급 / 마음 심(심방변) 心(忄/㣺)부 [4心11 총15획] / 생각할 려(여)

생각하다, 염려하다   영 consider   중 虑 lǜ   일 リョ(おもんばかり)

회의 범 호(虍)+생각 사(思)자로 호랑이가 나타날까 '염려하다'를 뜻한다.

考慮(고려) 생각해 둠. 念慮(염려) 憂慮(우려) 慮外(여외) 千慮一得(천려일득)

勵

3급 / 힘 력(力)부 [2力15 총17획] / 힘쓸 려(여)

힘쓰다, 권장하다   영 encourage   중 励 lì   일 励 レイ(はげむ)

형성 타이를 려(厲)+힘 력(力)자로 애써 갈다의 뜻으로, 즉 '힘쓰다'를 뜻한다.

激勵(격려) 말로써 상대를 응원함. 勵節(여절) 刻苦勉勵(각고면려) 策勵(책려)

麗

4Ⅱ급 / 사슴 록(鹿)부 [11鹿8 총19획] / 고울 려(여)

곱다, 빛나다   유 美(아름다울 미)   영 beautiful   중 丽 lì   일 レイ(うるわしい)

회의 사슴들이 나란히 걸어가는 모양이 '아름답다'의 뜻이다.

麗句(여구) 아름다운 글귀. 麗代(여대) 華麗(화려) 高麗(고려) 山明水麗(산명수려)

曆

3Ⅱ급 / 날 일(日)부 [4日12 총16획] / 책력 력(역)

책력, 운수   영 calender   중 历 lì   일 レキ(こよみ)

형성 날 일(日)+셀 력(厤)자로 날을 순서 있게 배열해 놓은 '책력'을 뜻한다.

曆數(역수) 책력을 만드는 법. 曆年(역년) 曆法(역법) 曆學(역학)

蓮

3급 / 풀초(초두) 艸(艹)부 [4艹11 총15획] / 연꽃 련(연)

연꽃, 연밥   영 lotus   중 莲 lián   일 シン(はす)

회의·형성 풀 초(艹)+이어질 련(連)자로 나란히 열매가 달리는 '연꽃'을 뜻한다.

蓮實(연실) 연밥. 蓮座(연좌) 蓮根(연근) 蓮塘(연당) 泥中之蓮(이중지련)

3급	憐	불쌍히(어여삐) 여기다	영 pity 중 怜 lián 일 レン(あわれむ)
		회의·형성 마음 심(忄)+도깨비불 린(粦)자로 동정심, 즉 불쌍히 여기는 '마음'을 뜻한다.	
		相憐(상련) 서로 가엾게 여겨 동정함. 憐憫(연민) 哀憐(애련) 可憐(가련)	
마음 심(심방변) 心(忄/㣺)부 [3忄12 총15획]		憐憐憐憐憐憐憐憐憐憐憐憐憐憐憐	
불쌍히 여길 **련(연)**			

3Ⅱ급	鍊	쇠 불리다, 단련하다	영 temper 중 鍊 liàn 일 レン(ねる)
		형성 쇠 금(金)+가릴 간(柬)자로 금속을 녹여 불리는 것으로, 즉 '단련하다'를 뜻한다.	
		修鍊(수련) 갈고 닦음. 鍊金(연금) 鍊磨(연마) 鍊武(연무) 精金百鍊(정금백련)	
쇠 금(金)부 [8金9 총17획]		鍊鍊鍊鍊鍊鍊鍊鍊鍊鍊鍊鍊鍊鍊鍊鍊鍊	
쇠불릴 **련(연)**	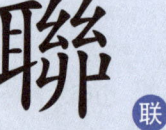		

3Ⅱ급	聯(联)	잇닿다, 연잇다	영 adjoin 중 联 lián 일 レン(つらなる)
		회의 귀 이(耳)+실 사(絲)자로 적의 귀를 베어 끈으로 연결한 것으로 '잇닿음'을 뜻한다.	
		聯句(연구) 한시에서 짝을 이룬 구. 聯立(연립) 頸聯(경련) 關聯(관련)	
귀 이(耳)부 [6耳11 총17획]		聯聯聯聯聯聯聯聯聯聯聯聯聯聯聯聯聯	
잇닿을 **련(연)**			

3Ⅱ급	戀(恋)	사모하다, 그리워하다	영 love 중 恋 liàn 일 恋 レン(こい)
		형성 어지러울 련(䜌)+마음 심(心)으로 마음이 끌리어 '사모하다'를 뜻한다.	
		戀慕(연모) 사랑하고 그리워함. 戀情(연정) 戀人(연인) 戀歌(연가)	
마음 심(심방변) 心(忄/㣺)부 [4心19 총23획]		戀戀戀戀戀戀戀戀戀戀戀戀	
사모할 **련(연)**	戀 戀 戀 戀 戀		

3급	劣	용렬하다, 못나다	영 inferior 중 劣 liè 일 レツ(おとる)
		회의 적을 소(少)+힘 력(力)자로 힘이 적다는 뜻에서 남보다 못한 것을 뜻한다.	
		劣等(열등) 낮은 등급. 劣性(열성) 劣勢(열세) 劣惡(열악) 拙劣性(졸렬성)	
힘 력(力)부 [2力4 총6획]		劣劣劣劣劣劣	
못할 **렬(열)**			

3급	 옷 의(衤/衣)부 [6衣6 총12획]	찢다, 찢어지다 영 split 중 裂 liè 일 レツ (さく)
		형성 벌릴 열(列)+옷 의(衣)자로 천을 벌려 찢는 것을 뜻한다.
		決裂(결렬) 여러 갈래로 찢어짐. 分裂(분열) 裂傷(열상) 滅裂(멸렬)
		裂裂裂裂裂裂裂裂裂裂裂裂
	찢어질 렬(열)	裂 裂 裂 裂 裂

3급	 엄 호(广)부 [3广10 총13획]	청렴하다, 맑다 영 upright 중 廉 lián 일 レン (かど)
		형성 집 엄(广)+겸할 겸(兼)자로 단정한 방 모서리를 겸하고 있는 모퉁이에서, 즉 '청렴, 검소'를 뜻한다.
		廉價(염가) 싼값. 廉夫(염부) 廉恥(염치) 廉探(염탐) 淸廉潔白(청렴결백)
		廉廉廉廉廉廉廉廉廉廉廉廉廉
	검소할 렴(염)	廉 廉 廉 廉 廉

3급	 개사슴록변(犭)부 [3犭15, 총18획]	사냥, 사냥하다 영 hunting 중 猎 liè 일 リョウ (かり)
		형성 개사슴록변(犭=犬)+렵(巤)자로 이루어졌다.
		獵酒(엽주) 아는 사람을 찾아다니며 술을 우려 마심. 狩獵(수렵) 密獵(밀렵)
		獵獵獵獵獵獵獵獵獵獵獵獵
	사냥 렵(엽)	獵 獵 獵 獵 獵

3급	 비 우(雨)부 [8雨5 총13획]	떨어지다, 시들다 영 drizzle 중 零 líng 일 レイ (こぼれる)
		형성 비 우(雨)+하여금 령(令) 신의 뜻으로 비가 떨어지는 것을 뜻한다.
		零細(영세) 몹시 가난함. 零細民(영세민) 丁零(정령) 凋零(조령)
		零零零零零零零零零零零零零
	떨어질 령(영)	零 零 零 零 零

3Ⅱ급	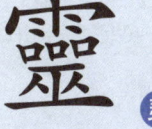 靈 (灵) 비 우(雨)부 [8雨16 총24획]	신령, 영혼 영 spirit 중 灵 líng 일 灵 レイ (たま)
		형성 비올 령(霝)+무당 무(巫)자로 비오기를 비는 무당에서 신의 '계시'를 뜻한다.
		靈界(영계) 정신 세계. 靈柩(영구) 亡靈(망령) 精靈(정령)
		靈靈靈靈靈靈靈靈靈靈靈靈
	신령 령(영)	靈 靈 靈 靈 靈

3II급	고개, 재	영 ridge 중 岭 lǐng 일 レイ(とうげ)
嶺	형성 뫼 산(山)부+령(領)으로 이루어진 산의 '능선'을 뜻한다. 分水嶺(분수령) 분수계(分水界)가 되는 산마루나 산맥(山脈). 嶺南(영남) 大關嶺(대관령)	
뫼산(山)부 [3山14 총17획]	嶺嶺嶺嶺嶺嶺嶺嶺嶺嶺嶺嶺	
고개 령(영)	嶺 嶺 嶺 嶺 嶺	

3급	종, 부리다	영 slave 중 隶 lì 일 レイ
隷	형성 미칠 이(隶)+내(柰)자로 이루어졌다. 古隷(고례) 팔분(八分)에 대하여 보통 예서(隷書). 宮隷(궁례) 臣隷(신례)	
미칠이(隶)부 [8隶8, 총16획]	隷隷隷隷隷隷隷隷隷隷隷隷	
종 례(예)	隷 隷 隷 隷 隷	

3II급	화로, 난로	영 fireplace 중 炉 lú 일 炉 ロ(いろり)
爐 	형성 불 화(火)+큰그릇 로(盧)자로 큰그릇에 불을 담은 것으로, 즉 '화로'를 뜻한다. 茶爐(다로) 차를 달이는 데에 쓰는 화로(火爐). 火爐(화로) 爐邊(노변) 脚爐(각로)	
불 화(火/灬)부 [4火16 총20획]	爐爐爐爐爐爐爐爐爐爐爐	
화로 로(노)	爐 爐 爐 爐	

3급	사슴, 곳집	영 deer 중 鹿 lù 일 ロク(しか)
鹿	상형 수사슴의 뿔·머리·네 발의 모양을 본떠, 즉 '사슴'을 뜻한다. 鹿角(녹각) 수사슴 뿔. 鹿皮(녹비) 鹿茸(녹용) 鹿苑(녹원) 指鹿爲馬(지록위마)	
사슴 록(鹿)부 [11鹿0 총11획]	鹿鹿鹿鹿鹿鹿鹿鹿鹿鹿鹿	
사슴 록(녹) 	鹿 鹿 鹿 鹿	

3II급	녹(급료), 복(행복)	영 fortune 중 禄 lù 일 ロク(さいわい)
祿	형성 보일 시(示)+근본 록(彔)자로 신의 선물, 왕에게서 받은 '공물'을 뜻한다. 國祿(국록) 나라에서 주는 급료. 祿俸(녹봉) 俸祿(봉록) 祿米(녹미)	
보일 시(示)부 [5示8 총13획]	祿祿祿祿祿祿祿祿祿祿祿祿	
녹 록(녹)	祿 祿 祿 祿 祿	

4Ⅱ급	 錄	기록하다, 베끼다 유 記(기록할 기) 영 record 중 录 lù 일 録 ロク(しるす)
		형성 쇠 금(金)+나무깎을 록(彔)자로 쇠붙이에 나무깎듯 글자를 '기록하다'의 뜻이다.
		記錄(기록) 써서 남김. 目錄(목록) 錄音(녹음) 錄畫(녹화)
쇠 금(金)부 [8金8 총16획]		錄錄錄錄錄錄錄錄錄錄錄錄
기록할 **록(녹)**		錄 錄 錄 錄 錄

3Ⅱ급	 弄	희롱하다, 놀다 영 mock 중 弄 nòng 일 ロウ(もてあそぶ)
		회의 받들 공(廾)+왕 왕(王)자로 양 손으로 구슬을 가지고 노는 것에서 '희롱'을 뜻한다.
		弄假成眞(농가성진) 장난 삼아 한 일이 진짜처럼 됨. 弄奸(농간) 弄談(농담) 弄調(농조)
손맞잡을 공(밑스물입)(廾)부 [3廾4 총7획]		弄弄弄弄弄弄弄
희롱할 **롱(농)**		弄 弄 弄 弄 弄

3Ⅱ급	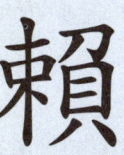 雷	천둥, 우레 영 thunder 중 雷 léi 일 ライ(かみなり)
		형성 비 우(雨)+밭 전(田)자로 비가 올 때 '천둥'을 뜻한다.
		雷名(뇌명) 남의 이름을 높여 하는 말. 雷神(뇌신) 雷聲(뇌성) 地雷(지뢰)
비 우(雨)부 [8雨5 총13획]		雷雷雷雷雷雷雷雷雷雷雷雷雷
우레 **뢰(뇌)**		雷 雷 雷 雷 雷

3Ⅱ급	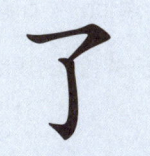 賴	의뢰하다, 의뢰 영 trust to 중 赖 lài 일 頼 ライ(たのむ)
		형성 어그러질 라(剌)+조개 패(貝)자로 재화를 자루에 담아 넣는 모양으로, 즉 '의뢰하다'를 뜻한다.
		依賴(의뢰) 의지하고 힘입음. 信賴(신뢰) 趨附依賴(추부의뢰) 所賴(소뢰)
조개 패(貝)부 [7貝9 총16획]		賴賴賴賴賴賴賴賴賴賴賴賴
의뢰할 **뢰**		賴 賴 賴 賴 賴

3급	了	마치다, 깨닫다 영 finish 중 了 le 일 リョウ(おわる)
		상형 늘어진 것을 들어 올려서 짧게 만드는 것을 나타낸다.
		修了(수료) 학업을 마침. 終了(종료) 了結(요결) 滿了(만료) 修了證(수료증)
갈고리궐(亅)부 [1亅1 총2획]		了 了
마칠 **료(요)**		了 了 了 了 了

고등 교육용 한자 900

僚

3급

사람 인(亻)부 [2亻12, 총14획]

동료 **료(요)**

동료, 벼슬아치 　　　　　　　　　　　영 comrade　중 僚 liáo　일 リョウ

형성 사람인변(亻=人)+료(尞)자로 이루어졌다.

同僚(동료) 같은 곳에서 같은 일을 보는 사람. 官僚(관료) 閣僚(각료)

龍

4급

용 룡(龍)부 [16龍0 총16획]

용 **룡(용)**

용, 임금 　　　　　　　　　　　영 dragon　중 龙 lóng　일 竜 リュウ

상형 기다란 육신[月]이 서서[효] 공중으로 올라가는 모양을 합친 자로 '용'의 모양이다.

龍尾(용미) 용의 꼬리. 龍鬚(용수)　龍王(용왕)　龍宮(용궁)

淚

3급

물 수(삼수변) 水(氵)부 [3氵8 총11획]

눈물 **루(누)**

눈물, 눈물짓다 　　　　　　　　　　　영 tears　중 泪 lèi　일 ルイ(なみだ)

형성 물 수(氵)+어그러질 려(戾). 자로 눈에서 쥐어짜듯이 흐르는 '눈물'을 뜻한다.

落淚(낙루) 눈물이 방울방울 떨어짐.　淚痕(누흔)　垂淚(수루)　鬼淚(귀루)

累

3급

실 사(糸)부 [6糸5 총11획]

여러 **루(누)**

여러, 자주 　　　　　　　　　　　영 tie　중 累 lèi　일 ルイ(かさなる)

형성 실 사(糸)+밭갈피 뢰(畾)자로 실을 차례로 겹쳐 포개는 것으로, 즉 '묶다'를 뜻한다.

連累(연루) 남이 저지른 죄(罪)에 관련(關聯)되는 것. 累卵(누란) 累代(누대) 緣累(연루)

漏

3급

물 수(삼수변) 水(氵)부 [3氵11 총14획]

샐 **루(누)**

새다, 빠뜨리다 　　　　　　　　　　　영 leak　중 漏 lòu　일 ロ(もらす)

형성 물 수(氵)+샐 루(屚)자로 지붕에 구멍이 나서 빗물이 '새는 것'을 뜻한다.

漏刻(누각) 물시계.　漏電(누전)　脫漏(탈루)　刻漏(각루)

3급 屢 주검 시(尸)부 [3尸11 총14획]	자주, 여러 영 frequently 중 屡 lǚ 일 ル(しばしば)
	회의·형성 주검 시(尸)+자주 루(婁)자로 잇달아 '계속함'의 뜻이다.
	屢空(누공) 언제나 가난함. 屢年(누년) 屢世(누세) 屢次(누차)
	屢屢屢屢屢屢屢屢屢屢
여러 **루(누)**	

3Ⅱ급 樓 (楼) 나무 목(木)부 [4木11 총15획]	다락, 다락집 영 loft 중 楼 lóu 일 楼 ロウ(たかどの)
	형성 나무 목(木)+끌 루(婁)자로 나무를 짜서 높이 세운 '망루'의 뜻이다.
	樓臺(누대) 높은 건물. 樓上(누상) 樓閣(누각) 望樓(망루) 摩天樓(마천루)
	樓樓樓樓樓樓樓樓樓樓樓
다락 **루(누)**	樓 樓 樓 樓

5급 類 머리 혈(頁)부 [9頁10 총19획]	무리, 종류 영 crowd 중 类 lèi 일 ルイ(たぐい)
	회의 쌀 미(米)+개 견(犬)과 머리 혈(頁)의 합자로 쌀이나 개의 얼굴은 구별하기 어렵다는데서 '같은 무리'의 뜻이다.
	類例(유례) 같거나 비슷한 예. 類別(유별) 類推(유추) 人類(인류)
	類類類類類類類類類類類類
무리 **류(유)**	

4급 輪 수레 거(車)부 [7車8 총15획]	바퀴, 둘레 영 wheel 중 轮 lún 일 リン(わ)
	형성 수레 거(車)+질서 륜(侖)자로 수레바퀴는 여러 개의 둥근 살대로 만들어진 '바퀴'의 뜻이다.
	輪讀(윤독) 여러 사람이 돌려가며 책을 읽음. 輪轉(윤전) 輪換(윤환) 輪廓(윤곽)
	輪輪輪輪輪輪輪輪輪輪輪輪
바퀴 **륜(윤)**	

3Ⅱ급 栗 나무 목(木)부 [4木6 총10획]	밤, 밤나무 영 chestnut tree 중 栗 lì 일 リッ(くり)
	회의 덮을 아(襾)+나무 목(木)자로 가시 돋친 열매가 달린 나무, 즉 '밤'을 뜻한다.
	栗然(율연) 몹시 두려워하는 모양. 栗殼(율각) 栗園(율원) 栗谷(율곡)
	栗栗栗栗栗栗栗栗栗栗
밤 **률(율)**	

3II급	 높다, 성하다 영 eminent 중 隆 lóng 일 リュウ
	형성 언덕 부(阝)+날 생(生)+내릴 강(降)자로 융성하게 커진 모양으로 '높다, 성하다'를 뜻한다.
	隆盛(융성) 번영하고 성함. 隆崇(융숭) 隆起(융기) 窿隆(와륭) 德隆望尊(덕륭망존)
언덕 부부(좌부방) 阜(阝)부 [3阝9 총12획]	隆隆隆隆隆隆隆隆隆隆
높을 **륭(융)**	隆 隆 隆 隆 隆

3II급	 언덕, 무덤 영 hill 중 凌 líng 일 リョウ(みささぎ)
	형성 언덕 부(阝)+언덕 릉(夌)으로 산줄기가 불거져 나온 것, 즉 '언덕'을 뜻한다.
	陵蔑(능멸) 깔봄. 陵碑(능비) 陵谷(능곡) 陵園(능원) 武陵桃源(무릉도원)
언덕 부부(좌부방) 阜(阝)부 [3阝8 총11획]	陵陵陵陵陵陵陵陵陵陵陵
언덕 **릉(능)**	陵 陵 陵 陵 陵

3II급	 관리, 관원 영 official 중 吏 lì 일 リ(つかさ)
	회의 관리의 상징인 깃대를 손에 든 모양을 본뜬 글자로 '관리'를 뜻한다.
	吏道(이도) 관리로서 지켜야할 도리. 吏房(이방) 貪官汚吏(탐관오리) 官吏(관리)
입 구(口)부 [3口3 총6획]	吏 吏 吏 吏 吏 吏
벼슬아치 **리(이)**	吏 吏 吏 吏 吏

3급	 배, 배나무 영 pear 중 梨 lí 일 リ(なし)
	회의 이로울 리(利)+나무 목(木)자로 약재에도 쓰이는 이로운 '배'를 뜻한다.
	梨園(이원) 배나무 밭. 梨花(이화) 棠梨(당리) 靑梨(청리)
나무 목(木)부 [4木7 총11획]	梨梨梨梨梨梨梨梨梨梨
배나무 **리(이)**	梨 梨 梨 梨 梨

3II급	속, 내부 영 inside 중 裏 lǐ 일 リ(うら・うち)
	형성 옷 의(衣)+마을 리(里)자로 솔기의 줄이 보이는 옷의 뒷면인 '속, 안'을 뜻한다.
	裏面(이면) 속이나 안. 裏書(이서) 腦裏(뇌리) 禁裏(금리) 表裏不同(표리부동)
옷 의(衤/衣)부 [6衣7 총13획]	裏裏裏裏裏裏裏裏裏裏
속 **리(이)**	裏 裏 裏 裏 裏

3Ⅱ급	신발, 신다	영 step on shoes 중 履 lǚ 일 リ(くつ·ふむ)

회의 주검 시(尸)+조금 걸을 척(彳)+칠 복(夂)+배 주(舟)자로 사람이 배를 타고 발로 밟으며 걷는 모습에서 '밟다'를 뜻하다.
履歷(이력) 지금까지의 학업이나 경력. 履修(이수) 履行(이행) 麻履(마리)

주검 시(尸)부 [3尸12 총15획]

밟을 리(이)

4급	떠나다, 이별하다 반 合(합할 합)	영 leave 중 离 lí 일 リ(はなれる)

형성 헤어질 리(离)+새 추(隹)자로 산신과 새가 서로 만났다가 '떠나다'의 뜻이다.
離居(이거) 떨어져 따로 삶. 離陸(이륙) 離散(이산) 離職(이직)

새 추(隹)부 [8隹11 총19획]

떠날 리(이)

3급	이웃, 이웃하다	영 neighbor 중 邻 lín 일 リン(となる)

형성 언덕 부(阝)+도깨비불 린(粦)자로 집들이 나란히 불을 밝히는 것으로 '이웃'을 뜻한다.
隣家(인가) 이웃집. 隣近(인근) 隣接(인접) 隣徵(인징) 隔墻之隣(격장지린)

언덕 부부(좌부방) 阜(阝)부 [3阝12 총15획]

이웃 린(인)

3Ⅱ급	임하다, 미치다	영 confront 중 临 lín 일 リン(のぞむ)

형성 신하 신(臣)+물건 품(品)자로 여러 물건을 들여다보는 것으로 '임하다'를 뜻한다.
臨檢(임검) 현장에 나가 조사함. 臨迫(임박) 臨時(임시) 臨終(임종)

신하 신(臣)부 [6臣11 총17획]

임할 림(임)

3급	삼, 조칙	영 hemp 중 麻 má 일 マ(あさ)

회의 돌집 엄(广)+(줄기가 긴 풀)자로 삼의 껍질을 벗긴 모양으로 '삼'을 뜻한다.
麻藥(마약) 마취약. 麻絲(마사) 麻雀(마작) 麻布(마포) 麻中之蓬(마중지봉)

삼 마(麻)부 [11麻0 총11획]

삼 마

고등 교육용 한자 900 | 65

磨

3급 · 돌 석(石)부 [5石11 총16획] · **갈 마**

갈다, 숫돌에 갈다 영 whet 중 磨 mó 일 マ(みがく)

형성 삼 마(麻)+돌 석(石)자로 삼을 돌에 찧어 다듬는 것으로 '갈다'를 뜻한다.

磨滅(마멸) 갈리어서 닳아 없어짐. 磨石(마석) 磨耗(마모) 研磨(연마)

幕

3II급 · 수건 건(巾)부 [3巾11 총14획] · **장막 막**

장막, 막 영 curtain 중 幕 mù 일 マク

형성 없을 막(莫)+수건 건(巾)자로 싸서 감추기 위한 천, 즉 '장막'을 뜻한다.

幕間(막간) 연극에서 한 막이 끝나고 잠시 쉬는 사이.
幕僚(막료) 幕舍(막사) 幕後(막후) 幕天席地(막천석지)

漠

3II급 · 물 수(삼수변) 水(氵)부 [3氵11 총14획] · **사막 막**

사막, 아득하다, 넓다 영 desert 중 漠 mò 일 バク(ひろい)

형성 물 수(氵)+없을 막(莫)자로 물이 없는 벌판, '사막'을 뜻한다.

漠漠(막막) 소리가 들릴 듯 말 듯 멂. 沙漠(사막) 漠然(막연) 索漠(삭막)

漫

3급 · 물 수(삼수변) 水(氵)부 [3氵11 총14획] · **질펀할 만**

질펀하다, 넘쳐흐르다, 흩어지다 영 flood 중 漫 màn 일 マン(そぞろ)

형성 물 수(氵)+퍼질 만(曼)자로 물이 널리 퍼져 '질펀한 것'을 뜻한다.

漫漫(만만) 물이 넓고 끝없이 흐르는 모양. 漫筆(만필) 漫談(만담) 漫畵(만화)

慢

3급 · 마음 심(심방변) 心(忄/㣺)부 [3忄11 총14획] · **거만할 만**

거만하다, 게으르다, 느슨하다 영 idle 중 慢 màn 일 マン(あなどる)

형성 마음 심(忄)+길게끌 만(曼)자로 무슨 일이든 행동이 굼뜨고 오만한 것을 뜻한다.

驕慢(교만) 잘난 체하고 뽐냄. 慢遊(만유) 慢葉(만엽) 傲慢(오만)

		망령되다	영 be silly　중 忘 wàng　일 ボウ (わすれる)
		회의 계집 녀(女)+잃을 망(亡)자로 道理(도리)나 예법에 어둡고 이치에 거슬림을 뜻한다. 妄動(망동) 함부로 행동함. 妄發(망발) 妄信(망신) 妄言(망언) 輕擧妄動(경거망동)	
계집 녀(女)부 [3女3 총6획]		妄 妄 妄 妄 妄 妄	
망령될 **망**		妄 妄 妄 妄 妄	

		그물, 계통	영 net　중 网 wǎng　일 ホウ·モウ (なし)
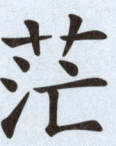		형성 그물망(罒=网, 罒, 冈)+망(亡)자로 이루어져 '덮어 씌워 새나 짐승을 잡는 그물'의 뜻이다. 罔測(망측) 이치에 맞지 않아 헤아릴수 없음. 罔夜(망야) 欺罔(기망)	
그물 망(罒)부 [4罒4, 총8획]		罔 罔 罔 罔 罔 罔 罔 罔	
그물 **망**		罔 罔 罔 罔 罔	

		아득하다, 망망하다	영 remote　중 茫 máng　일 ボウ(とおい)
		회의·형성 풀 초(艹)+멍할 망(汒)자로 초목이 아득하게 넓게 퍼진 것을 뜻한다. 茫茫大海(망망대해) 끝없이 펼쳐진 바다. 茫漠(망막) 茫然(망연) 滄茫(창망)	
풀 초(초두) 艸(艹)부 [4艹6 총10획]		茫 茫 茫 茫 茫 茫 茫 茫 茫	
아득할 **망**		茫 茫 茫 茫 茫	

		묻다, 묻히다	영 bury　중 埋 mái　일 マイ(うずめる)
		회의 흙 토(土)+속 리(里)자로 땅 속에 '묻다'의 뜻을 나타낸다. 埋沒(매몰) 파묻음. 埋立(매립) 埋伏(매복) 生埋(생매) 埋頭沒身(매두몰신)	
흙 토(土)부 [3土7 총10획]		埋 埋 埋 埋 埋 埋 埋 埋 埋	
묻을 **매**		埋 埋 埋 埋 埋	

		매화, 매화나무	영 plum　중 梅 méi　일 バイ(うめ)
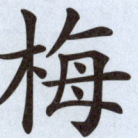		형성 나무 목(木)+매양 매(每)자로 연달아 탐스런 열매를 맺는 '매화'를 뜻한다. 梅雨(매우) 매실이 익을 무렵에 내리는 비. 梅漿(매장) 梅實(매실) 梅花(매화)	
나무 목(木)부 [4木7 총11획]		梅 梅 梅 梅 梅 梅 梅 梅 梅 梅	
매화나무 **매**		梅 梅 梅 梅 梅	

3급 媒 계집 녀(女)부 [3女9 총12획]	중매, 매개　　　영 match-making　중 媒 méi　일 バイ(なかだち)
	형성 계집 녀(女)+아무 모(某)자로 남녀의 혼인을 도모하는 것으로 '중매'를 뜻한다. 媒子(매자) 중매인.　媒婆(매파)　媒體(매체)　仲媒(중매)　親不因媒(친불인매)
중매 매	媒媒媒媒媒媒媒媒媒媒 媒 媒 媒 媒 媒

4II급 脈 고기 육(육달월) 肉(月)부 [4月6 총10획]	맥, 물길　　　영 pulse　중 脉 mài　일 ミャク(すじ)
	회의 몸 육(月)+물갈래 파(瓜)자로 몸속의 피가 갈라져서 흐르듯 순환하는 '혈맥'을 뜻한다. 脈絡(맥락) 혈관.　脈搏(맥박)　血脈(혈맥)　文脈(문맥)　一脈相通(일맥상통)
혈맥 맥	脈脈脈脈脈脈脈脈脈脈 脈 脈 脈 脈 脈

3II급 盲 눈 목(目)부 [5目3 총8획]	소경, 장님　　　영 blind　중 盲 máng　일 モウ(めくら)
	형성 잃을 망(亡)+눈 목(目)자로 눈동자를 잃어버린 것으로 '소경'을 뜻한다. 盲目的(맹목적) 옳고 그름을 분별하지 못하고 행동하는 것. 盲信(맹신)　盲兒(맹아)　盲腸(맹장)　盲者丹靑(맹자단청)
소경 맹	盲盲盲盲盲盲盲盲 盲 盲 盲 盲 盲

3II급 孟 아들 자(子)부 [3子5 총8획]	맏, 처음　　　영 first　중 孟 mèng　일 モウ(はじめ)
	형성 아들 자(子)+그릇 명(皿)자로 처음의 아들 '맏자식'을 뜻한다. 孟冬(맹동) 음력 10월의 별칭.　孟夏(맹하)　孔孟(공맹)　孟母(맹모)
맏 맹	孟孟孟孟孟孟孟孟 孟 孟 孟 孟 孟

3II급 猛 개 견(犬/犭)부 [3犭8 총11획]	사납다, 용감함　　　영 fierce　중 猛 měng　일 モウ(たけし)
	형성 개 견(犭)+힘쓸 맹(孟)자로 힘세고 사나운 '개'를 뜻한다. 猛犬(맹견) 사나운 개.　猛虎(맹호)　猛烈(맹렬)　猛獸(맹수)　威而不猛(위이불맹)
사나울 맹	猛猛猛猛猛猛猛猛猛猛猛 猛 猛 猛 猛 猛

盟

3II급

맹세, 약속 영 oath 중 盟 méng 일 メイ(ちかう)

형성 밝을 명(明)+그릇 명(皿)자로 제후들이 희생의 피를 담아 마시며 결의하던 것으로 '맹세'를 뜻한다.

盟契(맹계) 굳은 언약. 盟邦(맹방) 盟約(맹약) 盟兄(맹형) 金石盟約(금석맹약)

그릇 명(皿)부 [5皿8 총13획]

맹세 **맹**

綿

3II급

솜, 풀솜 영 cotton 중 绵 miǎn 일 メン(わた)

회의 비단 백(帛)+이을 계(系)자로 끊임없이 하얗게 이어진 '솜'을 뜻한다.

綿綿(면면) 길이 이어진 모양. 綿密(면밀) 綿絲(면사) 綿球(면구)

실 사(糸)부 [6糸8 총14획]

솜 **면**

滅

3II급

멸하다, 멸망하다 유 亡(셀 계) 영 ruin 중 灭 miè 일 メツ(ほろびる)

형성 물 수(氵)+꺼질 멸(威)자로 물이 다하여 없어지므로 '멸망하다'의 뜻이다.

滅種(멸종) 종자가 모두 없어짐. 滅菌(멸균) 滅亡(멸망) 滅族(멸족)

물 수(삼수변) 水(氵)부 [3氵10 총13획]

멸망할 **멸**

冥

3급

어둡다, 깊숙하다 영 dark 중 冥 míng 일 メイ(くらい)

회의 덮을 멱(冖)+해 일(日)+들 입(入)자로 덮어서 빛이 없는 상태의 뜻이다.

冥冥(명명) 어두운 모양. 冥途(명도) 冥福(명복) 冥想(명상) 巖岫杳冥(암수묘명)

덮을 멱(민갓머리)(冖)부 [2冖8 총10획]

어두울 **명**

銘

3II급

새기다, 기록하다 영 engrave 중 铭 míng 일 メイ

형성 쇠 금(金)+이름 명(名)자로 금속에 이름을 새기는 것을 뜻한다.

銘心(명심) 마음에 새김. 銘旌(명정) 銘記(명기) 感銘(감명) 銘心不忘(명심불망)

쇠 금(金)부 [8金6 총14획]

새길 **명**

3급 **侮** 사람 인(亻)부 [2亻7, 총9획] 업신여길 모	업신여기다, 조롱하다　　영 despice　중 侮 wǔ　일 ブ(あなどる) 형성 사람인변(亻=人)+매(每)자로 이루어졌다. 侮蔑(모멸) 업신여겨 얕봄.　受侮(수모)　侮辱(모욕) 侮侮侮侮侮侮侮 侮 侮 侮 侮 侮
3급 **冒** 멀경 몸(冂)부 [2冂7, 총9획] 무릅쓸 모	무릅쓰다, 견디다　　영 risk　중 冒 mào　일 ボウ(おかす) 회의 目(목)+모(月)자로 이루어져 '눈을 물건으로 가림'을 뜻한다. 冒頭(모두) 이야기나 글의 첫머리.　冒瀆(모독)　冒險(모험) 冒冒冒冒冒冒冒冒 冒 冒 冒 冒 冒
3급 **某** 나무 목(木)부 [4木5 총9획] 아무 모	아무, 아무개　　영 someone　중 某 mǒu　일 ボウ(それがし) 회의 달 감(甘)+나무 목(木)자로 매화나무가 본디 뜻이나 가차하여 '아무'를 뜻한다. 某年(모년) 어느 해.　某某(모모)　某處(모처)　某側(모측)　某所(모소) 某某某某某某某某某 某 某 某 某 某
3급 **募** 힘 력(力)부 [2力11 총13획] 모을 모	모으다, 모집　　영 collect　중 募 mù　일 ボ(つのる) 형성 힘 력(力)+구할 모(莫)자로 애써 널리 구하는 것으로 '모으다'의 뜻을 나타낸다. 募集(모집) 사람을 모음.　募金(모금)　募兵(모병)　徵募(징모) 募募募募募募募募募募 募 募 募 募 募
3Ⅱ급 **貌** 발없는벌레 치(갖은돼지시변)(豸)부 [7豸7 총14획] 모양 모	모양, 얼굴　　영 appearance　중 貌 mào　일 ボウ(かたち) 회의·형성 벌레 치(豸)+모양 모(皃)자로 사람이나 동물의 대략적인 '모양'을 뜻한다. 美貌(미모) 아름다운 얼굴.　外貌(외모)　貌樣(모양)　容貌(용모)　鑑貌辨色(감모변색) 貌貌貌貌貌貌貌貌貌貌貌貌 貌 貌 貌 貌 貌

3Ⅱ급	사모하다, 그리워하다	영 longing 중 慕 mù 일 ボ(したう)
	형성 마음 심(忄)+저물 모(莫)자로 해질 무렵에는 정든 사람이 그리워지는 것을 뜻한다.	
	慕化(모화) 덕을 그리워함. 慕愛(모애) 慕華(모화) 追慕(추모)	
마음 심(心)부 [4小11 총15획]	慕慕慕慕慕慕慕慕慕慕慕	
그리워할 모	慕 慕 慕 慕 慕	

4급	본뜰, 법 유 範(법 범)	영 form 중 模 mó 일 モ(のり)
	형성 나무 목(木)+없을 막(莫)자로 똑같은 물건을 여러개 만들려면 먼저 나무를 '본뜬다'는 뜻이다.	
	模倣(모방) 본받고 흉내를 냄. 模寫(모사) 模造(모조) 模範(모범)	
나무 목(木)부 [4木11 총15획]	模模模模模模模模模模模模	
본뜰 모	模 模 模 模 模	

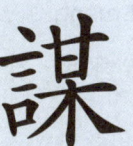

3Ⅱ급	꾀하다, 의논하다	영 plot 중 谋 móu 일 ボウ(はかる)
	형성 말씀 언(言)+아무 모(某)자로 어려운 것을 생각하는 것으로, 즉 '꾀하다'를 뜻한다.	
	謀免(모면) 꾀를 써서 면함. 謀事(모사) 謀議(모의) 謀陷(모함)	
말씀 언(言)부 [7言9 총16획]	謀謀謀謀謀謀謀謀謀謀謀謀	
꾀할 모	謀 謀 謀 謀 謀	

4Ⅱ급	치다, 기르다	영 pasture 중 牧 mù 일 ボク(まき)
	형성 소 우(牛)+칠 복(攵)자로 손에 회초리를 들고 소를 '치다'는 뜻이다.	
	牧民(목민) 백성을 다스림. 牧者(목자) 牧草(목초) 牧師(목사) 牧民之官(목민지관)	
소 우(牛)부 [4牛4 총8획]	牧牧牧牧牧牧牧牧	
칠 목	牧 牧 牧 牧 牧	

3Ⅱ급	화목하다	영 frieddly 중 睦 mù 일 ボク(むつましい)
	형성 눈 목(目)+흙덩이 육(坴)자로 눈이 온화한 것으로 파생하여, 즉 '화목하다'를 뜻한다.	
	和睦(화목) 화기애애하여 분위기가 좋음. 親睦(친목) 睦族(목족) 敦睦(돈목)	
눈 목(目)부 [5目8 총13획]	睦睦睦睦睦睦睦睦睦睦	
화목할 목	睦 睦 睦 睦 睦	

3II급	沒	빠지다	영 sink　중 没 mò　일 ボツ(しずむ・かくれる)
		형성 물의 소용돌이 속으로 빠지는 것을 뜻한다.	
		沒却(몰각) 무시해 버림.　沒年(몰년)　沒頭(몰두)　沒入(몰입)　忽顯忽沒(홀현홀몰)	
물 수(삼수변) 水(氵)부 [3氵4 총7획]		沒沒沒沒沒沒沒	
	빠질 **몰**	沒沒沒沒沒	

3II급	蒙	어리다, 어리석다	영 foolish　중 蒙 méng　일 モウ(こうむる)
		회의·형성 풀 초(艹)+덮을 몽(冡)자로 '어리석은 것'을 뜻한다.	
		蒙古(몽고) 중국의 북쪽과 시베리아 사이에 있는 국가. 蒙死(몽사)　蒙利(몽리)　啓蒙(계몽)　吳下阿蒙(오하아몽)	
풀초(초두) 艸(艹)부 [4艹10 총14획]		蒙蒙蒙蒙蒙蒙蒙蒙蒙蒙蒙蒙蒙蒙	
	어리석을 **몽**	蒙蒙蒙蒙蒙	

3II급	夢	꿈, 꿈꾸다	영 dream　중 梦 mèng　일 ム(ゆめ)
		형성 저녁 석(夕)+어두울 몽(瞢)자로 사람이 자면서 어두운 가운데 보는 것, 즉 '꿈'을 뜻한다.	
		夢寐(몽매) 꿈을 꾸는 동안.　夢想(몽상)　蒙利(몽리)　一場春夢(일장춘몽)	
저녁 석(夕)부 [3夕11 총14획]			
	꿈 **몽**	夢夢夢夢夢	

3급	苗	모, 곡식	영 sprout　중 苗 miáo　일 ビョウ(なえ)
		회의 풀 초(艹)+밭 전(田)자로 논밭에 심은 가느다란 풀, '모'를 뜻한다.	
		苗木(묘목) 나무 모종.　苗裔(묘예)　苗床(묘상)　苗板(묘판)　助長拔苗(조장발묘)	
풀초(초두) 艸(艹)부 [4艹5 총9획]		苗苗苗苗苗苗苗苗	
	모 **묘**	苗苗苗苗苗	

4급	墓	무덤, 묘지	영 grave　중 墓 mù　일 ボ(はか)
		형성 저물 모(莫)+흙 토(土)자로 죽은 사람을 흙속에 감추어 보이지 않게 하는 '무덤'의 뜻이다.	
		墓碑(묘비) 무덤 앞에 세우는 비석.　墓穴(묘혈)　墓所(묘소)　墓地(묘지)	
흙 토(土)부 [3土11 총14획]		墓墓墓墓墓墓墓墓墓墓墓	
	무덤 **묘**	墓墓墓墓墓	

3급	廟 庙	사당, 위패	영 shrine　중 庙 miào　일 ビョウ(たまや)
		회의 집 엄(广)+아침 조(朝)자로 조상을 제사지내는 '사당'을 뜻한다.	
		廟堂(묘당) 종묘. 廟室(묘실) 太廟(태묘) 廟廷(묘정)	
엄 호(广)부 [3广12 총15획]		廟廟廟廟廟廟廟廟廟廟廟	
사당 묘			

3II급	貿	무역하다, 바꾸다	영 trade　중 贸 mào　일 ボウ(あきなう)
		형성 조개 패(貝)+토끼 묘(卯)자로 활발하게 재화를 서로 바꾸는 것을 뜻한다.	
		貿穀(무곡) 값이 오를 것으로 보고 곡식을 잔뜩 사들임. 貿易(무역) 加貿(가무) 貿賤賣貴(무천매귀)	
조개패(貝)부 [7貝5 총12획]		貿貿貿貿貿貿貿貿貿貿貿貿	
무역할 무			

3급	霧	안개, 흐리다	영 fog　중 雾 wù　일 ム·ブ(きり)
		형성 비 우(雨)+힘쓸 무(務)자로 천지간에 낀 '안개'를 뜻한다.	
		霧中(무중) 안개가 끼어 있는 속. 霧散(무산) 霧帶(무대) 雲霧(운무) 雲集霧散(운집무산)	
비 우(雨)부 [8雨11 총19획]		霧霧霧霧霧霧霧霧霧霧霧霧	
안개 무			

3II급	默	잠잠하다, 어둡다	영 quiet, still　중 默 mò　일 モク(しずか)
		형성 검을 흑(黑)+개 견(犬)자로 개가 묵묵히 사람을 따라 가는 것으로, 말이 없음을 뜻한다.	
		啞默(아묵) 입을 다물고 조용히 있음. 默契(묵계) 默念(묵념) 默殺(묵살)	
검을 흑(黑)부 [12黑4 총16획]		默默默默默默默默默默默默	
말없을 묵			

3급	眉	눈썹, 가	영 eyebrow　중 眉 méi　일 ビ·ミ(まゆ)
		상형 눈 목(目) 위에 있는 털로 '눈썹'을 뜻한다.	
		眉間(미간) 두 눈썹 사이. 眉目秀麗(미목수려) 眉目(미목) 焦眉之急(초미지급)	
눈 목(目)부 [5目4 총9획]		眉眉眉眉眉眉眉眉眉	
눈썹 미			

고등 교육용 한자 900

3급	迷	미혹하다, 헷갈리다 영 confused 중 迷 mí 일 メイ(まよう)
		형성 쉬엄쉬엄갈 착(辶)+쌀 미(米)자로 길이 너무 많아 '헤매는 것'을 뜻한다.
		迷宮(미궁) 쉽게 출구를 찾을 수 없음. 迷路(미로) 迷兒(미아) 迷惑(미혹)
쉬엄쉬엄갈 착(책받침) 辶(辶)부 [4辶_6 총10획]		迷 迷 迷 迷 迷 迷 迷 迷 迷 迷
미혹할 미		迷 迷 迷 迷 迷

3Ⅱ급	微	작다, 적다 영 tiny 중 微 wēi 일 ビ(かすか)
		형성 움직이는 모양이 희미하여 '적다, 작다'를 뜻한다.
		微功(미공) 작은 공로. 微官(미관) 微動(미동) 微妙(미묘) 微官末職(미관말직)
두인 변(彳)부 [3彳10 총13획]		微 微 微 微 微 微 微 微 微 微 微
작을 미		微 微 微 微 微

3급	敏	민첩하다, 재빠르다 영 quick 중 敏 mǐn 일 ビン(さとい)
		형성 칠 복(攵)+매양 매(每)자로 나태해지지 않고 척척 일하는 것으로 '민첩함'을 뜻한다.
		敏活(민활) 재능이 날카롭고 매우 잘 돌아감. 敏感(민감) 敏捷(민첩) 英敏(영민)
칠 복(등글월문)攵(攴)부 [4攵7 총11획]		敏 敏 敏 敏 敏 敏 敏 敏 敏 敏 敏
민첩할 민		敏 敏 敏 敏 敏

3급	憫	근심하다 영 pity 중 悯 mǐn 일 ビン(あわれむ)
		회의·형성 마음 심(忄)+걱정할 민(閔)자로 애처로운 마음, 근심하는 것을 뜻한다.
		憫忙(민망) 답답하고 딱하게 여김. 憐憫(연민) 憫情(민정) 不憫(불민)
마음 심(심방변) 心(忄/㣺)부 [3忄12 총15획]		憫 憫 憫 憫 憫 憫 憫 憫 憫 憫 憫
근심할 민		憫 憫 憫 憫 憫

3급	蜜	꿀, 벌꿀 영 honey 중 蜜 mì 일 ミツ(みつ)
		회의·형성 벌레 충(虫)+잠잠할 밀(宓)로 벌이 집 속에 꽉 채워 넣은 '꿀'을 뜻한다.
		蜜柑(밀감) 귤나무. 蜜蠟(밀랍) 蜜語(밀어) 蜜丸(밀환) 口蜜腹劍(구밀복검)
벌레 충(虫)부 [6虫8 총14획]		蜜 蜜 蜜 蜜 蜜 蜜 蜜 蜜 蜜 蜜
꿀 밀		蜜 蜜 蜜 蜜 蜜

4급	拍	치다, 손뼉치다	영strike 중拍 pāi 일ハク·ヒョウ(うつ)
		형성 손 수(扌)+흰 백(白)자로 손뼉을 치며 떠드는 것으로 '손뼉치다'의 뜻이다.	
		拍手(박수) 손뼉을 침. 拍子(박자) 拍車(박차) 間拍(간박) 拍掌大笑(박장대소)	
손 수(재방변) 手(扌)부 [3扌5 총8획]		拍 拍 拍 拍 拍 拍 拍	
칠 박		拍 拍 拍 拍 拍	

3급	泊	머물다, 배 대다, 묵다	영anchor 중泊 bó 일ハク(とまる)
		형성 물 수(氵)+흰 백(白)자로 배가 다가가 머무는 물가로 '묵다'를 뜻한다.	
		宿泊(숙박) 머물러 쉼. 碇泊(정박) 民泊(민박) 落泊(낙박) 流離漂泊(유리표박)	
물 수(삼수변) 水(氵)부 [3氵5 총8획]		泊 泊 泊 泊 泊 泊 泊 泊	
머물 박		泊 泊 泊 泊 泊	

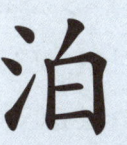

3Ⅱ급	迫	핍박하다, 닥치다	영urgency 중迫 pò 일ハク(せまる)
		형성 쉬엄쉬엄갈 착(辶)+흰 백(白)자로 가까이 다다라 닥치는 것으로 '다그침'을 뜻한다.	
		迫頭(박두) 가까워짐. 迫力(박력) 迫害(박해) 迫不得已(박부득이)	
쉬엄쉬엄갈 착(책받침) 辵(辶)부 [4辶5 총9획]		迫 迫 迫 迫 迫 迫 迫 迫	
다그칠 박		迫 迫 迫 迫 迫	

4Ⅱ급	博	넓다, 크다	영wide, broad 중博 bó 일ハク(ひろい)
		회의 열 십(十)+펼 부(尃)자로 여러 방면으로 '넓다'를 뜻한다.	
		博覽(박람) 널리 견문함. 博識(박식) 博士(박사) 賭博(도박) 博學多識(박학다식)	
열 십(十)부 [2十10 총12획]		博 博 博 博 博 博 博 博 博 博 博 博	
넓을 박		博 博 博 博 博	

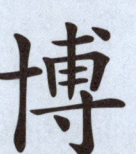

3Ⅱ급	薄	얇다, 엷다	영thin 중薄 báo 일ハク(うすい)
		형성 풀 초(艹)+펼 부(溥)자로 풀이 골고루 널리 퍼진 초원의 모양, 즉 '얇다'를 뜻한다.	
		薄俸(박봉) 적은 봉급. 薄酒(박주) 薄待(박대) 薄福(박복) 如履薄氷(여리박빙)	
풀초(초두) 艸(艹)부 [4艹13 총17획]		薄 薄 薄 薄 薄 薄 薄 薄 薄 薄 薄	
엷을 박		薄 薄 薄 薄 薄	

3급  사람 인(亻)부 [2亻5, 총7획]	짝, 동반자　　　영 companion　중 伴 bàn　일 ハン(ともなう)
	형성 사람인변(亻=人)+반(半)자로 이루어 '반려자, 동반하다'의 뜻이다.
	伴侶者(반려자) 반려(伴侶)가 되는 사람.　隨伴(수반)　同伴(동반)
	伴伴伴伴伴伴伴
짝 반	伴 伴 伴 伴 伴

3급  쉬엄쉬엄갈 착(책받침) 辵(辶)부 [4辶4 총8획]	돌아오다, 고치다　　　영 return　중 返 fǎn　일 ヘン·ハン(かえす)
	형성 쉬엄쉬엄갈 착(辶)+돌이킬 반(反)자로 갔던 길을 다시 돌아오는 것을 뜻한다.
	返還(반환) 되돌려 보냄.　返納(반납)　返送(반송)　返品(반품)　空行空返(공행공반)
	返返返返返返返返
돌아올 반	返 返 返 返 返

3급  또 우(又)부 [2又7 총9획]	배반하다, 모반하다　　　영 rebel　중 叛 pàn　일 ハン(そむく)
	회의·형성 절반 반(半)+돌이킬 반(反)자로 절반씩 갈라져 '반항하고, 배반하다'를 뜻한다.
	叛軍(반군) 반란군.　叛旗(반기)　叛徒(반도)　叛亂(반란)　叛服無常(반복무상)
	叛叛叛叛叛叛叛叛
배반할 반	叛 叛 叛 叛 叛

3Ⅱ급 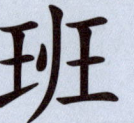 배 주(舟)부 [6舟4 총10획]	가지, 일반　　　영 turn　중 般 bān　일 ジョ(ついで)
	상형·형성 배 주(舟)+칠 복(攴)자로 큰 배를 움직이는 모양에서 '돌다, 옮기다'를 뜻한다.
	般涉調(반섭조) 통일 신라 시대 이후 삼죽에 쓰인 악조.　般若(반야)　般舟經(반주경)
	般般般般般般般般般
가지·일반 반	般 般 般 般 般

6급 班 구슬 옥(玉/王)부 [4王6 총10획]	나누다, 구역　한 常(떳떳할 상)　　영 devide　중 班 bān　일 ハン
	회의 쌍옥 각(珏)+칼 도(刀)자로 옥을 둘로 쪼개서 '나누다'를 뜻한다.
	班列(반열) 양반의 서열.　班常(반상)　班長(반장)　班荊道故(반형도고)
	班班班班班班班班班
나눌 반	班 班 班 班 班

盤

3급 | 소반, 쟁반 | 영 tray 중 盘 pán 일 バン(さら)

형성 그릇 명(皿)+큰배 반(般)자로 큰 배 모양의 대야, 즉 '소반'을 뜻한다.

盤據(반거) 근거로 하여 지킴. 盤溪曲徑(반계곡경) 盤石(반석)

그릇 명(皿)부 [5皿10 총15획]

소반 **반**

拔

3급 | 빼다, 뽑다 | 영 pull out 중 拔 bá 일 バシ(ぬく)

형성 손 수(扌)+달릴 발(犮)자로 손으로 '빼다, 뽑아버리는 것'을 뜻한다.

拔群(발군) 여럿 가운데서 뛰어남. 拔本(발본) 拔萃(발췌) 拔擢(발탁)

손 수(재방변) 手(扌)부 [3扌5 총8획]

뺄 **발**

髮

4급 | 머리털(머리), 터럭 유 毛(터럭 모) | 영 hair 중 发 fā/fà 일 髪 ハツ(かみ)

형성 머리늘일 발(髟)+뽑을 발(犮)자로 '머리카락'을 뜻한다.

理髮(이발) 머리털을 다듬어 깎음. 白髮(백발) 假髮(가발) 頭髮(두발)

터럭 발(髟)부 [10髟5 총15획]

터럭 **발**

邦

3급 | 나라, 봉(封)하다 | 영 nation 중 邦 bāng 일 ホウ(くに)

형성 마을 읍(阝)+풀무성한 봉(丰)자로 경계가 정해진 '국토, 나라'를 뜻한다.

異邦(이방) 다른 지방. 邦畫(방화) 邦交(방교) 盟邦(맹방) 禮儀之邦(예의지방)

고을 읍(우부방) 邑(阝)부 [3阝4 총7획]

나라 **방**

妨

4급 | 방해하다, 손상하다 | 영 obstruct 중 妨 fáng 일 ボウ(さまたげる)

형성 계집 녀(女)+모 방(方)자로 여자가 사방에 있으면 '방해'의 뜻이다.

無妨(무방) 방해될 것이 없음
妨碍(방애) 妨害(방해) 妨礙(방애) 妨工害事(방공해사)

계집 녀(女)부 [3女4 총7획]

방해할 **방**

| 3급 | 芳 | 꽃답다, 향기롭다 | 영 flowery | 중 芳 fāng | 일 ホウ(かんばしい) |

형성 풀 초(艹)+네모 방(方)자로 풀꽃의 향기가 퍼지는 것을 뜻한다.
芳年(방년) 여자(女子)의 20세 전후의 꽃다운 나이.
芳樹(방수) 芳名錄(방명록) 芳香(방향) 流芳百世(유방백세)

풀초(초두) 艹(++)부 [4++4 총8획]

꽃다울 **방**

| 3급 | 倣 | 본받다, 본뜨다 | 영 imitate | 중 仿 fǎng | 일 ホウ(ならう) |

형성 사람 인(亻)+모방할 방(放)자로 사람이 남의 행동을 본받는 것을 뜻한다.
模倣(모방) 흉내를 냄. 倣似(방사) 倣刻(방각) 倣效(방효) 模倣遊戱(모방유희)

사람 인(人)부 [2人8 총10획]

본받을 **방**

| 3급 | 傍 | 곁, 옆 | 영 beside | 중 傍 páng | 일 ボウ(かたわら) |

형성 사람 인(亻)+곁 방(旁)자로 사람의 양쪽 또는 '곁'을 뜻한다.
傍系(방계) 직계에서 갈라진 친척 부치. 傍若無人(방약무인) 傍觀(방관) 傍證(방증)

사람 인(人)부 [2人10 총12획]

곁 **방**

| 4Ⅱ급 | 背 | 등, 뒤 | 영 back | 중 背 bèi | 일 ハイ(そむく) |

형성 배반할 배(背)+고기 육(月)자로 배반하듯 몸을 돌려 '등지다'의 뜻이다.
背景(배경) 뒷면의 경치. 또는 뒤에서 도와주는 사람.
背信(배신) 背反(배반) 背囊(배낭) 面從腹背(면종복배)

고기 육(육달월) 肉(月)부 [4月5 총9획]

등 **배**

| 5급 | 倍 | 곱, 곱하다 | 영 double | 중 倍 bèi | 일 バイ(ます) |

형성 사람 인(亻)+가를 부(咅)자로 물건을 가르면 그 수가 '곱하다'를 뜻한다.
倍加(배가) 점점 더하여 감. 倍額(배액) 倍數(배수) 倍前(배전)

사람 인(人)부 [2人8 총10획]

곱 **배**

급수	한자	훈·음 정보
4급	配	짝, 짝하다　⊕ 分(나눌 분)　⊕ 集(모을 집)　영 couple　중 配 pèi　일 ハイ(くばる)
		형성 술 주(酉)에 몸 기(己)자로 술을 따라 놓고 서로 인사를 올리고 백년가약을 올린 몸이 '짝'이란 뜻이다.
		配慮(배려) 관심을 기울여 살핌.　配所(배소)　配達(배달)　配匹(배필)
닭 유(酉)부 [7酉3 총10획]	짝 배	

3급	培	북돋우다, 가꾸다　영 nourish　중 培 péi　일 バイ(つちかう)
		형성 흙 토(土)+나눌 부(部)자로 흙을 파서 갈라 곡식을 심고 가꾸는 데 '북돋음'을 뜻한다.
		培養(배양) 생물의 발육을 위해 북돋아 줌.　培養土(배양토)　培植(배식)　栽培(재배)
흙 토(土)부 [3土8 총11획]	북돋을 배	

3급	排	물리치다, 늘어서다　영 reject　중 排 pái　일 ハイ(おす)
		형성 손 수(扌)+아닐 비(非)자로 손으로 좌우를 '물리치는 것'을 뜻한다.
		排尿(배뇨) 오줌을 눔.　排擊(배격)　排球(배구)　排泄(배설)　排山壓卵(배산압란)
손 수(재방변) 手(扌)부 [3扌8 총11획]	밀칠 배	

3급	輩	무리, 줄, 순서　영 party　중 輩 bèi　일 ハイ(ともがら)
		형성 수레 거(車=수레, 차)부+非(비→배)로 이루어짐을 뜻한다.
		輩作(배작) 여러 사람이 함께 지음.　輩出(배출)　輩行(배행)
수레거(車)부 [7車8 총15획]	무리 배	

3급	伯	맏이(첫째), 큰아버지　영 eldest　중 伯 bó　일 ハク
		형성 사람 인(亻)+흰 백(白)자로 '맏이, 첫째'를 뜻한다.
		伯父(백부) 큰아버지.　伯仲之間(백중지간)　伯母(백모)　伯仲(백중)
사람 인(人)부 [2人5 총7획]	맏 백	

3II급	 煩 불화(火)부 [4火9 총13획]	괴로워하다, 시끄럽다, 걱정　　영 annoy　중 煩 fán　일 ハン(わずらう)
		회의 頁(혈=머리)+火(화=불)의 합쳐진 자로 머리에 열이 있어 아프다는 뜻이다.
		煩惱(번뇌) 마음이 시달려 괴로움. 煩亂(번란) 煩勞(번로)
		煩煩煩煩煩煩煩煩煩煩煩
괴로워할 번		煩 煩 煩 煩 煩

3II급	 繁 실 사(糸)부 [6糸11 총17획]	번성하다, 많다　　영 prosper　중 繁 fán　일 ハン(しげる)
		형성 이을 계(系)+민첩할 민(敏)자로 풀이 자꾸 자라나서 무성해짐으로 '많음'을 뜻한다.
		繁多(번다) 번거롭게 많음. 繁榮(번영) 繁盛(번성) 頻繁(빈번) 繁華盛滿(번화성만)
		繁繁繁繁繁繁繁繁繁繁繁
번성할 번		繁 繁 繁 繁 繁

3급	 飜 날비(飛)부 [9飛12 총21획]	번역하다, 뒤집다, 엎어지다　　영 translate　중 翻 fān　일 ハン(ひるがえす)
		형성 날비(飛=날다)부+番(번)으로 이루어짐. 즉 날아서 반전하다, 뒤엎다의 뜻이다.
		飜刻(번각) 한 번 새긴 책판을 본보기로 삼아 다시 새김. 飜譯(번역) 飜案(번안)
		飜飜飜飜飜飜飜飜飜飜
번역할 번		飜 飜 飜 飜 飜

4II급	罰 그물 망网(罒/皿/网)부 [5罒9 총14획]	벌주다, 벌　유 賞(상줄 상)　　영 punish　중 罚 fá　일 バツ(つみ)
		회의 그물 망(罒)+말씀 언(言)+칼 도(刀)자로 죄지은 사람을 꾸짖거나 칼로 '벌하다'의 뜻이다.
		罰金(벌금) 벌로 내는 돈. 罰酒(벌주) 罰則(벌칙) 處罰(처벌) 信賞必罰(신상필벌)
		罰罰罰罰罰罰罰罰罰罰罰罰
벌 벌		罰 罰 罰 罰 罰

4급	 犯 개 견(犬/犭)부 [3犭2 총5획]	범하다, 어기다　　영 violate　중 犯 fàn　일 ハン(おかす)
		형성 개 견(犬)+마디 절(㔾)자로 미친 개가 사람에게 '범하다'의 뜻이다.
		犯法(범법) 법을 범함. 犯人(범인) 犯罪(범죄) 侵犯(침범) 秋毫不犯(추호불범)
		犯犯犯犯犯
범할 범		犯 犯 犯 犯 犯

範

4급 법, 틀   유)規(법 규)   영)rule   중)范 fàn   일)ハン(のり)

형성) 본보기 범(范)+수레 거(車)자로 수레바퀴자국처럼 일정한 질서가 있으므로 '법'을 뜻한다.

範例(범례) 본보기.   範圍(범위)   範疇(범주)   率先垂範(솔선수범)

대 죽(竹)부 [6竹9 총15획]

법 **범**

碧

3Ⅱ급 푸르다, 푸른 옥돌   영)blue   중)碧 bì   일)ヘキ(あおい)

회의·형성) 구슬 옥(王)+흰 백(白)자로 옥돌의 맑은 푸른빛을 뜻한다.

碧空(벽공) 푸른 하늘.   碧溪(벽계)   碧眼(벽안)   碧海(벽해)   桑田碧海(상전벽해)

돌 석(石)부 [5石9 총14획]

푸를 **벽**

壁

4Ⅱ급 바람벽, 진터   영)wall   중)壁 bì   일)ヘキ(かべ)

형성) 임금[君]과 고생하는[辛] 백성들 사이를 흙[土]으로 추위나 적을 물리치려고 돌흙으로 쌓은 '벽'이다.

壁壘(벽루) 성채.   壁欌(벽장)   壁報(벽보)   壁紙(벽지)   面壁九年(면벽구년)

흙 토(土)부 [3土13 총16획]

벽 **벽**

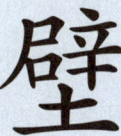

辨

3급 분별하다   영)distinguish   중)辨 biàn   일)ベン(わきまえる)

형성) 둘의 언쟁을 잘라 중지시키는 모습으로 '분별'을 뜻한다.

辨理(변리) 판별하여 변리함.   辨濟(변제)   辨明(변명)   辨償(변상)   鑑貌辨色(감모변색)

매울 신(辛)부 [7辛9 총16획]

분별할 **변**

邊

4Ⅱ급 가, 가장자리   영)edge, side   중)边 biān   일)辺 ヘン(ほとり)

형성) 낭떠러지 가장자리가 연이어 있는 '가장자리'의 뜻이다.

邊利(변리) 이자.   邊方(변방)   邊境(변경)   周邊(주변)   爐邊談話(노변담화)

쉬엄쉬엄갈 착(책받침) 辵(辶)부 [4辶15 총19획]

가 **변**

辯

4급

매울 신(辛)부 [7辛14 총21획]

말씀 변

말 잘하다, 판별하다 영 speaker 중 辩 biàn 일 弁 べん(わきまえる)

형성 서로 매섭게[辛辛] 다투는 사람을 말[言]로 가리어 시비를 가려주는 것으로 '말 잘하다'의 뜻이다.

辯明(변명) 시비를 가림. 辯舌(변설) 辯論(변론) 答辯(답변) 大辯如訥(대변여눌)

竝

3급

설 립(立)부 [5立5 총10획]

나란할 병

나란하다 영 encompass 중 竝 bìng 일 並 ヘイ(ならべる)

회의 설 립(立) 두 자를 짝지어 나란히 늘어서 있는 것으로 '나란하다'를 뜻한다.

竝立(병립) 나란히 섬. 竝發(병발) 竝列(병렬) 竝設(병설) 竝行不悖(병행불패)

屛

3급

주검 시(尸)부 [3尸8 총11획]

병풍 병

병풍, 울(담) 영 screen 중 屏 píng 일 ヘイ(へい)

회의·형성 주검 시(尸)+아우를 병(幷)자로 엎드려 있는 사람 옆의 '가리개'를 뜻한다.

屛去(병거) 물러남. 屛居(병거) 屛風(병풍) 屛氣(병기) 繡席金屛(수석금병)

普

4급

날 일(日)부 [4日8 총12획]

넓을 보

넓다, 두루 영 wide 중 普 pǔ 일 フ(あまねし)

형성 아우를 병(竝)+해 일(日)자로 햇빛이 널리 퍼지는 것으로 '넓다'를 뜻한다.

普及(보급) 널리 미침. 普通(보통) 普施(보시) 高普(고보)

補

3Ⅱ급

옷 의(衤/衣)부 [5衤7 총12획]

기울 보

옷을 깁다, 고치다 영 repair 중 补 pǔ 일 ホ(おぎなう)

형성 옷 의(衤)+클 보(甫)자로 옷의 터진 곳에 헝겊 조각을 덧대어 '깁다'를 뜻한다.

補强(보강) 보충하여 더 강하게 함. 補缺(보결) 補藥(보약) 補助(보조)

3급	譜 말씀 언(言)부 [7言12 총19획]	계보(족보), 적다　　영 genealogy　중 谱 pǔ　일 フ(しるす) 형성 말씀 언(言)+넓을 보(普)자로 평편한 곳에 글을 일정하게 적은 것으로 '족보'를 뜻한다. 年譜(연보) 해마다 일어난 일들을 적어놓은 책.　系譜(계보)　譜錄(보록)　譜牒(보첩) 譜譜譜譜譜譜譜譜譜譜譜譜
족보 보		譜 譜 譜 譜 譜

4Ⅱ급	 갓머리(宀)부 [3宀17 총20획]	보배, 보배롭다　유 珍(보배 진)　　영 treasure　중 宝 bǎo　일 宝 ホウ(たから) 회의 집 면(宀)+구슬 옥(王:玉)+장군 부(缶)+조개 패(貝)자로 집에 재물이 가득하므로 '보배'의 뜻이다. 寶鑑(보감) 본보기가 될 만한 일이나 물건.　寶輦(보련)　寶物(보물)　寶石(보석) 寶寶寶寶寶寶寶寶寶寶寶寶
보배 보		寶 寶 寶 寶 寶

3급	 점 복(卜)부 [2卜0 총2획]	점, 점치다　　영 divination　중 卜 bǔ　일 ボ(うらなう) 상형 거북의 등에 나타난 금을 본뜬 글자로 은(殷)나라 때 이를 보고 길흉(吉凶)을 점쳤다고 한다. 卜居(복거) 살 곳을 정함.　卜馬(복마)　卜債(복채)　卜不襲吉(복불습길) 卜 卜
점 복		卜 卜 卜 卜 卜 卜

3Ⅱ급	腹 고기 육(육달월) 肉(月)부 [4月9 총13획]	배, 두텁다　　영 belly　중 腹 fù　일 フク(はら) 형성 고기 육(月)+회복할 복(复)자로 부풀어 오른 '배'를 뜻한다. 腹稿(복고) 시문의 초고를 마음속으로 짜는 일.　腹部(복부)　腹案(복안)　腹中(복중) 腹腹腹腹腹腹腹腹腹腹腹腹
배 복		腹 腹 腹 腹 腹

4급	 옷 의(衤/衣)부 [5衤9 총14획]	겹치다, 겹쳐지다　반 單(홑 단)　　영 double　중 複 fù　일 フク 형성 옷 의(衣)+거듭 복(复)자로 안감을 넣어서 만든 겹으로 된 옷이 '겹치다'의 뜻이다. 複利(복리) 이자에 이자가 붙음.　複數(복수)　複道(복도) 複複複複複複複複複複複
겹칠 복		複 複 複 複 複

3II급	覆	다시, 도리어	영 overturn	중 覆 fù	일 フク(おおう)

형성 덮을 아(襾=西, 西)+복(復)자로 이루어졌다.

覆土(복토) 씨를 뿌리고 흙을 덮는 일. 覆刻(복각) 反覆(반복)

덮을 아(襾)부 [6襾12, 총18획]

覆覆覆覆覆覆覆覆覆覆覆

다시 복/덮을 부

覆 覆 覆 覆 覆

3II급	封	봉하다	영 seal up	중 封 fēng	일 ホウ・フウ(ほおずる)

회의 흙 토(土)+마디 촌(寸)자로 영토를 주어 제후를 삼은 데서 '봉하다'를 뜻한다.

封事(봉사) 임금에게 올리는 글. 封土(봉토) 封蠟(봉랍) 封墳(봉분)

마디 촌(寸)부 [3寸6 총9획]

封封封封封封封封封

봉할 봉

封 封 封 封 封

3II급	峯	산봉우리, 메(산)	영 peak	중 峰 fēng	일 ホウ(はち)

형성 뫼 산(山)+끝 봉(夆)자로 산의 솟아오른 '봉우리'를 뜻한다.

高峯(고봉) 높은 봉우리. 峯巒(봉만) 峯嶂(봉장) 峯崖(봉애)

메 산(山)부 [3山7 총10획]

봉우리 봉

峯 峯 峯 峯 峯

3급	蜂	벌, 거스르다	영 bee	중 蜂 fēng	일 ホウ(はち)

회의·형성 벌레 충(虫)+끝 봉(夆)자로 꼬리 끝에 뾰족한 침이 있는 '벌'을 뜻한다.

蜂起(봉기) 벌떼처럼 일어남. 蜂針(봉침) 蜂蝶(봉접) 養蜂(양봉)

벌레 충(虫)부 [6虫7 총13획]

벌 봉

蜂 蜂 蜂 蜂 蜂

3급	鳳	봉새(봉황의 수컷)	영 phoenix	중 凤 fèng	일 ホウ

회의·형성 무릇 범(凡)+새 조(鳥)자로 바람에 날개를 펄럭이는 '봉새'를 뜻한다.

鳳凰(봉황) 예로부터 중국(中國)의 전설에 나오는 상상(想像)의 새.
鳳輦(봉련) 鳳車(봉차) 丹鳳(단봉) 龍味鳳湯(용미봉탕)

새 조(鳥)부 [11鳥3 총14획]

봉새 봉

鳳 鳳 鳳 鳳 鳳

3Ⅱ급	주다, 청하다	영 give 중 付 fù 일 フ(つける)

회의 사람 인(亻)+마디 촌(寸)자로 손으로 무엇을 '주다, 부탁하다'를 뜻한다.

付壁(부벽) 벽에 붙이는 글씨나 그림. 付與(부여) 付託(부탁) 納付(납부)

사람 인(人)부 [2人3 총5획]

줄 **부**

付付付付付

4Ⅱ급	마을, 관청	영 warehouse 중 府 fǔ 일 フ(やくしょ)

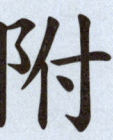

형성 집 엄(广)+줄 부(付)자로 일을 처리하고 흉년 들면 곡식 나눠주는 '관청'의 뜻이다.

府庫(부고) 문서나 재화·기물 등을 넣어두는 곳. 府君堂(부군당) 府君(부군)

엄 호(广)부 [3广5 총8획]

마을 **부**

府府府府府

3Ⅱ급	붙다, 더하다	영 attach 중 附 fù 일 フ(つく)

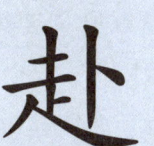

형성 언덕 부(阝)+줄 부(付)자로 큰 산 옆에 나지막한 언덕이 '붙어 있는 것'을 뜻한다.

附則(부칙) 附和(부화)

언덕 부부(좌부방) 阜(阝)부 [3阝5 총8획]

붙을 **부**

附附附附附

3급	다다르다, 나아가다	영 get to 중 赴 fù 일 フ(おもむく)

형성 달릴 주(走)+점 복(卜)자로 부딪치며 달려오는 것을 뜻한다.

赴告(부고) 달려가 알림. 赴役(부역) 赴任(부임) 赴援(부원) 赴拘(부구)

달아날 주(走)부 [7走2 총9획]

나아갈 **부**

赴赴赴赴赴

4급	짐지다, 책임을 지다	반 勝(이길 승)	영 bear 중 负 fù 일 フ(おう)

회의 사람 인(亻)+조개 패(貝)자로 사람이 재물을 등에 '짊어지다'의 뜻이다.

負擔(부담) 어떤 일이나 의무. 負傷(부상) 負債(부채) 勝負(승부)

조개 패(貝)부 [7貝2 총9획]

짐질 **부**

負負負負負

副

4II급 · 칼 도(刀/刂)부 [2刀9 총11획]

버금, 다음 ㊀ 次(버금 차) 　영 second 중 副 fù 일 フク(わける)

형성 찰 복(畐)+칼 도(刂)자로 재산을 둘로 나누어 만일을 대비하는 '예비'의 뜻이다.

副應(부응) 무엇에 쫓아서 응함. 副官(부관) 副木(부목) 副業(부업)

버금 **부**

符

3II급 · 대 죽(竹)부 [6竹5 총11획]

부호, 부신(부절), 증거 　영 tally 중 符 fú 일 フ

형성 대 죽(竹)+줄 부(付)자로 양쪽 조각을 맞춰 증거로 삼는 '부절'을 뜻한다.

符書(부서) 뒷세상에 나타날 일을 미리 적어놓은 글. 符信(부신)

부호·부신 **부**

腐

3급 · 고기 육(육달월) 肉(月)부 [6肉8 총14획]

썩다, 썩히다 　영 rotten 중 腐 fǔ 일 フ(くさる)

형성 고기 육(肉)+곳간 부(府)자로 곳간에 저장해 둔 고기가 '썩다'를 뜻한다.

腐爛(부란) 썩어 문드러짐. 腐心(부심) 腐植(부식) 腐蝕(부식) 不正腐敗(부정부패)

썩을 **부**

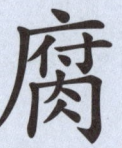

賦

3급 · 조개 패(貝)부 [7貝8 총15획]

세금, 구실 거두다 　영 taxes 중 赋 fù 일 フ(みつぎ)

형성 조개 패(貝)+호반 무(武)자로 모으는 '재물(財物)'을 뜻한다.

賦課(부과) 세금 등을 매김. 賦金(부금) 賦與(부여) 賦役(부역)

세금·구실 **부**

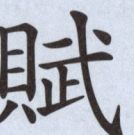

簿

3II급 · 대 죽(竹)부 [6竹13 총19획]

장부, 문서 　영 book-keeping 중 簿 bù 일 ボ(ちょうめん)

형성 대 죽(竹)+넓을 보(溥)자로 대를 얇고 넓게 깎아 글을 새기는 '장부'를 뜻한다.

簿記(부기) 장부에 적음. 名簿(명부) 簿錄(부록) 帳簿(장부) 置簿册(치부책)

장부 **부**

3II급	奔 큰 대(大)부 [3大5 총8획] 달릴 분	달아나다, 달리다 영 run away 중 奔 fēn 일 ホン(はしる)

형성 큰 대(大)+다리 지(止)자로 사람이 달리는 모양에서 '달아나다'를 뜻한다.

奔忙(분망) 매우 부산하게 바쁨. 奔走(분주) 奔散(분산) 狂奔(광분)

3급	墳 흙 토(土)부 [3土12 총15획] 무덤 분	무덤, 봉분(封墳), 언덕 영 tomb 중 坟 fén 일 フン(はか)

형성 흙토(土=흙)부+賁(분)으로 이루어져 '부풀어 오른다'는 뜻한다.

墳上(분상) 무덤에서 둥글게 흙을 쌓아 올린 부분. 墳墓(분묘)무덤 墳塋(분영)

3II급	紛 실 사(糸)부 [6糸4 총10획] 어지러울 분	어지럽다, 소란하다 영 dizzy 중 纷 fēn 일 フン(まぎれる)

형성 실사(糸)+나눌 분(分)자로 실이 흩어져 엉클어지는 모습에서 '어지럽다'를 뜻한다.

紛糾(분규) 문란하여 뒤엉킴. 紛亂(분란) 紛失(분실) 紛爭(분쟁)

4급	粉 쌀 미(米)부 [6米4 총10획] 가루 분	가루, 분 영 powder 중 粉 fěn 일 フン(こな)

형성 쌀 미(米)+나눌 분(分)자로 쌀을 잘게 나누어 부순 '가루'의 뜻이다.

粉末(분말). 粉匣(분갑) 粉食(분식) 粉筆(분필) 粉骨碎身(분골쇄신)

4II급	憤 마음 심(심방변) 心(忄/㣺)부 [3心12 총15획] 분할 분	분하다, 성내다 영 indignant 중 愤 fèn 일 フン(いきどおる)

형성 마음 심(忄)+클 분(賁)자로 마음속으로 못마땅하여 '분하다'를 뜻한다.

憤慨(분개) 무척 분하게 여김. 憤激(분격) 憤死(분사) 憤敗(분패)

奮 [3II급] 큰 대(大)부 [3大13 총16획] — 떨칠 분

떨치다, 힘쓰다 / 영 rouse / 중 奋 fèn / 일 フン(ふるう)

회의 옷 의(衣)+새 추(隹)+밭 전(田)자로 바구니나 옷 속의 새가 퍼덕이는 모양에서 '떨치다'를 뜻한다.

奮激(분격) 세차게 발분함. 奮起(분기) 奮發(분발) 奮然(분연) 孤軍奮鬪(고군분투)

拂 [3급] 손 수(재방변) 手(扌)부 [3扌5 총8획] — 떨칠 불

떨치다, 떨어뜨리다 / 영 be wielded / 중 拂 fú / 일 払 フツ(はらう)

형성 손 수(扌)+아닐 불(弗)자로 손을 흔들어 떨치는 것을 뜻한다.

拂拭(불식) 떨고 훔침. 拂逆(불역) 拂下(불하) 拂去(불거) 拂鬚塵(불수진)

崩 [3급] 메 산(山)부 [3山8 총11획] — 무너질 붕

산무너지다 / 영 collapse / 중 崩 bēng / 일 ホウ(くずれる)

형성 뫼 산(山)+벗 붕(朋)자로 '산이 무너지다'를 뜻한다.

崩御(붕어) 임금이 세상(世上)을 떠나는 것. 崩頹(붕퇴) 崩落(붕락) 天崩(천붕)

妃 [3II급] 계집 녀(女)부 [3女3 총6획] — 왕비 비

왕비, 짝(배필) / 영 queen / 중 妃 fēi / 일 キ(きさき)

형성 계집 녀(女)+몸 기(己)자로 배우(配偶)의 여성, '왕비'를 뜻한다.

王妃(왕비) 왕의 부인. 妃嬪(비빈) 妃殿下(비전하) 后妃(후비)

批 [4급] 손 수(재방변) 手(扌)부 [3扌4 총7획] — 비평할 비

비평하다, 후려치다 / 유 評(비평할 평) / 영 criticize / 중 批 pī / 일 ヒ

형성 손 수(扌)+견줄 비(比)자로 작품을 비교해 잘못된 곳을 '비평하다'의 뜻이다.

批點(비점) 시문(詩文)의 잘된 곳을 찍는 점. 批准(비준) 批判(비판) 批評(비평)

3Ⅱ급		살찌다, 기름지다 영 fat 중 肥 féi 일 ヒ(こえる)
		회의 고기 육(月)+꼬리 파(巴)자로 육체가 살찐 것을 뜻한다.
		肥鈍(비둔) 너무 살이 쪄 행동이 굼뜸. 肥大(비대) 肥滿(비만) 肥沃(비옥)
고기 육(육달월) 肉(月)부 [4月4 총8획]		肥肥肥肥肥肥肥肥
살찔 **비**		肥 肥 肥 肥 肥

3Ⅱ급	卑	낮다, 천하다 영 mean 중 卑 bēi 일 ヒ(いやしい)
		회의 손잡이가 있는 술통에 왼손을 댄 모양, 즉 제기용의 그릇에 비하여 '천하다'의 뜻을 나타낸다.
		卑怯(비겁) 용기가 없음. 겁이 많음. 卑近(비근) 卑屈(비굴) 卑劣(비열)
열 십(十)부 [2+6 총8획]		卑卑卑卑卑卑卑卑
낮을 **비**		卑 卑 卑 卑 卑

4급	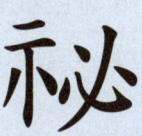	숨기다, 비밀 영 conceal, hide 중 祕 bì,pì 일 ヒ(ひそめる)
		형성 보일 시(示)+반드시 필(必)자로 보이지는 않지만 반드시 있는 것이 '비밀'이다.
		祕訣(비결) 남이 알지 못하는 가장 효과적인 방법.
		祕方(비방) 祕藏(비장) 祕法(비법) 天藏地祕(천장지비)
보일 시(示)부 [5示5 총10획]		祕祕祕祕祕祕祕祕祕祕
숨길 **비**		祕 祕 祕 祕 祕

3Ⅱ급		계집종, 하녀 영 maid 중 秘 bì 일 ヒ(はしため)
		회의·형성 계집 녀(女)+천할 비(卑)자로 신분이 천한 '계집종'을 뜻한다.
		婢僕(비복) 여자와 남종. 婢夫(비부) 婢女(비녀) 從婢(종비) 紅顔婢子(홍안비자)
계집 녀(女)부 [3女8 총11획]		婢婢婢婢婢婢婢婢婢
계집종 **비**		婢 婢 婢 婢 婢

5급		쓰다, 소비하다 유 用(쓸 용) 영 spend 중 费 fèi 일 ヒ(ついやす)
		형성 아닐 불(弗)+조개 패(貝)자로 재물을 마구 '쓰다'는 뜻이다.
		費用(비용) 쓰는 돈. 費目(비목) 消費(소비) 經費(경비) 不費之惠(불비지혜)
조개 패(貝)부 [7貝5 총12획]		費費費費費費費費費費費費
쓸 **비**		費 費 費 費 費

4급

碑 돌 석(石)부 [5石8 총13획]

비석, 돌기둥　　영 monument　중 碑 bēi　일 ヒ(いしぶみ)

회의·형성 돌 석(石)+낮을 비(卑)자로 돌을 작게 깎아 글을 새겨 무덤 밑에 두는 '비석'의 뜻이다.
碑石(비석) 돌로 만든 비. 紀念碑(기념비)　碑臺(비대)　碑銘(비명)

비석 비

3급

賓 조개 패(貝)부 [7貝7 총14획]

손, 손님　　영 guest　중 宾 bīn　일 ヒン(まらうど)

형성 집 면(宀)+가릴 면(丏)+조개 패(貝)자로 재화를 써서 손님을 맞이하는 것을 뜻한다.
賓客(빈객) 신분이 높은 지체 있는 손님. 賓廳(빈청)　國賓(국빈)　貴賓(귀빈)

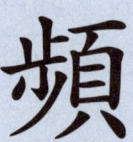

손 빈

3급

頻 머리 혈(頁)부 [9頁7 총16획]

자주, 여러 번　　영 frequently　중 频 pín　일 ヒン(しきりに)

회의 머리 혈(頁)자+물건널 섭(步)자로 물을 건널 때의 얼굴 모양을 뜻했으나 파생하여 쓰인다.
頻度(빈도) 여러 번. 잦은 도수. 頻蓄(빈축)　頻發(빈발)　頻繁(빈번)

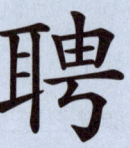

자주 빈

3급

聘 귀 이(耳)부 [6耳7 총13획]

부르다, 초빙하다　　영 invite　중 聘 pìn　일 ヘイ(めす)

회의·형성 귀 이(耳)+아우를 병(甹)자로 예의를 갖춰 상대방을 정중히 부르는 것을 뜻한다.
聘母(빙모) 장모.　聘丈(빙장)　聘家(빙가)　招聘(초빙)　雇聘(고빙)

부를 빙

3Ⅱ급

司 입 구(口)부 [3口2 총5획]

맡다, 벼슬　　영 manage　중 司 sī　일 シ

형성 임금 후(后)를 뒤집은 글자로 임금과 달리 밖에서 일을 맡아보는 '신하'를 뜻한다.
司徒(사도) 주(周)나라 때에 6경의 하나로 교육을 맡음.
司直(사직)　司牧(사목)　司書(사서)　閑司漫職(한사만직)

맡을 사

似

3급

사람 인(人)부 [2人5 총7획]

닮을 사

닮다, 유사하다 영 same 중 似 sì 일 シ·ジ(にる)

형성 사람 인(亻)+써 이(以)자로 쟁기를 잡은 농부의 모습에서 '닮다'를 뜻한다.

近似(근사) 가까움. 類似(유사) 似而非(사이비) 近似値(근사치)

沙

3Ⅱ급

물 수(삼수변) 水(氵)부 [3氵4 총7획]

모래 사

모래, 모래벌판 영 sand 중 沙 shā 일 サ(すな)

형성 물 수(氵)+적을 소(少)자로 물 속의 작은 돌인 '모래'를 뜻한다.

沙器(사기) 사기 그릇. 沙鉢(사발) 沙工(사공) 沙果(사과) 沙上樓閣(사상누각)

邪

3Ⅱ급

고을 읍(우부방) 邑(阝)부 [3阝4 총7획]

간사할 사

간사하다 영 malicious 중 邪 xié 일 ジャ(よこしま)

형성 어금니 아(牙)+마을 읍(阝)자로 본래는 땅이름이었으나 바르지 않은 것을 뜻하고 의문조사로도 쓰인다.

破邪(파사) 사를 무찌름. 邪敎(사교) 邪念(사념) 邪心(사심) 邪不犯正(사불범정)

社

6급

보일 시(示)부 [5示3 총8획]

모일 사

모이다, 토지의 신 유 會(모일 회) 영 gather 중 社 shè 일 シャ(やしろ)

회의 보일 시(示)+흙 토(土)자로 흙을 쌓아 제단을 만들고 신을 모시는 '사당'에 사람들이 모이다.

社交(사교) 사교 생활의 교제. 社日(사일) 社員(사원) 社宅(사택)

祀

3Ⅱ급

보일 시(示)부 [5示3 총8획]

제사 사

제사, 제사지내다 영 sacrifice 중 祀 sì 일 シ(まつる)

회의·형성 보일 시(示)+뱀 사(巳)자로 제상을 차려 동남쪽을 향해 제사지내는 것을 뜻한다.

祀孫(사손) 조상의 제사를 받드는 자손. 祀天(사천) 祀中(사중) 告祀(고사)

5급	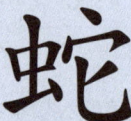 査	조사하다, 사실하다 영 seek out 중 查 chá 일 サ(しらべる)
		형성 나무 목(木)+또 차(且)자로 나무를 겹치고 또 겹쳐 방책을 만들어 통행인을 '조사'하다.
		査問(사문) 조사하여 따져 물음. 査夫人(사부인) 査察(사찰) 査閱(사열)
나무 목(木)부 [4木5 총9획]		査 査 査 査 査 査 査 査 査
	조사할 **사**	査 査 査 査 査

3급	 蛇	뱀, 자벌레 영 snake 중 蛇 shé 일 ジャ(へび)
		형성 벌레 충(虫)+뱀 사(它)자로 벌레와는 다른 '뱀'을 뜻한다.
		蛇蠍(사갈) 뱀과 전갈. 毒蛇(독사) 蛇足(사족) 蛇尾(사미) 龍頭蛇尾(용두사미)
벌레 충(虫)부 [6虫5 총11획]		蛇 蛇 蛇 蛇 蛇 蛇 蛇 蛇 蛇 蛇
	뱀 **사**	蛇 蛇 蛇 蛇 蛇

3급	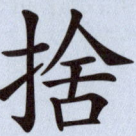 斜	비끼다, 기울다 영 inclined 중 斜 xié 일 シャ(ななめ)
		형성 남을 여(余)+말 두(斗)자로 말 속에 남은 곡식을 쏟기 위해 말을 기울이는 것을 뜻한다.
		斜徑(사경) 비탈길. 斜面(사면) 斜線(사선) 斜陽(사양) 斜風細雨(사풍세우)
말 두(斗)부 [4斗7 총11획]		斜 斜 斜 斜 斜 斜 斜 斜 斜 斜
	비낄 **사**	斜 斜 斜 斜 斜

3급	 捨	버리다, 베풀다 영 throw 중 舍 shě 일 シャ(すてる)
		형성 손 수(扌)+버릴 사(舍)자로 손에서 놓아버리는 것을 뜻한다.
		用捨(용사) 취하여 씀과 내어버림. 捨身(사신) 取捨(취사) 捨象(사상)
손 수(재방변) 手(扌)부 [3扌8 총11획]		捨 捨 捨 捨 捨 捨 捨 捨 捨 捨
	버릴 **사**	捨 捨 捨 捨 捨

3Ⅱ급	詞	말, 언어 영 word 중 词 cí 일 シ(ことば)
		형성 말씀 언(言)+맡을 사(司)자로 신의 뜻을 물어 알아내기 위한 '말'을 뜻한다.
		詞章(사장) 시가와 문장. 詞伯(사백) 詞兄(사형) 詞緣(사연) 詞海(사해)
말씀 언(言)부 [7言5 총12획]		詞 詞 詞 詞 詞 詞 詞 詞 詞 詞 詞
	말·글 **사**	詞 詞 詞 詞 詞

詐

3급

말씀 언(言)부 [7언5 총12획]

속일 사

속이다, 거짓말하다   영 deceive   중 诈 zhà   일 サ(いつわる)

형성 말씀 언(言)+잠깐 사(乍)자로 일부러 꾸미는 말, 즉 '속이다'를 뜻한다.

詐計(사계) 남을 속이려는 간사(奸邪)한 꾀. 詐術(사술) 詐僞(사위) 巧詐(교사)

斯

3급

도끼 근(斤)부 [4斤8 총12획]

이 사

이(이것), 어조사   영 this   중 斯 sī   일 シ(この)

회의 그 기(其)+도끼 근(斤)자로 조각조각 잘라버리는 의미에서 지시대명사를 뜻하게 되었다.

斯界(사계) 이 방면. 斯文(사문) 斯民(사민) 如斯(여사) 風斯在下(풍사재하)

寫

5급

(写)

갓머리(宀)부 [3宀12 총15획]

베낄 사

베끼다, 그리다   영 sketch, copy   중 写 xiě   일 写 シャ(うつす)

형성 집 면(宀)+신 석(舃)자로 사당에서 신을 신고 옮겨가듯 집에서 그림 글을 '베끼다'의 뜻이다.

寫本(사본) 책이나 문서를 베낌. 寫生(사생) 寫實(사실) 描寫(묘사)

賜

3급

조개 패(貝)부 [7貝8 총15획]

줄 사

주다, 하사하다   영 bestow   중 赐 cì   일 シ(たまわる)

형성 조개 패(貝)+바꿀 역(易)자로 윗사람이 재물을 내려주는 것을 뜻한다.

賜藥(사약) 죄인에게 독약을 내려 죽게 함. 賜姓(사성) 賜給(사급) 膳賜(선사)

辭

4급

(辞)

매울 신(辛)부 [7辛12 총19획]

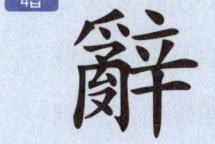

말, 말씀, 언어 유 言(말씀 언)   영 speech   중 辞 cí   일 辞 ジ(ことば)

회의 다스릴 란(亂)+매울 신(辛)자로 죄인을 다스리기 위해 상황을 설명하는 '말'의 뜻이다.

辭令(사령) 응대하는 말. 관직에 임명하는 것. 辭讓(사양) 辭典(사전) 辭意(사의)

급수	한자	뜻·음 및 설명
3급	削	깎다, 범하다 영 cut 중 削 xiāo 일 サク(けずる) 형성 칼 도(刂)+작을 소(肖)자로 물건을 칼로 작게 깎는 것을 뜻한다. 削減(삭감) 깎아서 줄임. 削髮(삭발) 削除(삭제) 削株堀根(삭주굴근) 칼 도(刀/刂)부 [2刀7 총9획] — 깎을 **삭**
3급	朔	초하루, 정삭(正朔) 영 new moon 중 朔 shuò 일 サク(ついたち) 회의 달 월(月)+거스를 역(逆)자로 이지러진 달이 다시 돌아가는 '초하루'를 뜻한다. 朔望(삭망) 초하루와 보름. 朔方(삭방) 朔祭(삭제) 朔風(삭풍) 달 월(月)부 [4月6 총10획] — 초하루 **삭**
4II급	床	평상, 잠자리 영 bed 중 床 chuáng 일 ショウ(ゆか) 형성 조각널 장(爿)+나무 목(木)자로 집안에 있는 나무침상이라 하여 '평상'의 뜻이다. 床褓(상보) 상을 덮는 보자기. 床石(상석) 冊床(책상) 溫床(온상) 엄 호(广)부 [3广4 총7획] — 상 **상**
4II급	狀 (状)	형상, 모양 영 shape, letter 중 状 zhuàng 일 状 ジョウ 형성 조각널 장(爿)+개 견(犬)자로 개의 '형상'의 뜻이다. 狀貌(상모) 얼굴의 생김새. 狀態(상태) 症狀(증상) 狀啓(장계) 波狀攻擊(파상공격) 개 견(犬/犭)부 [4犬4 총8획] — 형상 **상**/문서 **장**
3급	桑 (桒)	뽕나무, 뽕잎 따다 영 mulberry 중 桑 sāng 일 ソウ(くわ) 회의 땅이름 약(叒)+나무 목(木)자로 누에를 기르는 데 쓰는 '뽕나무'를 뜻한다. 桑葉(상엽) 뽕나무 잎. 桑梓(상재) 桑碧(상벽) 扶桑(부상) 桑田碧海(상전벽해) 나무 목(木)부 [4木6 총10획] — 뽕나무 **상**

| 3급 **祥**
보일 시(示)부 [5示6 총11획]
상서로울 상 | 상서롭다, 복　　　　　　　　　영 lucky　중 祥 xiáng　일 ショウ(めでたい)
형성 보일 시(示)+양 양(羊:크다)자로 신에 관한 큰 일, '행복, 상서롭다'를 뜻한다.
祥草(상초) 상서로운 풀. 祥兆(상조)　尙存(상존)　祥瑞(상서)　和氣致祥(화기치상)
祥祥祥祥祥祥祥祥祥祥祥
祥 祥 祥 祥 祥 |

| 4급 **象**
돼지시(豕)부 [7豕5 총12획]
코끼리 상 | 코끼리, 모양　　　　　　　　　영 elephant　중 象 xiàng　일 ゾウ(かたち)
상형 코끼리의 귀·엄니·발·꼬리를 본뜬 글자이다.
象牙(상아) 코끼리의 어금니.　象牙塔(상아탑)　象毛(상모)　象徵(상징)
象象象象象象象象象象象象
象 象 象 象 象 |

| 3Ⅱ급 **詳**
말씀 언(言)부 [7言6 총13획]
자세할 상 | 자세하다　　　　　　　　　　영 detail　중 详 xiáng　일 ショウ(くわしい)
형성 말씀 언(言)+양 양(羊)자로 물체의 자태를 말로 하여 '자세히 하다'를 뜻한다.
詳報(상보) 상세하게 알림.　詳述(상술)　詳細(상세)　未詳(미상)　昭詳分明(소상분명)
詳詳詳詳詳詳詳詳詳詳詳詳詳
詳 詳 詳 詳 詳 |

| 3Ⅱ급 **像**
사람 인(人)부 [2亻12 총14획]
모양·형상 상 | 모양, 형상, 모습　　　　　　　영 figure　중 像 xiáng　일 ゾウ(かたち)
형성 사람 인(亻)+코끼리 상(象)자로 물건의 모양, 사람의 모습, 모양의 뜻이다.
像形(상형) 어떤 물건의 모양을 본뜸.　臥像(와상)　像膜(상막)　畫像(화상)
像像像像像像像像像像像像像像
像 像 像 像 像 |

| 3Ⅱ급 **裳**
옷 의(衣)부 [6衣8 총14획]
치마 상 | 치마, 낮에 입는 옷　　　　　　영 skirt　중 裳 cháng　일 ショウ(も)
형성 옷 의(衣)+꾸밀 상(尙)자로 옷의 단이 긴 '치마'를 뜻한다.
衣裳(의상) 옷, 모든 옷.　紅裳(홍상)　黃裳(황상)　同價紅裳(동가홍상)
裳裳裳裳裳裳裳裳裳裳裳裳
裳 裳 裳 裳 裳 |

3급 嘗

맛보다, 먹다 영 taste 중 尝 cháng 일 ショウ(なめる·かつて)

회의·형성 입 구(口)+손가락 지(旨)+오히려 상(尚)자로 '맛본다'는 뜻이다.

嘗味(상미) 맛을 봄. 嘗試(상시) 嘗藥(상약) 奉嘗(봉상) 臥薪嘗膽(와신상담)

입 구(口)부 [3口11 총14획]

맛볼 **상**

3급 償

갚다, 보상함 영 repay 중 偿 cháng 일 ショウ (つぐなう)

형성 사람 인(亻)+상줄 상(賞)자로 공적에 대해 주어지는 재물 또는 빚을 갚는 것을 뜻한다.

償復(상복) 물어서 갚아 줌. 償債(상채) 償還(상환) 補償(보상) 求償權(구상권)

사람 인(人)부 [2亻15 총17획]

갚을 **상**

3급 塞

변방, 변경 영 block 중 塞 sài 일 サイ(とりで)

회의·형성 흙으로 막다, 또는 외적의 침입을 막는 '요새'를 뜻한다.

塞外(새외) 성채의 바깥. 邊塞(변새) 要塞(요새) 壅塞(옹색) 四塞之地(사색지지)

흙 토(土)부 [3土10 총13획]

변방 **새/색**

3급 索

동아줄, 꼬다 영 large rope 중 索 suǒ 일 サク(なわ)

회의 잘 우거진 초목(草木)의 잎이나 줄기로 꼰 '새끼'를 뜻한다.

索居(삭거) 무리와 떨어져 쓸쓸히 있음. 索道(삭도) 索引(색인) 索出(색출)

실 사(糸)부 [6糸4 총10획]

찾을 **색**/동아줄 **삭**

3Ⅱ급 徐

천천히 하다, 느릿하게 영 slow 중 徐 xú 일 ジョ(おもむろ)

형성 조금 걸을 척(彳)+남을 여(余)자로 천천히 가는 것을 뜻한다.

徐來(서래) 천천히 옴. 徐徐(서서) 徐行(서행) 安徐(안서) 徐波睡眠(서파수면)

두인 변(彳)부 [3彳7 총10획]

천천히 할 **서**

恕

3Ⅱ급 | 마음 심(심방변) 心(忄/㣺)부 [4心6 총10획]

용서하다, 어질다 — 영 pardon | 중 恕 shù | 일 ジョ(ゆるす)

회의·형성 같을 여(如)+마음 심(心)자로 부드러운 어진 마음, 즉 '용서하다'를 뜻한다.

容恕(용서) 허물을 이해하고 헤아려 줌. 恕宥(서유) 恕容(서용) 憐恕(연서)

恕恕恕恕恕恕恕恕恕恕

용서할 서

庶

3급 | 엄 호(广)부 [3广8 총11획]

여러, 뭇 — 영 multitude | 중 庶 shù | 일 ショ(もろもろ)

회의 집 엄(广)+스물 입(廿)+불 화(灬)자로 불이 있는 곳에 사람이 많다는 데서 '여러'의 뜻으로 쓰인다.

庶幾(서기) 희망함. 庶母(서모) 庶民(서민) 庶子(서자) 庶政刷新(서정쇄신)

庶庶庶庶庶庶庶庶庶庶庶

여러 서

敍

3급 | 칠복(攵) [4攴7, 총11획]

펴다, 늘어서다 — 영 order | 중 叙 xù | 일 叙 ジユツ(のべる)

형성 칠 복(攵=攴)+나 여(余)자로 이루어져 정해진 위치에 두다의 뜻으로 널리 차례를 정하다의 뜻이다.

敍論(서론) 순서를 따라 논함 敍述(서술) 敍位(서위)

敍敍敍敍敍敍敍敍敍敍敍

펼 서

逝

3급 | 쉬엄쉬엄갈 착(辶) [4辶7, 총11획]

가다, 날다 — 영 pass away | 중 逝 shì | 일 セイ(ゆく)

형성 책받침(辶=辵)+꺾을 절(折)자로 이루어졌다.

逝去(서거) 죽어서 이 세상을 떠나 감. 逝去(서거) 急逝(급서)

逝逝逝逝逝逝逝逝逝逝

갈 서

署

3Ⅱ급 | 그물 망网(罒/罓/㓁)부 [5罒9 총14획]

관청, 부서 — 영 office | 중 署 shǔ | 일 ショ

형성 그물 망(罒)+놈 자(者)로 서로 연관성 있게 인원을 배치하는 것으로 '관청'을 뜻한다.

署押(서압) 서명 날인. 署員(서원) 署名(서명) 署長(서장)

署署署署署署署署署署署署

관청 서

誓 (맹세할 서) — 3급

맹세하다, 서약하다 — 영 oath, 중 誓 shì, 일 セイ(ちかう)

형성 말씀언(言)+서(折)자로 이루어져 말로 약속을 정하다, 즉 맹세(盟誓)의 뜻이다.

誓告(서고) 임금이 중요한 국사를 종묘에 알림. 誓幢(서당) 誓命(서명)

말씀 언(言)부 [7言7, 총14획]

緖 (실마리 서) — 3II급

실마리, 시작 — 영 clue, 중 绪 xù, 일 ショ(お)

형성 실 사(糸)+놈 자(者)자로 고치를 삶아 실을 뽑아내는 것으로 '실마리'를 뜻한다.

緖論(서론) 본론에 들어가기 전의 서두에 펴는 논설.
緖言(서언) 緖戰(서전) 緖風(서풍) 茫無頭緖(망무두서)

실 사(糸)부 [6糸9 총15획]

析 (쪼갤 석) — 3급

쪼개다, 가리다 — 영 divide, 중 析 xī, 일 セキ(わける)

회의 나무 목(木)+도끼 근(斤)자로 나무를 도끼로 '쪼개다'를 뜻한다.

析出(석출) 분석(分析)하여 냄. 析別(석별) 解析(해석) 蕩析(탕석)

나무 목(木)부 [4木4 총8획]

釋 (풀 석) — 3II급

풀다, 풀어내다 — 영 release, 중 释 shì, 일 釈 シャク

형성 분별할 변(釆)+엿볼 역(睪)자로 사물을 분별하여 설명하는 것으로 '풀다'를 뜻한다.

釋門(석문) 불문. 釋放(석방) 釋迦(석가) 解釋(해석) 手不釋卷(수불석권)

분별할 변(釆)부 [7釆13 총20획]

宣 (베풀 선) — 4급

베풀다, 펴다 — 영 give, 중 宣 xuān, 일 セン(のたまう)

형성 궁궐에서 임금이 정치를 펼치는 것으로 '베풀다'의 뜻이다.

宣敎(선교) 가르침을 넓힘. 宣傳(선전) 宣明(선명) 宣布(선포) 黑色宣傳(흑색선전)

갓머리(宀)부 [3宀6 총9획]

旋

3Ⅱ급

모 방(方)부 [4方7 총11획]

돌 선

돌다, 돌리다

영 round 중 旋 xuán 일 セン(めぐる)

회의 깃발 언(㫃)+발 소(疋)자로 깃발을 따라 군사들이 빙글빙글 '도는 것'을 뜻한다.

旋流(선류) 빙 돌아서 흐름. 旋毛(선모) 旋律(선율) 旋風(선풍)

旋 方 方 方 旋 旋 旋 旋 旋

旋 旋 旋 旋 旋

禪

3급

보일 시(示)부 [5示12 총17획]

선 선

좌선, 봉선

영 sacrifice 중 禅 chán 일 ゼン(ゆずる)

형성 보일 시(示)+홀로 단(單)자로 단을 설치하여 하늘을 제사하는 것으로 '고요하다, 참선'을 뜻한다.

禪家(선가) 참선하는 사람. 禪僧(선승) 禪房(선방) 禪師(선사) 面壁參禪(면벽참선)

禪 禪 禪 禪 禪 禪 禪 禪 禪 禪

禪 禪 禪 禪 禪

涉

3급

물 수(삼수변) 水(氵)부 [3氵7 총10획]

건널 섭

건너다, 지나다

영 cross 중 涉 shè 일 ショウ(わたる)

회의 물 수(氵)+걸음 보(步)자로 물속을 '걷다, 건너다'를 뜻한다.

渡涉(도섭) 물을 건넘. 涉獵(섭렵) 涉外(섭외) 干涉(간섭) 幕後交涉(막후교섭)

涉 涉 涉 涉 涉 涉 涉 涉 涉 涉

涉 涉 涉 涉 涉

攝

3급

재방변(扌)부 [3扌18, 총21획]

다스릴 섭

다스리다, 잡다

영 pull 중 摄 shè 일 セツ(とる)

형성 재방변(扌=手)+섭(聶)자로 이루어져 손으로 옷자락을 '걷어 올려 잡다'의 뜻이다.

攝動(섭동) 몸가짐을 섭리함. 攝事(섭사) 攝政(섭정)

攝 攝 攝 攝 攝 攝 攝 攝 攝

攝 攝 攝 攝 攝

召

3급

입 구(口)부 [3口2 총5획]

부를 소

부르다, 부름

영 call 중 召 zhào 일 ショウ(めす)

형성 칼 도(刀)+입 구(口)자로 칼을 들고 신을 부르는 의식에서 '부르다'를 뜻한다.

召命(소명) 어떤 일을 처리하도록 특별한 부름을 받음.
召集(소집) 召喚(소환) 言有召禍(언유소화)

召 召 召 召 召

召 召 召 召 召

昭

3급 | 밝다, 밝히다 | 영 bright 중 昭 zhāo 일 ショウ

형성 날 일(日)+부를 소(召)자로 해가 나타나는 것으로 '밝은 것'을 뜻한다.

昭昭(소소) 사리(事理)가 환하고 뚜렷함. 昭格署(소격서) 昭明(소명) 昭詳(소상)

날 일(日)부 [4日5 총9획]

밝을 소

掃

4Ⅱ급 | 쓸다, 없애다 | 영 sweep 중 扫 sǎo 일 ソウ(はく)

형성 손 수(扌)+비 추(帚)자로 손에 비를 들고 '쓸다'의 뜻이다.

掃萬(소만) 모든 일을 제쳐놓음. 掃除(소제) 掃蕩(소탕) 掃滅(소멸)

손 수(재방변) 手(扌)부 [3扌8 총11획]

쓸 소

疏

3급 | 소통하다, 트이다, 트다 | 영 go through 중 疏 shū 일 コツ(たちまち)

회의·형성 짝 필(疋)+흐를 류(㐬)자로 물이 잘 흐르게 한다는 데서 '통하다'를 뜻한다.

疏食(소사) 채식과 곡식. 疏惡(소악) 疏開(소개) 疏遠(소원) 內疏外親(내소외친)

짝 필(疋)부 [5疋7 총12획]

소통할 소

訴

3Ⅱ급 | 하소연하다, 송사 | 영 appeal 중 诉 sù 일 ソ(うったえる)

형성 말씀 언(言)+물리칠 척(斥)자로 부당함을 물리치기 위한 '말'을 뜻한다.

訴訟(소송) 송사. 訴冤(소원) 訴狀(소장) 訴追(소추) 呼訴無地(호소무지)

말씀 언(言)부 [7言5 총12획]

하소연할 소

##

3급 | 나물(푸성귀), 채소 | 영 vegetable 중 蔬 shū 일 ソ(あおもの)

회의·형성 풀 초(艹)+소통할 소(疏)자로 모든 '채소류'를 뜻한다.

蔬飯(소반) 변변치 못한 음식. 蔬食(소식) 菜蔬(채소) 香蔬(향소)

풀초(초두) 艸(艹)부 [4艹12 총16획]

나물 소

3급	燒	불사르다, 불태움	영 burn 중 烧 shāo 일 ショウ(やく)

형성 불 화(火)+높을 요(堯)자로 불을 높이 올리는 것으로 '불사르다'를 뜻한다.

燒却(소각) 태워버림. 燒殺(소살) 燒失(소실) 燒酒(소주) 燒眉之急(소미지급)

불 화(火/灬)부 [4火12 총16획]

사를 **소**

3급	蘇	되살아나다, 깨어나다, 회생하다	영 revive 중 苏 sū 일 ソ·ス(よみがえる)

회의·형성 풀 초(艹)+소생할 소(穌)자로 풀이 소생하는 것으로 죽음에서 '되살아나는 것'을 뜻한다.

蘇復(소복) 오랜 병상에서 일어나 예전처럼 원기가 회복됨. 蘇子(소자) 蘇生(소생)

풀초(초두) 艸(艹)부 [4艹16 총20획]

되살아날 **소**

3급	騷	떠들다, 소란	영 noisy 중 骚 sāo 일 ソウ(さわぐ)

형성 말 마(馬)+벼룩 조(蚤)자로 튀어 오르는 말의 뜻에서 '떠들다'를 뜻한다.

騷客(소객) 시인, 또는 글을 쓰는 사람. 騷動(소동) 騷亂(소란) 騷擾(소요)

말 마(馬)부 [10馬10 총20획]

떠들 **소**

5급	束	묶다, 묶음	영 bind, tie 중 束 shù 일 ソク(たば)

회의 나무 목(木)의 가운데에 입 구(口)자로 나무를 다발로 '묶다'는 뜻이다.

束帶(속대) 옷을 여미는 띠. 束裝(속장) 束縛(속박) 約束(약속)

나무 목(木)부 [4木3 총7획]

묶을 **속**

3급	粟	조, 벼	영 millet 중 粟 sù 일 ゾク(あわ)

회의 쌀 미(米)+덮을 아(襾)에서 늘어져 있는 곡식의 '낟알', '조, 벼'를 뜻한다.

粟米(속미) 조와 쌀. 粟膚(속부) 粟殼(속각) 粟粒(속립) 滄海一粟(창해일속)

쌀 미(米)부 [6米6 총12획]

조 **속**

屬 (属)

4급 | 주검 시(尸)부 [3尸18 총21획] | 무리 속

무리, 붙다, 잇다　　영 group　중 属 shǔ　일 属 ゾク·ショク

형성 꼬리 미(尾)+벌레 촉(蜀)자로 벌레가 꼬리를 마주하고 교미하므로 '붙다'의 뜻이다.

屬文(속문) 글을 지음. 屬領(속령) 屬性(속성) 屬島(속도) 耳屬于垣(이속우원)

損

4급 | 손 수(재방변) 手(扌)부 [3扌10 총13획] | 덜 손

덜다, 줄임　반 益(더할 익)　영 reduce　중 损 sǔn　일 ソン(へる)

형성 손 수(扌)+인원 원(員)자로 손으로 둥근 구멍을 파내니 '덜다'의 뜻이다.

損金(손금) 손해금. 損耗(손모) 損害(손해) 損失(손실) 損上益下(손상익하)

率

3Ⅱ급 | 검을 현(玄)부 [5玄6 총11획] | 거느릴 솔

거느리다, 비율　　영 command　중 率 shuài　일 リツ(ひきいる)

상형 검을 현(玄)+열 십(十)자로 실을 한데 묶은 모습으로 '거느리다'를 뜻한다.

率先(솔선) 남보다 앞장을 섬. 率家(솔가) 率丁(솔정) 統率(통솔)

頌

4급 | 머리 혈(頁)부 [9頁4 총13획] | 기릴 송

기리다, 칭송하다　유 讚(기릴 찬)　영 praise　중 颂 sòng　일 ショウ(ほめる)

형성 공변될 공(公)+머리 혈(頁)자로 여러 사람이 모두 '칭송하다'의 뜻이다.

頌德(송덕) 덕을 기림. 頌祝(송축) 頌歌(송가) 頌辭(송사) 萬口稱頌(만구칭송)

訟

3급 | 말씀 언(言)부 [7言4 총11획] | 송사할 송

송사하다, 시비하다　　영 sue　중 讼 sòng　일 ショウ

형성 말씀 언(言)+공형할 공(公)자로 공공의 장소에서 말하는 것으로 '송사하다'를 뜻한다.

訟辭(송사) 소송하는 것. 獄訟(옥송) 訴訟(소송) 訟庭(송정)

誦

3급 | 외다, 암송하다 | 영 recite 중 诵 sòng 일 ショウ(そらんずる)

회의·형성 말씀 언(言)+뛰어오를 용(甬)자로 말이 뛰어(튀어)오르는 것으로 '외다'를 뜻한다.

誦當(송경) 불교의 경전을 욈. 誦讀(송독) 誦呪(송주) 誦唱(송창)

말씀 언(言)부 [7言7 총14획]

외울 **송**

刷

3Ⅱ급 | 인쇄하다, 쓸다 | 영 print 중 刷 shuā 일 サツ(する)

형성 주검 시(尸)+수건 건(巾)+칼 도(刂)자로 몸을 수건으로 닦듯이 칼로 글자를 새겨 인쇄하는 것을 뜻한다.

印刷所(인쇄소) 인쇄 설비를 갖추고 인쇄를 하는 곳. 刷新(쇄신) 刷子(쇄자) 刷掃(쇄소)

선칼도방(刂)부 [2刂6 총8획]

인쇄할 **쇄**

鎖

3급 | 쇠사슬, 자물쇠 | 영 chain 중 锁 suǒ 일 サ(くさり)

형성 쇠 금(金)+꺼질 소(肖)자로 쇠를 이어 만든 '자물쇠, 쇠사슬'을 뜻한다.

連鎖(연쇄) 두 쪽을 맞걸어서 매는 사슬. 鎖國(쇄국) 鎖陽(쇄양) 封鎖(봉쇄)

쇠 금(金)부 [8金10 총18획]

쇠사슬 **쇄**

衰

3Ⅱ급 | 쇠하다 | 영 decline 중 衰 shuāi 일 スイ(おとろえる)

상형 비 올 때 걸치는 '도롱이'를 뜻하였으나 가차하여 '쇠하다'를 뜻한다.

衰亡(쇠망) 쇠하여 망함. 衰落(쇠락) 衰弱(쇠약) 衰殘(쇠잔) 興亡盛衰(흥망성쇠)

옷 의(衤/衣)부 [6衣4 총10획]

쇠할 **쇠**

囚

3급 | 가두다, 갇히다 | 영 imprison 중 囚 qiú 일 シュウ(とらわれる)

회의 에워쌀 위(囗)+사람 인(人)자로 사람이 담 안에 갇혀 있는 것으로 '가두다'를 뜻한다.

囚徒(수도) 징역에 처한 죄인. 囚役(수역) 囚衣(수의) 囚人(수인) 囚徒記(수도기)

큰입 구(囗)부 [3囗2 총5획]

가둘 **수**

3II급	垂	드리우다, 기울다	영hang down 중垂 chuí 일スイ(たれる)

형성 흙 토(土)부와 초목의 꽃이나 잎이 늘어진 모양을 본뜬 글자로 '드리우다'를 뜻한다.

垂天(수천) 하늘을 온통 덮듯이 드리워짐. 垂直(수직) 垂下(수하)

흙 토(土)부 [3土5, 총8획]

드리울 **수**

垂垂垂垂垂垂垂垂

垂 垂 垂 垂 垂

3II급	帥	장수, 우두머리	영general 중帅 shuài 일スイ(ひきいる)

형성 수건 건(巾)+쌓일 퇴(𠂤)자로 깃발을 들고 군중을 이끄는 '장수, 거느리다'의 뜻이다.

統帥權(통수권) 병력을 지휘 감독할 수 있는 권리. 帥旗(수기) 總帥(총수) 銳帥(예수)

수건건(巾)부 [3巾6, 총9획]

장수 **수**

帥帥帥帥帥帥帥帥帥

帥 帥 帥 帥 帥

3II급	殊	다르다, 죽이다	영kill, different 중殊 shū 일シュ(ことに)

형성 살바른뼈 알(歹)+붉을 주(朱)자로 특이하게 '다른 것'을 뜻한다.

殊常(수상) 보통과 다름. 殊勝(수승) 殊勳(수훈) 殊鄕(수향) 同歸殊塗(동귀수도)

죽을 사(歹)부 [4歹6, 총10획]

殊殊殊殊殊殊殊殊殊殊

다를 **수**

殊 殊 殊 殊 殊

3급	搜	찾다, 탐구하다	영search 중搜 sōu 일ソウ(さがす)

형성 재방변(扌=手)+수(叟)자로 이루어졌다.

搜所聞(수소문) 세상에 떠도는 소문을 더듬어 찾음. 搜索(수색) 搜射(수사)

재방변(扌)부 [3扌9, 총12획]

찾을 **수**/어지러울 **소**

搜搜搜搜搜搜搜搜搜

搜 搜 搜 搜 搜

3급		졸음, 자다	영sleep 중睡 shuì 일スイ(ねむる)

형성 눈목(目=罒)+수(垂)자로 이루어져 '눈꺼풀이 늘어져 자연히 잔다'는 뜻이다.

睡夢(수몽) 졸음과 꿈을 아울러 이르는 말. 睡眠(수면) 睡中(수중)

눈 목(目)부 [5目8, 총13획]

睡睡睡睡睡睡睡睡睡睡

졸음 **수**

睡 睡 睡 睡 睡

3급		이루다, 드디어　　　　　　　　　　　영at last　중遂 suì　일スイ(とげる)
		형성 쉬엄쉬엄갈 착(辶)+드디어 수(㒸)자로 일이 진행되어 성취하는 것에서 '드디어'를 뜻한다.
		未遂(미수) 아직 완성하지 못함.　完遂(완수)　遂成(수성)　遂行(수행)
쉬엄쉬엄갈 착(책받침) 辶(辶)부 [4辶9 총13획]		遂遂遂遂遂遂遂遂遂遂遂遂遂
드디어 수		遂 遂 遂 遂 遂

3Ⅱ급		쓰다, 구하다　　　　　　　　　　　영demand　중需 xū　일ジュ
		형성 비 우(雨)+말이을 이(而)자로 비오기를 비는 무당에서 기다려 구하는 것을 뜻한다.
		需給(수급) 수요와 공급.　需要(수요)　需用(수용)　特需(특수)　需世之才(수세지재)
비 우(雨)부 [8雨6 총14획]		需需需需需需需需需需需需
쓰일·구할 수		需 需 需 需 需

3Ⅱ급		따르다, 거느리다　　　　　　　　　　영follow　중随 suí　일ズイ(したがう)
		형성 언덕 부(阝)+수나라 수(隋)자로 뒤에서 '따라간다'는 뜻이다.
		隨伴(수반) 따름.　隨時(수시)　隨筆(수필)　隨行(수행)　隨機應變(수기응변)
언덕 부부(좌부방) 阜(阝)부 [3阝13 총16획]		隨隨隨隨隨隨隨隨隨隨隨隨
따를 수		隨 隨 隨 隨 隨

3Ⅱ급		보내다, 알리다　　　　　　　　　　영transport　중输 shū　일輸 ユ(いたす)
		형성 수레 거(車)+대답할 유(兪)자로 뽑아내어 다른 수레로 보내는 것을 뜻한다.
		輸送(수송) 사람이나 물건을 실어보냄.　輸出(수출)　輸入(수입)　贏輸(영수)
수레 거(車)부 [7車9 총16획]		輸輸輸輸輸輸輸輸輸輸輸
보낼 수		輸 輸 輸 輸 輸

3Ⅱ급		짐승, 길짐승　　　　　　　　　　영beast　중兽 shòu　일ジユウ(けもの)
		형성 개 견(犬)+짐승 수(嘼)자로 사냥해서 잡은 '새나 짐승'을 뜻한다.
		獸心(수심) 짐승의 마음.　獸醫(수의)　禽獸(금수)　猛獸(맹수)
개 견(犬/犭)부 [4犬15 총19획]		獸獸獸獸獸獸獸獸獸獸獸
짐승 수		獸 獸 獸 獸 獸

3급 **孰** 아들 자(子)부 [3子8 총11획] 누구 **숙**	누구, 어느 영 who 중 孰 shú 일 ジユク(いずれ) 회의 누릴 향(享)+둥글 환(丸)자로 잘 익힘의 뜻을 가차하여 의문의 조사로 쓰인다. 孰哉(숙재) 누구이겠느냐? 孰若(숙약) 孰能禦之(숙능어지) 孰知(숙지) 孰孰孰孰孰孰孰孰孰孰孰 孰 孰 孰 孰 孰	
4급 **肅** 붓 율(聿)부 [6聿7 총13획] 엄숙할 **숙**	엄숙하다, 공경하다 영 solemn 중 肃 sù 일 肅 シュク 회의 붓 율(聿)+못 연(淵)자로 못가에서 붓을 들고 글씨를 쓸 때는 '엄숙하다'는 뜻이다. 肅啓(숙계) 삼가 아룀. 肅軍(숙군) 肅淸(숙청) 肅然(숙연) 綱紀肅正(강기숙정) 肅肅肅肅肅肅肅肅肅肅肅 肅 肅 肅 肅 肅	
3Ⅱ급 **熟** 불 화(火/灬)부 [4灬11 총15획] 익을 **숙**	익다, 익숙하다 영 ripe 중 熟 shú 일 ジユク(みのる) 형성 불 화(灬)+누구 숙(孰)자로 어떤 음식이든 불로 '익히는 것'을 뜻한다. 熟客(숙객) 단골 손님. 熟卵(숙란) 熟達(숙달) 熟眠(숙면) 過火熟食(과화숙식) 熟熟熟熟熟熟熟熟熟熟熟 熟 熟 熟 熟 熟	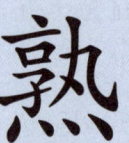
3Ⅱ급 **旬** 날 일(日)부 [4日2 총6획] 열흘 **순**	열흘, 열 번 영 decade 중 旬 xún 일 ジュン 회의 쌀 포(勹)+날 일(日)자로 日을 한바퀴 싸고 돈 '열흘'을 뜻한다. 旬刊(순간) 열흘에 한 번 간행함. 旬年(순년) 旬葬(순장) 旬間(순간) 旬旬旬旬旬旬 旬 旬 旬 旬 旬	
3Ⅱ급 **巡** 개미허리(내천) [3巛4 총7획] 돌 **순**	돌다, 순행하다 영 round 중 巡 xún 일 ジュン(めぐる) 형성 내 천(巛)+쉬엄쉬엄갈 착(辶)자로 강처럼 일정한 길을 '가다, 돌다'를 뜻한다. 巡檢(순검) 순회하여 점검함. 巡警(순경) 巡訪(순방) 巡査(순사) 巡巡巡巡巡巡巡 巡 巡 巡 巡 巡	

殉

3급

따라죽다, 바치다　　　영 self immolation　중 殉 xùn　일 ジユン(したがう)

형성 죽을사변(歹)+고를 순(旬)자로 사자(死者)의 뒤를 따라 죽는 것을 뜻한다.
殉敎(순교) 자신이 믿는 종교를 위하여 목숨을 바침.
殉死(순사) 殉節(순절) 殉職(순직) 殉國先烈(순국선열)

죽을 사(歹)부 [4歹6 총10획]

따라죽을 **순**

脣

3급

입술, 가　　　영 lips　중 唇 chún　일 シユン

형성 별 진(辰)+고기 육(月)자로 '입술'을 뜻한다.
口脣(구순) 입과 입술. 脣音(순음) 丹脣(단순) 脣亡齒寒(순망치한)

고기 육(육달월) 肉(月)부 [4肉7 총11획]

입술 **순**

循

3급

돌다, 좇다　　　영 round　중 循 xún　일 シユン(めぐる)

형성 조금걸을 척(彳)+방패 순(盾)자로 따라가는 것을 뜻한다.
循俗(순속) 풍속을 좇음. 循行(순행) 循吏(순리) 循次(순차) 循環之理(순환지리)

두인 변(彳)부 [3彳9 총12획]

좇을 **순**

瞬

3Ⅱ급

눈 깜짝하다　　　영 in a wink　중 瞬 shùn　일 シユン(またたく)

형성 눈 목(目)+나팔꽃 순(舜)자로 불꽃처럼 눈을 깜짝거리는 것을 뜻한다.
瞬間(순간) 눈 깜짝할 사이. 瞬息間(순식간) 一瞬(일순) 轉瞬(전순)

눈 목(目)부 [5目12 총17획]

눈깜짝일 **순**

述

3Ⅱ급

짓다, 따르다, 말하다　　　영 write　중 述 shù　일 ジョ(のべる)

형성 쉬엄쉬엄갈 착(辶)+차조 출(朮)자로 선인의 언행을 이어받아 가는 것을 뜻한다.
著述(저술) 글을 지음. 述懷(술회) 述部(술부) 陳述(진술) 述者之能(술자지능)

쉬엄쉬엄갈 착(책받침) 辵(辶)부 [4辵5 총9획]

지을 **술**

6급 術

재주, 기술 | 유 技(재주 기) | 영 means | 중 术 shù | 일 ジュツ

형성 다닐 행(行)+차조 출(朮)자로 여럿이 있는데 살아가는 방법은 각자의 '재주'이다.

術家(술가) 풍수사. 術數(술수) 術策(술책) 技術(기술) 權謀術數(권모술수)

다닐 행(行)부 [6行5 총11획]

재주 술

3급 濕

젖다, 축축하다 | 영 wet | 중 湿 shī | 일 湿 シツ(しめる)

형성 물 수(氵)+드러날 현(㬎)자로 실을 물에 담근 모양에서 '젖다'를 뜻한다.

濕氣(습기) 축축한 기운. 濕疹(습진) 濕度(습도) 濕性(습성) 上漏下濕(상루하습)

물 수(삼수변) 水(氵)부 [3氵14 총17획]

젖을 습

2급 襲

엄습하다, 잇다, 치다 | 영 come over | 중 袭 xí | 일 シュウ(おそう)

형성 옷 의(衣=衤)부+龍(룡→습)으로 이루어진데서 죽은 사람에게 입히는 옷, 두겹으로 입은 옷이란 데서 겹친다는 뜻이다.

襲受(습수) 뒤를 이어받음. 襲取(습취) 襲來(습래)

옷 의(衣)부 [6衣16 총22획]

엄습할 습

3Ⅱ급 昇

오르다, 해돋다 | 영 rise | 중 昇 shēng | 일 ショウ(のぼる)

형성 날 일(日)+오를 승(升)자로 해가 뜨는 것을 나타내어 '오르다'를 뜻한다.

昇天(승천) 하늘에 오름. 昇格(승격) 昇段(승단) 昇進(승진) 旭日昇天(욱일승천)

날 일(日)부 [4日4 총8획]

오를 승

3Ⅱ급 僧

중, 승려 | 영 monk | 중 僧 sēng | 일 ソウ・ゾウ(ばうず)

형성 사람 인(亻)+일찍이 증(曾)자로 불문에 든 '사람'을 뜻한다.

僧伽(승가) 많은 중. 僧軍(승군) 僧侶(승려) 僧舞(승무)

사람 인(人)부 [2人12 총14획]

중 승

3급		화살, 벌여 놓다	영 arrow 중 矢 shǐ 일 シ(や)
		형성 화살촉과 깃의 모양을 본뜬 글자로 '화살'을 뜻한다.	
		矢言(시언) 맹세하는 말. 矢心(시심) 矢石(시석) 嚆矢(효시)	
화살 시(矢)부 [5矢0 총5획]		矢矢矢矢矢	
화살 **시**		矢 矢 矢 矢 矢	

3Ⅱ급	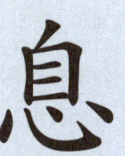	모시다, 받들다	영 serve 중 侍 shì 일 シ・ジ(はべる)
		형성 사람 인(亻)+절 사(寺)자로 윗사람 가까이에 머물러 '봉사하는 것'을 뜻한다.	
		侍醫(시의) 궁 안에 있으면서 임금의 시중을 드는 의원.	
		侍童(시동) 侍女(시녀) 侍郎(시랑) 偏母侍下(편모시하)	
사람 인(人)부 [2人6 총8획]		侍侍侍侍侍侍侍侍	
모실 **시**		侍 侍 侍 侍 侍	

4Ⅱ급	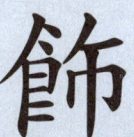	숨쉬다, 쉬다 유 休(쉴 휴)	영 breathe 중 息 xī 일 ソク(いき)
		회의 코 비(自:鼻)+마음 심(心)자로 심기가 코로 나오는 것이 '숨쉬다'의 뜻이다.	
		息鄙(식비) 남에게 자기 딸을 이르는 말. 息肩(식견) 子息(자식) 休息(휴식)	
마음 심(심방변) 心(忄/㣺)부 [4心6 총10획]		息息息息息息息息息息	
숨쉴 **식**		息 息 息 息 息	

3Ⅱ급		꾸미다, 덮다	영 decorate 중 饰 shì 일 ソウ(よそおう)
	飾	형성 밥 식(食)+수건 건(巾)+사람 인(人)자로 사람이 헝겊으로 닦아서 깨끗이 하여 '꾸미다'를 뜻한다.	
		修飾語(수식어) 꾸미는 말. 粧飾(장식) 室內裝飾(실내장식) 飾言(식언)	
밥 식(食)부 [9食5 총14획]		飾飾飾飾飾飾飾飾飾飾飾飾飾飾	
꾸밀 **식**		飾 飾 飾 飾 飾	

3급		펴다, 늘이다	영 extend 중 伸 shēn 일 シン(のびる)
		형성 사람 인(亻)과 펼 신(申)자로 '펴지다'를 뜻한다.	
		追伸(추신) 편지의 말미에 덧붙여 쓰는 말. 伸縮(신축) 伸長(신장) 伸寃(신원)	
사람 인(人)부 [2亻5 총7획]		伸伸伸伸伸伸伸	
펼 **신**		伸 伸 伸 伸 伸	

3급	晨	새벽, 이른 아침	영 daybreak 중 晨 chén 일 シン(あした)
		회의·형성 날 일(日)+별 진(辰)자로 해가 아침노을 속에 붉게 물든 무렵인 '새벽'을 뜻한다.	
		晨起(신기) 아침에 일어남. 晨省(신성) 晨風(신풍) 淸晨(청신)	
날 일(日)부 [4日7 총11획]		晨晨晨晨晨晨晨晨晨晨晨	
새벽 신		晨 晨 晨 晨 晨	

3II급	愼	삼가다, 조심하다	영 careful 중 慎 shèn 일 シン(つつしむ)
		형성 마음 심(忄)+참 진(眞)자로 마음을 신중히 하여 '삼가다'를 뜻한다.	
		愼重(신중) 경솔하지 않음. 愼攝(신섭) 愼人(신인) 愼終如始(신종여시)	
마음 심(심방변) 心(忄/㣺)부 [3忄10 총13획]		愼愼愼愼愼愼愼愼愼愼愼愼愼	
삼갈 신		愼 愼 愼 愼 愼	

3급	尋	찾다, 찾아보다	영 search 중 寻 xún 일 ジン(ひろ)
		형성 마디 촌(寸)+또 우(又)+좌, 우(工, 口)자로 두 손을 번갈아 움직여 '찾다'의 뜻.	
		尋訪(심방) 찾아봄. 尋常(심상) 尋問(심문) 推尋(추심)	
마디 촌(寸)부 [3寸9 총12획]		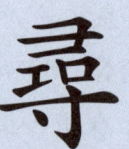	
찾을 심		尋 尋 尋 尋 尋	

3II급	審	살피다	영 look, deliberate 중 审 shěn 일 シン(つまびらか)
		회의 집 면(宀)+차례 번(番)자로 덮개로 가려져 분명하지 않은 것을 '살피다'를 뜻한다.	
		審美(심미) 미와 추를 살펴 미의 본질을 규명함. 審問(심문) 審査(심사) 審判(심판)	
갓머리(宀)부 [3宀12 총15획]			
살필 심		審 審 審 審 審	

3II급	雙(双)	쌍, 한 쌍	영 pair 중 双 shuāng 일 双(ふた)
		회의 새 한 쌍 수(雔)+또 우(又:손)자로 두 마리 새를 손에 쥔 모양에서 '쌍'을 뜻한다.	
		雙肩(쌍견) 좌우 어깨. 雙方(쌍방) 雙劍(쌍검) 雙龍(쌍룡) 福無雙至(복무쌍지)	
새 추(隹)부 [8隹10 총18획]		雙雙雙雙雙雙雙雙雙	
쌍 쌍		雙 雙 雙 雙 雙	

3급	牙	어금니, 송곳니	영 molar 중 牙 yá 일 ガ(きば)
		상형 아래위의 '어금니'가 맞닿은 모양을 본뜬 글자다.	
		牙器(아기) 상아로 만든 그릇. 牙彫(아조) 牙城(아성) 牙箏(아쟁)	
어금니 아(牙)부 [4牙0 총4획]		牙牙牙牙	
	어금니 **아**	牙 牙 牙 牙 牙	

3급II	亞	버금, 아시아의 약칭	영 next 중 亚 yà 일 亜 ア
		상형 고대의 묘실(墓室)을 위에서 본 모양을 본뜬 글자로 선조의 다음 세대, 즉 '버금가는 것'을 뜻한다.	
		亞聖(아성) 성인의 다음으로 가는 대현인. 亞流(아류) 亞鉛(아연) 東南亞(동남아)	
두 이(二)부 [2二6 총8획]		亞亞亞亞亞亞亞亞	
	버금 **아**	亞 亞 亞 亞 亞	

3급	芽	싹, 싹이 트다	영 sprout 중 芽 yá 일 ガ(め)
		형성 풀 초(艹)+어금니 아(牙)자로 어금니처럼 내민 새순의 싹을 뜻한다.	
		發芽(발아) 싹이 남. 萌芽(맹아) 芽椄(아접) 胚芽(배아)	
풀초(초두) 艸(艹)부 [4艹4 총8획]		芽芽芽芽芽芽芽芽	
	싹 **아**	芽 芽 芽 芽 芽	

3급II	雅	우아하다, 고상함	영 straight 중 雅 yǎ 일 ガ(みやびやか)
		형성 어금니 아(牙)+새 추(隹)자로 까마귀의 울음소리를 내는 의성어였으나 '우아하다'를 뜻한다.	
		雅淡(아담) 우아하고 산뜻함. 雅量(아량) 雅語(아어) 雅趣(아취)	
새 추(隹)부 [8隹4 총12획]		雅雅雅雅雅雅雅雅雅雅雅雅	
	우아할 **아**	雅 雅 雅 雅 雅	

3급	餓	주리다, 굶기다	영 hungry 중 饿 è 일 ガ(うえる)
		형성 밥 식(食)+나 아(我)자로 앙상하여 '주리다'를 뜻한다.	
		餓倒(아도) 배고파 쓰러짐. 餓死(아사) 餓鬼(아귀) 飢餓(기아) 餓狼之口(아랑지구)	
밥 식(食)부 [9食7 총16획]		餓餓餓餓餓餓餓餓餓餓餓餓	
	주릴 **아**	餓 餓 餓 餓 餓	

3급	岳	큰 산, 우뚝 솟다 영 great 중 岳 yuè 일 ガク(おか)
		회의 丘(구)+뫼 산(山)자로 이루어져 산 위에 또 작은 산으로 즉 '큰 산'의 뜻이다. 岳氣(악기) 치솟은 산의 기운. 岳公(악공) 岳母(악모)
뫼 산(山)부 [3山5, 총8획]		岳岳岳岳岳岳岳岳
큰산 **악**		岳 岳 岳 岳 岳

3Ⅱ급	岸	언덕, 물가의 낭떠러지 영 slope 중 岸 àn 일 アン(つくえ)
		형성 뫼 산(山)+언덕 엄(厂)+막을 간(干)자로 물로 깎인 높은 벼랑, 즉 '낭떠러지'를 뜻한다. 海岸(해안) 바닷가. 沿岸(연안) 岸畔(안반) 岸壁(안벽) 高岸深谷(고안심곡)
뫼 산(山)부 [3山5 총8획]		岸岸岸岸岸岸岸岸
언덕 **안**		岸 岸 岸 岸 岸

3급	雁	기러기, 가을 영 wild goose 중 雁 yàn 일 ガン(かり)
		형성 민엄호(厂)+사람인변(亻=人)+새 추(隹)자로 이루어졌다. 雁報(안보) 먼 곳에서 소식을 전하는 편지. 雁夫(안부) 雁使(안사)
새 추(隹) [8隹4, 총12획]		雁雁雁雁雁雁雁雁雁雁
기러기 **안**		雁 雁 雁 雁 雁

3급	謁	뵈다, 아뢰다 영 visit 중 谒 yè 일 エツ(まみえる)
		형성 말씀 언(言)+어찌 갈(曷)자로 말로 청하여 '뵙다, 아뢰다'를 뜻한다. 謁見(알현) 귀인이나 군왕을 찾아 뵙는 일. 謁廟(알묘) 謁告(알고) 拜謁(배알)
말씀 언(言)부 [7言9 총16획]		謁謁謁謁謁謁謁謁謁謁
뵐 **알**		謁 謁 謁 謁 謁

3급	押	누르다, 잡다 영 press 중 押 yā 일 オウ(おす)
		형성 재방변(扌=手)+갑(甲)자로 이루어졌다. 押付(압부) 죄인을 압송하여 넘김. 押交(압교) 押上(압상)
재방변(扌)부 [3扌5, 총8획]		押押押押押押押押
누를 **압**/단속할 **갑**		押 押 押 押 押

4Ⅱ급 壓 (压) 흙 토(土)부 [3土14 총17획] 누를 **압**	누르다, 제지하다 영 press 중 压 yā 일 圧 アツ(おさえる)
	형성 누를 압(厭)+흙 토(土)자로 땅이 꺼지도록 '누른다'의 뜻이다.
	壓卷(압권) 여럿 가운데 으뜸이 감. 壓力(압력) 壓勝(압승) 壓倒(압도)
	壓壓壓壓壓壓壓壓壓壓壓壓
	壓 壓 壓 壓 壓

3Ⅱ급 央 큰 대(大)부 [3大2 총5획] 가운데 **앙**	가운데, 중앙 영 center 중 央 yāng 일 オウ(なかば)
	회의 목에 칼을 씌운 사람의 형상에서 '한가운데'를 뜻한다.
	中央(중앙) 한가운데. 未央宮(미앙궁) 震央(진앙) 中央部(중앙부)
	央央央央央
	央 央 央 央 央

3급  죽을사변(歹)부 [4歹5 총9획] 재앙 **앙**	재앙(災殃), 해치다 영 misfortune 중 殃 yāng 일 オウ(わざわい)
	형성 죽을사변(歹=歺=뼈, 죽음)부+ 央(앙)으로 이루어져, '災禍(재화)'를 뜻한다.
	殃及(앙급) 재앙(災殃)이 미침. 殃孼(앙얼) 殃害(앙해)
	殃殃殃殃殃殃殃殃殃
	殃 殃 殃 殃 殃

3급 涯 삼수변(氵)부 [3氵8 총11획] 물가 **애**	물가, 끝 영 shore 중 涯 yá 일 ガイ(はて)
	형성 물 수(氵)+언덕 애(厓)자로 벼랑과 물의 접점, 즉 '물가'를 뜻한다.
	生涯(생애) 일평생. 際涯(제애) 涯角(애각) 境涯(경애) 地角天涯(지각천애)
	涯涯涯涯涯涯涯涯涯涯涯
	涯 涯 涯 涯 涯

3급 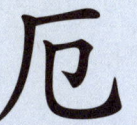 민엄호(厂)부 [2厂2 총4획] 재앙 **액**	재앙, 불행한 일 영 calamity 중 厄 è 일 ユウ(うれえる)
	회의 기슭 엄(厂)+몸기 절(㔾)자로 비좁은 벼랑이 '재앙'을 나타낸다.
	厄年(액년) 운수가 사나운 해. 厄運(액운) 厄難(액난) 災厄(재액)
	厄厄厄厄
	厄 厄 厄 厄 厄

額

4급

이마, 머릿수 | 영 forehead | 중 额 é | 일 ガク(ひたい)

형성 손님 객(客)+머리 혈(頁)자로 손님의 머리는 이마부터 보인다고 '이마'의 뜻이다.

額面(액면) 유가증권 등에 적힌 금액. 額數(액수) 額子(액자)

머리 혈(頁)부 [9頁9 총18획]

이마 액

耶

3급

어조사, 그런가 | 영 particle | 중 耶 yé | 일 ヤ

형성 귀 이(耳)+마을 읍(阝)자로 의문, 반어(反語)의 조사로 쓰인다.

耶許(야호) 매우 신이 날 때 내는 말. 耶蘇(야소)

귀 이(耳)부 [6耳3 총9획]

어조사 야

躍

3급

뛰다, 뛰게 하다 | 영 run | 중 跃 yuè | 일 ヤク(おどる)

형성 발족(足)+적(翟)자로 이루어지며 높이 뛰어 '오르다'의 뜻이다.

跳躍(도약) 뛰어오름 躍進(약진) 躍動(약동)

발족변(足) [7足14, 총21획]

뛸 약

楊

3급

버들, 버드나무 | 영 willow | 중 杨 yáng | 일 ヨウ(やなぎ)

회의·형성 나무 목(木)+뻗어오를 양(昜)자로 위로 길게 뻗은 '버드나무'를 뜻한다.

楊枝(양지) 버들가지, 또는 이쑤시개. 楊梅瘡(양매창) 楊柳(양류) 楊州(양주)

나무 목(木)부 [4木9 총13획]

버드나무 양

樣

4급

모양, 형태 | 영 style, form | 중 样 yàng | 일 樣 ヨウ(さま)

형성 나무[木]에 길게[永] 양[羊]들을 묶어 놓은 '모양'은 아름답다.

樣式(양식) 일정한 방식. 樣態(양태) 樣相(양상)

나무 목(木)부 [4木11 총15획]

모양 양

3II급	흙덩이, 땅	영 soil 중 壤 yǎng 일 ジョウ(つち)
壤	형성 흙 토(土)+도울 양(襄)자로 부드럽고 기름 진 '흙'의 뜻을 나타낸다.	
흙 토(土)부 [3土17 총20획]	土壤(토양) 땅. 壤土(양토) 平壤(평양) 擊壤(격양) 鼓腹擊壤(고복격양)	
흙덩이 양		

3II급	거느리다, 모시다	영 drive 중 御 yù 일 ゴ(お)
御	회의 조금걸을 척(彳)+짐부릴 사(卸)자로 말을 모는이의 직책을 가리켜 '어거하다'를 뜻한다.	
두인 변(彳)부 [3彳8 총11획]	御駕(어가) 임금이 타는 수레. 御命(어명) 御殿(어전) 御宮(어궁)	
거느릴 어		

3II급	누르다	영 restrain 중 抑 yì 일 ヨク(おさえる)
抑	형성 손 수(扌)+나 앙(卬)자로 卬은 인(印 : 도장 인)을 뒤집은 모양에서 '손으로 누르다'를 뜻한다.	
손 수(재방변) 手(扌)부 [3扌4 총7획]	抑留(억류) 억지로 머무르게 함. 抑壓(억압) 抑揚(억양) 抑止(억지)	
누를 억		

3급	어찌, 이에	영 why 중 焉 yān 일 エン(いずくんぞ)
焉	상형 새의 형상을 본떠 만든 글자로, 가차하여 어조사로 쓰인다.	
불 화(火/灬)부 [4灬7 총11획]	焉敢(언감) 어찌 감히 하지 못함을 뜻함. 缺焉(결언) 焉烏(언오)	
어찌 언		

3급	나(1인칭), 주다	영 give 중 予 yǔ 일 ヨ(われ)
予	상형 베틀의 씨실을 오가는 북의 모양을 본뜬 글자로 '나'를 뜻한다.	
갈고리궐(亅)부 [1亅3 총4획]	予奪(여탈) 주는 것과 빼앗는 것. 予曰(여왈) 欲取先予 (욕취선여) 分予 (분여)	
나 여		

고등 교육용 한자 900 | 115

輿

3급 | 수레, 가마 | 영 palankeen 중 与 yú 일 コ(こし)

회의·형성 수레 거(車)+마주들 여(舁)자로 사람이나 물건을 싣는 '수레, 가마'를 뜻한다.

輿論(여론) 여러 사람의 공통된 의견. 輿馬(여마) 輿駕(여가) 輿望(여망)

수레 거(車)부 [7車10 총17획]

수레 **여**

役

3Ⅱ급 | 부리다, 부역 | 영 work 중 役 yì 일 エキ・ヤク(つかう)

회의 조금걸을 척(彳)+팔모창 수(殳)자로 변경을 지키러가는 뜻을 지녔으나 '부리다'의 뜻을 나타낸다.

役夫夢(역부몽) 낮에는 인부가 밤에는 왕후가 된다는 뜻. 役軍(역군) 役割(역할)

두인변(彳)부 [3彳4 총7획]

부릴 **역**

疫

3급 | 전염병, 돌림병 | 영 pestilence 중 疫 yì 일 エキ(はやりやみ)

형성 병들 녁(疒)+칠 수(殳)자로 사람을 괴롭히는 '유행병, 전염병'을 뜻한다.

疫鬼(역귀) 전염병을 퍼뜨리는 귀신. 疫病(역병) 疫疾(역질) 免疫(면역)

병들 녁(疒)부 [5疒4 총9획]

전염병 **역**

域

4급 | 지경, 나라 | 영 boundary 중 域 yù 일 イキ

형성 흙 토(土)+창 과(戈)+에울 위(口)+한 일(一)이 사방을 둘러싼 땅을 창들고 지키므로 '구역'의 뜻이다.

域內(역내) 일정한 장소의 안. 地域(지역) 聖域(성역) 區域(구역)

흙 토(土)부 [3土8 총11획]

지경 **역**

譯

3Ⅱ급 | 번역하다, 통역하다 | 영 interpret 중 译 yì 일 訳 ヤク(わけ)

형성 말씀 언(言)+엿볼 역(睪)자로 차례차례 옮겨 전하는 것으로 '번역하다'를 뜻한다.

譯者(역자) 필자. 譯註(역주) 譯官(역관) 飜譯(번역)

말씀 언(言)부 [7言13 총20획]

번역 **역**

驛

3ⅡⅡ급

역참, 역말

영 station　중 驿 yì　일 駅 エキ(うまや)

형성 말 마(馬)+엿볼 역(睪)자로 말을 갈아타기 위하여 마련된 곳, 즉 '역참'을 뜻한다.
驛馬(역마) 역참에서 쓰는 말.　驛館(역관)　驛舍(역사)　驛前(역전)

말 마(馬)부 [10馬13 총23획]

역참 **역**

延

4급

끌다, 끌어들이다, 지체되다

영 delay　중 延 yán　일 エン(ひく)

회의 삐칠 별(丿)+그칠 지(止)+끌 인(廴)자로 길게 잡아늘인다는 것으로 '끌다'를 뜻한다.
延見(연견) 손님을 맞이하여 만나봄.　延人員(연인원)　延命(연명)　延期(연기)

민책받침(廴)부 [3廴4 총7획]

끌 **연**

沿

3ⅡⅡ급

따르다

영 follow　중 沿 yán　일 エン(そう)

형성 물 수(氵)+산속늪 연(㕣)자로 강물을 따라 내려가는 것을 뜻한다.
沿線(연선) 철도 선로에 준한 곳.　沿海(연해)　沿道(연도)　沿邊(연변)

물 수(삼수변) 水(氵)부 [3氵5 총8획]

따를 **연**

宴

3ⅡⅡ급

잔치, 즐기다

영 banquet　중 宴 yàn　일 エン(うたげ)

형성 움집 면(宀)+늦을 안(晏)자로 집에서 편히 쉬는 뜻이었으나 '잔치'를 뜻한다.
宴席(연석) 연회를 베푼 자리.　宴息(연식)　宴會(연회)　宴享(연향)

갓머리(宀)부 [3宀7 총10획]

잔치 **연**

軟

3ⅡⅡ급

연하다, 부드럽다

영 soft　중 软 ruǎn　일 ナン(やわらかい)

형성 수레 거(車)+부드러울 연(㮁·欠)자로 부드럽게 움직이는 수레에서 '연하다'를 뜻한다.
軟骨(연골) 물렁뼈.　軟性(연성)　軟柿(연시)　軟弱(연약)

수레 거(車)부 [7車4 총11획]

연할 **연**

鉛

4급

쇠 금(金)부 [8金5 총13획]

납 **연**

납, 백분

영 lead　중 铅 qiān　일 エン(なまり)

형성 쇠 금(金)+산속늪 연(㕣)자로 늪의 물빛이 푸르스름한 잿빛으로 '납'을 뜻한다.

鉛筆心(연필심) 연필 대의 속에 들어 있는 심.　鉛版(연판)　亞鉛(아연)　丹鉛(단연)

演

4Ⅱ급

물 수(삼수변) 水(氵)부 [3氵11 총14획]

펼 **연**

펴다, 흐르다

영 extend　중 演 yǎn　일 エン(のべる)

형성 물 수(氵)+범 인(寅)자로 물이 멀리 동방까지 '펼치다'의 뜻이다.

演技(연기) 배우가 무대에서 연출하는 말이나 행동.
演說(연설)　演劇(연극)　演奏(연주)　演出家(연출가)　黃昏演說(황혼연설)

緣

4급

실 사(糸)부 [6糸9 총15획]

인연 **연**

인연, 가선

영 affinity, fate　중 缘 yuán　일 縁 エン(ふち)

형성 실 사(糸)+끊을 단(彖)자로 천이 끊긴 데를 실로 감치어 올이 풀리지 않는 '인연'의 뜻이다.

緣故(연고) 까닭, 이유.　緣分(연분)　緣由(연유)　緣坐(연좌)　天生緣分(천생연분)

燕

3급

불 화(火/灬)부 [4灬12 총16획]

제비 **연**

제비, 잔치

영 swallow　중 燕 yàn　일 エン(つばめ)

상형 부리를 벌리고 긴 날개를 펴고 꼬리가 갈라진 제비의 모양을 본뜬 글자다.

燕息(연식) 하는 일없이 집에 한가히 있음.　燕尾服(연미복)　燕賀(연하)　毛燕(모연)

燃

4급

불 화(火/灬)부 [4火12 총16획]

불사를 **연**

불사르다, 불타다

영 burn　중 燃 rán　일 ネン(もえる)

회의 불 화(火)+태울 연(然)자로 '불타다'의 뜻이다.

燃料(연료) 불 때는 데에 쓸 감.　燃費(연비)　燃燒(연소)　內燃(내연)

3급	閱	검열하다, 보다	영 inspect 중 阅 yuè 일 エツ
	문 문(門) [8門7, 총15획]	형성 문 문(門)+바꿀 태(兌)자로 '점고하다, 보다, 읽다'의 뜻이다. 閱覽(열람) 살펴서 봄. 檢閱(검열) 閱兵(열병)	
	검열할 **열**	閱 閱 閱 閱 閱 閱 閱 閱 閱 閱 閱 閱 閱 閱 閱 閱	

3II급	染	물들이다, 물들다	영 dye 중 染 rǎn 일 セン(そめる)
	나무 목(木)부 [4木5 총9획]	회의 물 수(氵)+나무 목(木)+아홉 구(九)자로 나무에서 뽑아 낸 진에 여러 번 천을 적시는 모양으로 '물들이다'를 뜻한다. 染色(염색) 천 등에 물을 들임. 染料(염료) 汚染(오염) 傳染(전염)	
	물들일 **염**	染 染 染 染 染 染 染 染 染 染 染 染 染 染	

3급	鹽 	소금, 절이다	영 salt 중 盐 yán 일 塩 エン(しお)
	소금밭 로(鹵)부 [11鹵13 총24획]	형성 소금밭 로(鹵)+볼 감(監)자로 혀에 심한 자극을 주는 '소금'을 뜻한다. 鹽分(염분) 소금기. 鹽水(염수) 鹽拂(염불) 鹽藏(염장) 賣鹽逢雨(매염봉우)	
	소금 **염**	鹽 鹽 鹽 鹽 鹽 鹽 鹽 鹽 鹽 鹽 鹽 鹽 鹽 鹽 鹽 鹽	

3급	泳	헤엄치다, 헤엄	영 swim 중 泳 yǒng 일 エイ(およぐ)
	물 수(삼수변) 水(氵)부 [3氵5 총8획]	형성 물 수(氵)+길 영(永)자로 물 위에 오래 떠서 '헤엄치는 것'을 뜻한다. 遊泳(유영) 헤엄치고 돌아다님. 水泳(수영) 泳法(영법) 泳脚(영각)	
	헤엄칠 **영**	泳 泳 泳 泳 泳 泳 泳 泳 泳 泳 泳 泳 泳	

4급	映	비치다, 빛나다	영 reflect 중 映 yìng 일 エイ(うつる)
	날 일(日)부 [4日5 총9획]	형성 해 일(日)+가운데 앙(央)자로 하늘의 중앙에 있는 햇볕을 받아들여 '비추는' 것을 뜻한다. 映像(영상) 비치는 그림자. 映窓(영창) 映畵(영화) 放映(방영) 孫康映雪(손강영설)	
	비칠 **영**	映 映 映 映 映 映 映 映 映 映 映 映 映 映	

詠

3급

읊다, 노래하다　　　　　영 recite　중 咏 yǒng　일 エイ(よむ)

형성 말씀 언(言)+길 영(永)자로 소리를 길게 빼어 '읊다'를 뜻한다.

詠嘆(영탄) 소리를 길게 끌며 탄식함.　詠詩(영시)　詠唱(영창)　吟詠(음영)

말씀 언(言)부 [7言5 총12획]

읊을 **영**

詠詠詠詠詠詠詠詠詠詠詠詠
詠 詠 詠 詠 詠

影

3Ⅱ급

그림자, 모양　　　　　영 shadow　중 影 yǐng　일 エイ(かげ)

형성 터럭 삼(彡)+볕 경(景)자로 물체가 빛을 받을 때 생기는 그림자를 뜻한다.

影國(영국) 그림자처럼 붙어 있는 나라. 속국.　影像(영상)　影幀(영정)　影響(영향)

터럭 삼(彡)부 [3彡12 총15획]

그림자 **영**

影 影 影 影 影

營

4급

경영하다, 경영　　　　　영 manage　중 营 yíng　일 営エイ(いとなむ)

형성 법[呂]에 합당하게 열심히 일하니 불꽃[火火]처럼 화려하게 '경영하다'의 뜻이다.

營農(영농) 농업을 경영함.　營業(영업)　營利(영리)　經營(경영)　憑公營私(빙공영사)

불 화(火/灬)부 [4火13 총17획]

경영할 **영**

營 營 營 營 營

銳

3급

날카롭다, 창 끝　　　　　영 sharp　중 锐 ruì　일 エイ(するどい)

형성 쇠 금(金)+날카로울 태(兌)자로 물건을 분리하는 금속, 즉 '날카롭다'를 뜻한다.

銳利(예리) 날카로움.　銳角(예각)　銳敏(예민)　銳鋒(예봉)　新進氣銳(신진기예)

쇠 금(金)부 [8金7 총15획]

날카로울 **예**

銳 銳 銳 銳 銳

豫

4급

미리, 기뻐하다　　　　　영 beforehand　중 豫 yù　일 予 ヨ(あらかじめ)

회의 나 여(予)와 코끼리는 죽을 때 정해진 곳으로 '미리' 간다는 뜻이다.

豫感(예감) 미리 육감으로 헤아림.　豫見(예견)　豫測(예측)　猶豫(유예)

돼지시(豕)부 [7豕9 총16획]

미리 **예**

豫 豫 豫 豫 豫

3Ⅱ급 譽 말씀언(言)부 [7言14 총21획]	명예, 영예 　　　　　　　　　영fame 중譽 yù 일ヨ(ほまれ)
	형성 말씀 언(言)+줄 여(與)자로 말로써 사람을 칭찬하는 것으로 '명예'를 뜻한다. 榮譽(영예) 자랑스러움. 譽聞(예문) 出藍之譽(출람지예)
기릴 **예**	

3급 汚 물 수(삼수변) 水(氵)부 [3氵3 총6획]	더럽다, 더럽히다 　　　　　　　영dirty 중汚 wū 일オ(けがす·よごす)
	형성 물 수(氵)+있을 우(亏)자로 우묵한 웅덩이에 괸 물로 '더럽다'를 뜻한다. 汚物(오물) 더럽고 지저분한 물건. 汚染(오염) 汚辱(오욕) 汚點(오점)
더러울 **오**	

3급 娛 계집 녀(女)부 [3女7 총10획]	즐거워하다, 즐겁다 　　　　　영amuse 중娛 yú 일ゴ(たのしむ)
	형성 계집 녀(女)+큰소리칠 오(吳)자로 여자와 함께 떠들면서 노니 즐거워하다를 뜻한다. 娛樂(오락) 놀이를 즐김. 娛遊(오유) 戲娛(희오) 歡娛(환오)
즐길 **오**	

3급 傲 사람 인(人)부 [2亻11 총13획]	거만하다, 깔보다 　　　　　　영haughty 중傲 ào 일ゴウ(おごる)
	회의·형성 사람 인(亻)+거만할 오(敖)자로 사람이 마음 내키는 대로 즐기는 '거만하다'를 뜻한다. 傲氣(오기) 오만스러운 분기. 傲慢(오만) 傲然(오연) 簡傲(간오)
거만할 **오**	

3급 嗚 입 구(口)부 [3口10 총13획]	탄식하다, 노랫소리 　　　　　영alas 중嗚 wū 일オウ(ああ)
	형성 입 구(口)+까마귀 오(烏)자로 까마귀가 우는 모습에서 '탄식하다'를 뜻한다. 嗚咽(오열) 목이 메어 욺. 嗚呼(오호) 嗚泣(오읍) 噫嗚(희오)
탄식할 **오**	

獄

3II급

개 견(犬/犭)부 [3犭11 총14획]

옥 옥

감옥, 판결

영 prison 중 獄 yù 일 ゴク(ひとや)

회의 개 견(犭)+말씀 언(言)+개 견(犬)자로 두 마리의 개가 다투는 것에서 벌주는 집, 즉 '감옥'을 뜻한다.

獄中書信(옥중서신) 감옥에서 쓴 편지. 獄苦(옥고) 獄舍(옥사) 獄死(옥사)

翁

3급

깃우(羽)부 [6羽4 총10획]

늙은이 옹

늙은이

영 old man 중 翁 wēng 일 オウ(おきな)

형성 깃 우(羽)+아비 공(公)자로 나이 많은 사람의 턱 아래 깃털처럼 수염이 난 모양에서 '늙은이'를 뜻한다.

翁嫗(옹구) 늙은 남녀. 翁主(옹주) 翁壻(옹서) 家翁(가옹) 呂翁枕(여옹침)

擁

3급

재방변(扌)부 [3扌13, 총16획]

낄 옹

끼다, 안다

영 embrace 중 拥 yōng 일 ヨウ

형성 재방변(扌=手)+옹(雍)자로 이루어져 손으로 덮어 가리고 꼭 '껴안다'의 뜻이다.

擁立(옹립) 받들어서 임금의 자리 따위에 모시어 세움. 擁壁(옹벽) 抱擁(포옹)

緩

3급

실 사(糸)부 [6糸9 총15획]

느릴 완

느리다, 느슨하다

영 slow 중 缓 huǎn 일 カン(ゆるい)

형성 실 사(糸)+당길 원(爰)자로 실을 당기니 느슨하게 처지는 것으로 '느리다'를 뜻한다.

緩急(완급) 느려짐과 바쁨. 緩慢(완만) 緩衝(완충) 緩和(완화) 微吟緩步(미음완보)

畏

3급

밭 전(田)부 [5田4 총9획]

두려워할 외

두려워하다, 꺼리다

영 fear 중 畏 wèi 일 イ(おそれる)

회의 밭 전(田)+삐침 별(丿)+될 화(化)자로 무서워하며 '조심하다, 황공스럽게 여기다'를 뜻한다.

畏敬(외경) 어려워하고 공경함. 畏懼(외구) 畏友(외우) 畏兄(외형)

腰

3급

고기 육(육달월) 肉(月)부 [4月9 총13획]

허리, 밑둥치 　　　　　영 waist　중 腰 yāo　일 ヨウ(こし)

형성 고기 육(月)+요긴할 요(要)자로 몸에서 가장 요긴한 부분, 즉 '허리'를 뜻한다.

腰劍(요검) 검을 허리에 참. 腰刀(요도) 腰帶(요대) 腰折(요절)

腰腰腰腰腰腰腰腰腰腰腰

허리 요　腰 腰 腰 腰 腰

搖

3급

손 수(재방변) 手(扌)부 [3扌10 총13획]

흔들다, 흔들리다 　　　　　영 shake　중 摇 yáo　일 ヨウ(ゆる)

형성 손 수(扌)+질그릇 요(䍃)자로 손을 상하 좌우로 움직여 '흔드는 것'을 뜻한다.

搖動(요동) 흔들림. 搖鈴(요령) 搖亂(요란) 搖籃(요람) 搖之不動(요지부동)

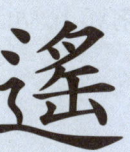

흔들릴 요　搖 搖 搖 搖 搖

遙

3급

쉬엄쉬엄갈 착(책받침) 辵(辶)부 [4辶10 총14획]

멀다, 아득하다 　　　　　영 distant　중 遥 yáo　일 ヨウ(はるか)

형성 쉬엄쉬엄갈 착(辶)+질그릇 요(䍃)자로 흔들흔들 목적 없이 계속 걷는 모양에서 '아득함'을 뜻한다.

遙遠(요원) 아득히 멂. 遙望(요망) 遙昔(요석) 逍遙(소요) 前途遙遠(전도요원)

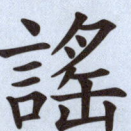

멀 요　遙 遙 遙 遙 遙

謠

4Ⅱ급

말씀 언(言)부 [7言10 총17획]

노래하다, 소문　유 歌(노래 가)　　영 ballad　중 谣 yáo　일 ク(くぎり)

형성 말씀 언(言)+질그릇 요(䍃)자로 말에 가락을 넣어 질그릇을 두들기며 부르는 '노래'를 뜻한다.

謠言(요언) 뜬 소문. 謠俗(요속) 童謠(동요) 民謠(민요) 國民歌謠(국민가요)

謠謠謠謠謠謠謠謠謠謠謠謠

노래 요　謠 謠 謠 謠 謠

辱

3Ⅱ급

별 진(辰)부 [7辰3 총10획]

욕되다 　　　　　영 disgrace　중 辱 rǔ　일 ジョク(はずかしめる)

회의 별 진(辰)+마디 촌(寸)으로 옛날 농사의 때를 어긴 자를 죽이고 욕보인 일로부터 '욕됨'을 뜻한다.

辱說(욕설) 상스러운 말. 侮辱(모욕) 汚辱(오욕) 知足不辱(지족불욕)

욕될 욕　辱 辱 辱 辱 辱

고등 교육용 한자 900 | **123**

慾

3Ⅱ급

욕심, 욕심내다

영 greed 중 欲 yù 일 ヨク(むさぼる)

회의·형성 하고자할 욕(欲)+마음 심(心)자로 하고자하는 마음, 즉 '욕심'을 뜻한다.

慾念(욕념) 욕심이 가득한 생각. 慾望(욕망) 慾心(욕심) 貪慾(탐욕)

마음 심(心)부 [4心11 총15획]

욕심 **욕**

庸

3급

떳떳하다, 애쓰다

영 use 중 庸 yōng 일 ヨウ(つね·もちいる)

회의·형성 고칠 경(庚)+쓸 용(用)자로 절굿공이 등 무거운 것을 들거나 사용하는 것을 뜻한다.

庸劣(용렬) 어리석고 둔함. 庸人(용인) 庸言(용언) 中庸(중용)

엄 호(广)부 [3广8 총11획]

떳떳할 **용**

羽

3급

깃, 날개

영 wing 중 羽 yǔ 일 ウ(はね·は)

상형 새의 깃, 또는 양쪽 날개를 본뜬 글자다.

羽緞(우단) 짧고 고운 털이 촘촘한 직물.
羽毛(우모) 羽扇(우선) 羽翼(우익) 羽化登仙(우화등선)

깃우(羽)부 [6羽0 총6획]

깃 **우**

偶

3Ⅱ급

짝, 배필

영 couple 중 偶 ǒu 일 グウ(たまたま)

형성 사람 인(亻)+원숭이 우(禺)자로 '짝'을 뜻한다.

偶發的(우발적) 우연히. 偶發(우발) 偶像(우상) 偶然(우연) 百年佳偶(백년가우)

사람 인(人)부 [2亻9 총11획]

짝 **우**

郵

4급

우편, 역

영 post 중 邮 yóu 일 ユウ

회의 드리울 수(垂)+고을 읍(邑)자로 변방의 고을로서 신이나 연락을 취하는 '우편'의 뜻이다.

郵票(우표) 편지에 붙이는 증표. 郵政(우정) 郵遞(우체) 軍郵(군우)

고을 읍(우부방) 邑(阝)부 [3阝8 총11획]

우편 **우**

3II급		어리석다, 우직하다　　　　　　영 foolish　중 愚 yú　일 グ(おろか)
		형성 마음 심(心)+원숭이 우(禺)자로 마음의 기능이 둔한 '어리석은 것'을 뜻한다.
		愚見(우견) 자신의 생각을 겸손하게 나타내는 말.　愚鈍(우둔)　暗愚(암우)　凡愚(범우)
	마음 심(心)부 [4心9 총13획]	愚愚愚愚愚愚愚愚愚愚愚愚愚
	어리석을 우	愚 愚 愚 愚 愚

4급		넉넉하다, 뛰어날　유 患(근심 환)　영 superior　중 优 yōu　일 ユウ(すぐれる)
		형성 사람 인(亻)+근심 우(憂)자로 남의 근심까지 해주는 사람은 마음이 '넉넉하다'는 뜻이다.
		優等(우등) 성적이 우수함.　優良(우량)　優勝(우승)　優待(우대)
	사람 인(人)부 [2人15 총17획]	優優優優優優優優優優優
	넉넉할 우	優 優 優 優 優

3II급		운, 운치　　　　　　　　　　영 rhyme　중 韵 yùn　일 イン(ひびき)
		형성 소리 음(音)+둥글 원(員)자로 둥글둥글한 음, 즉 '운, 울림'을 뜻한다.
		韻律(운율) 시문의 음성적 형식.　韻致(운치)　韻文(운문)
	소리 음(音)부 [9音10 총19획]	韻韻韻韻韻韻韻韻韻韻韻韻
	운 운	韻 韻 韻 韻 韻

4II급		인원, 관원　　　　　　　　영 number, staff　중 员 yuán　일 イン
		형성 입 구(口)+조개 패(貝)자로 돈을 관리하는 '관원'을 뜻한다.
		員役(원역) 지방 관아의 이속.　員數(원수)　議員(의원)　職員(직원)　任職員(임직원)
	입 구(口)부 [3口7 총10획]	員員員員員員員員員員
	인원 원	員 員 員 員 員

5급		집, 담　　　　　　　　　　영 garden　중 院 yuàn　일 イン
		형성 언덕 부(阝)+완전할 완(完)자로 담장으로 튼튼하게 둘러싸인 '집'을 뜻한다.
		院長(원장) 원자가 붙은 기관의 장.　院生(원생)　院兒(원아)　病院(병원)
	언덕 부(좌부방) 阜(阝)부 [3阝7 총10획]	院院院院院院院院院院
	집 원	院 院 院 院 院

4급	援	돕다, 구원하다 ㉮ 助(도울 조)	영 rescue 중 援 yuán 일 エン(たすける)
	손 수(재방변) 手(扌)부 [3扌9 총12획]	회의·형성 손 수(扌)+당길 원(爰)자로 위험한 처지의 사람을 손으로 끌어당겨 '도와주다'의 뜻이다. 援助(원조) 도와 줌. 援筆(원필) 援軍(원군) 援兵(원병) 孤立無援(고립무원) 援援援援援援援援援援	
도울 **원**	援援援援援		

4급	源	근원, 샘	영 source 중 源 yuán 일 ゲン(みなもと)
	물 수(삼수변) 水(氵)부 3氵10 총13획[]	형성 물 수(氵)+언덕 원(原)자로 언덕 밑에서 솟아나는 샘은 곧 물의 '근원'이란 뜻이다. 源流(원류) 물이 흐르는 근원. 源泉(원천) 資源(자원) 水源(수원) 源源源源源源源源源源源源	
근원 **원**	源源源源源		

3Ⅱ급	越	넘다, 넘기다	영 overpass 중 越 yuè 일 エツ(こす)
	달아날 주(走)부 [7走5 총12획]	형성 달아날 주(走)+멀 월(戉)자로 멀리 달아나 넘어가는 것을 뜻한다. 越權(월권) 자기 직권의 범위를 넘는 것. 越等(월등) 越南(월남) 越冬(월동) 越越越越越越越越越越越	
넘을 **월**	越越越越越		

4급	委	맡기다, 버리다 ㉮ 任(맡길 임)	영 entrust 중 委 wěi 일 イ(くわしい)
	계집 녀(女)부 [3女5 총8획]	형성 벼 화(禾)+계집 녀(女)자로 여자는 벼이삭같이 고개를 숙이고 몸을 남자에게 '맡긴다'는 뜻이다. 委棄(위기) 버려둠. 委付(위부) 委任(위임) 委託(위탁) 委囑(위촉) 委委委委委委委委	
맡길 **위**	委委委委委		

3급	胃	밥통, 위	영 stomach 중 胃 wèi 일 イ(いぶくろ)
	고기 육(육달월) 肉(月)부 [4月5 총9획]	회의 고기 육(月)+밭 전(田)자로 음식물이 들어 있는 몸 속, 즉 '밥통'을 뜻한다. 胃液(위액) 위에서 분비되는 소화액. 胃腸(위장) 胃壁(위벽) 胃炎(위염) 胃胃胃胃胃胃胃胃胃	
밥통 **위**	胃胃胃胃胃		

圍

4급 | 에워싸다, 둘레, 구역 | 영 surround 중 围 wéi 일 囲 イ(かこむ)

형성 에울 위(囗)+가죽 위(韋)자로 군사들이 사방을 '에워싸다'는 뜻이다.

圍繞(위요) 빙 둘러쌈. 圍攻(위공) 周圍(주위) 範圍(범위) 記憶範圍(기억범위)

큰입 구(囗)부 [3囗9 총12획]

에워쌀 **위**

違

3급 | 어긋나다, 잘못 | 영 violate 중 违 wéi 일 イ(ちがえる)

형성 쉬엄쉬엄갈 착(辶)+어길 위(韋)자로 군사들이 서로 길을 어긋나게 걸어간 것을 뜻한다.

違法(위법) 법을 어김. 違約(위약) 違憲(위헌) 違和(위화) 陽奉陰違(양봉음위)

쉬엄쉬엄갈 착(책받침) 辶부 [4辶9 총13획]

어긋날 **위**

僞

3급 | 거짓, 허위 | 영 false 중 伪 wěi 일 ギ(いつわる)

형성 사람 인(亻)+할 위(爲)자로 인위(人爲)의 뜻에서 파생하여 '거짓'을 뜻한다.

僞善(위선) 본심이 아닌 거짓으로 하는 선행. 僞作(위작) 僞裝(위장) 僞造(위조)

사람 인(人)부 [2亻12 총14획]

거짓 **위**

慰

4급 | 위로하다, 달래다 | 영 comfort 중 慰 wèi 일 イ(なぐさむ)

형성 벼슬 위(尉)+마음 심(心)자로 마음을 편안하게 '위로하다'는 뜻이다.

慰勞(위로) 육체적·정신적으로 따뜻하게 대해줌. 慰安(위안) 慰樂(위락) 慰問(위문)

마음 심(심방변) 心(忄/㣺)부 [4心11 총15획]

위로할 **위**

緯

3급 | 씨(씨실), 씨줄 | 영 woof 중 纬 wěi 일 イ(よこいと)

형성 실 사(糸)+가죽 위(韋)자로 날실의 주위를 둘러싸는 실, 즉 '씨실'을 뜻한다.

緯度(위도) 남북으로 재는 좌표. 緯線(위선) 緯兵(위병) 經緯(경위)

실 사(糸)부 [6糸9 총15획]

씨 **위**

고등 교육용 한자 900

4Ⅱ급 衛 다닐 행(行)부 [6行9 총15획]	지키다, 호위하다 防(막을 방) 영keep 중卫wèi 일ユイ(まもる)
	회의 다닐 행(行)+가죽 위(韋)자로 군사가 왔다갔다 성을 '지키다'는 뜻이다. 衛兵(위병) 호위병. 衛星(위성) 衛生(위생) 斥邪衛正(척사위정)
	衛衛衛衛衛衛衛衛衛衛
지킬 위	衛衛衛衛衛

3Ⅱ급 謂 말씀 언(言)부 [7言9, 총16획]	이르다, 가리키다 영tell 중谓wèi 일ゴ(あやまる)
	형성 말씀 언(言)+위(胃)자로 이루어져 '옮겨 바꾸어 말하다'의 뜻이다. 所謂(소위) 세상에서 흔히 말하는 바. 云謂(운위) 或謂(혹위)
	謂謂謂謂謂謂謂謂謂謂謂謂謂謂
이를 위	謂謂謂謂謂

4급  새 을(乙)부 [1乙7 총8획]	젖, 젖먹이다 영milk 중乳rǔ 일ニュウ(ち)
	회의·형성 부화할 부(孚)+새 을(乙)자로 사람이나 새가 자식을 낳아 '젖'을 먹여 기른다는 뜻이다. 乳頭(유두) 젖꼭지. 乳母(유모) 乳酪(유락) 牛乳(우유) 泣兒授乳(읍아수유)
	乳乳乳乳乳乳乳乳
젖 유	乳乳乳乳乳

3Ⅱ급  작을 요(幺)부 [3幺6 총9획]	그윽하다, 깊다 영mellow 중幽yōu 일ユウ
	형성 뫼 산(山)+작을 요(幺)자로 산이 깊숙한 것으로 '그윽하다'를 뜻한다. 幽界(유계) 저승. 幽昧(유매) 幽谷(유곡) 幽靈(유령) 碧巖幽石(벽암유석)
	幽幽幽幽幽幽幽幽
그윽할 유	幽幽幽幽幽

3Ⅱ급  마음 심(심방변) 心(忄/㣺)부 [4心7 총11획]	멀다, 아득하다 영distant 중悠yōu 일ユウ(とおい)
	형성 마음 심(心)+아득할 유(攸)자로 마음이 오래 '느껴지다, 멀다'를 뜻한다. 悠久(유구) 아득하고 오램. 悠長(유장) 悠然(유연) 悠忽(유훌) 悠悠蒼天(유유창천)
	悠悠悠悠悠悠悠悠悠悠悠
멀 유	悠悠悠悠悠

惟

마음 심(심방변) 心(忄/㣺)부 [3忄8 총11획]

생각하다, 오직
영 consider·think   중 惟 wéi   일 イ·ユイ

형성 마음 심(忄)+높을 추(隹:잇다)자로 한 가지 일을 계속 생각하는 것을 뜻한다.

思惟(사유) 마음으로 생각함. 惟獨(유독) 惟靜(유정) 恭惟(공유)

惟惟惟惟惟惟惟惟惟惟惟

생각할 유   惟 惟 惟 惟 惟

裕

옷 의(衤/衣)부 [5衤7 총12획]

넉넉하다, 너그럽다
영 enough   중 裕 yú   일 ユウ

형성 옷 의(衣)+골 곡(谷)자로 옷이 골짜기처럼 많은 것으로 '넉넉하다'를 뜻한다.

裕寬(유관) 너그러움. 裕福(유복) 富裕(부유) 豊裕(풍유) 餘裕綽綽(여유작작)

裕裕裕裕裕裕裕裕裕裕裕裕

넉넉할 유   裕 裕 裕 裕 裕

愈

마음 심(심방변) 心(忄/㣺)부 [4心9 총13획]

낫다, 더욱
영 be better   중 愈 yù   일 그(いよいよ)

회의 마음 심(心)+나을 유(兪)자로 즐거운 마음으로 병세가 점점 나아지는 것을 뜻한다.

愈愈(유유) 자꾸 더해 가는 모습. 韓愈(한유) 愈出愈怪(유출유괴) 痊愈(전유)

愈愈愈愈愈愈愈愈愈愈愈愈

나을 유   愈 愈 愈 愈 愈

誘

말씀 언(言)부 [7言7 총14획]

꾀다, 꾐
영 tempt   중 诱 yòu   일 ユウ(さそう)

형성 말씀 언(言)+아름다울 수(秀)자로 말을 빼어나게 하여 '꾀다'를 뜻한다.

誘拐(유괴) 꾀어냄. 誘導(유도) 誘引(유인) 誘惑(유혹) 誘人子弟(유인자제)

誘誘誘誘誘誘誘誘誘誘誘誘

꾈 유   誘 誘 誘 誘 誘

維

실 사(糸)부 [6糸8 총14획]

벼리, 매다, 묶다
영 tie   중 维 wéi   일 イ(つなぐ)

형성 실 사(糸)+새 추(隹)자로 새의 발을 실로 매어두는 것으로 '매다'를 뜻한다.

維新(유신) 세상일이 바뀌어 새로워짐. 維舟(유주) 維持(유지) 纖維(섬유)

維維維維維維維維維維維維

벼리 유   維 維 維 維 維

4급 儒 사람 인(人)부 [2人14 총16획]	선비, 유교　　　　　　　　영 scholar　중 儒 rú　일 ジュ
	형성 사람 인(亻)+구할 수(需)자로 사회를 구하고 지도하는데 꼭 필요한 '선비'의 뜻이다. 儒生(유생) 유학을 배우는 사람.　儒儒(유유)　儒敎(유교)　儒學(유학)
선비 유	儒儒儒儒儒儒儒儒儒儒儒儒儒儒儒儒

3급 閏 문 문(門)부 [8門4 총12획]	윤달, 윤년　　　　　　　　영 leap month　중 闰 rùn　일 ジュン(うるう)
	회의 문 문(門)+임금 왕(王)자로 왕이 문 밖 출입을 하지 않은 '윤달'을 뜻한다. 閏年(윤년) 윤달이 드는 해.　閏位(윤위)　閏月(윤월)　閏朔(윤삭)
윤달 윤	閏閏閏閏閏閏閏閏閏閏閏閏

3Ⅱ급 潤 물 수(삼수변) 水(氵)부 [3氵12 총15획]	젖다, 윤택하다　　　　　　영 wet, enrich　중 润 rùn　일 ジュン(うるおう)
	형성 물 수(氵)+윤달 윤(閏)자로 물기를 머금어 '젖다, 윤택하다'를 뜻한다. 潤色(윤색) 이미 다된 물건에 광택을 냄.　潤氣(윤기)　潤文(윤문)　潤澤(윤택)
젖을 윤	潤潤潤潤潤

4급 隱 언덕 부(좌부방) 阜(阝)부 [3阝14 총17획]	숨다, 숨기다　반 顯(나타날 현)　영 hide　중 隐 yǐn　일 隠 イン(かくれる)
	형성 아끼는 물건을 벽으로 가리어 '숨기다'의 뜻이다. 隱匿(은닉) 숨어서 감춤.　隱遁(은둔)　隱退(은퇴)　隱蔽(은폐)　隱忍自重(은인자중)
숨을 은	隱隱隱隱隱

3급 淫 물 수(삼수변) 水(氵)부 [3氵8 총11획]	음란하다, 음탕하다　　　　영 obscene　중 淫 yín　일 イン(みだる)
	회의·형성 물 수(氵)+가까이할 음(𡉚)자로 지나치게 가까이하여 물에 빠지는 것으로, '음란, 방탕'을 뜻한다. 淫樂(음락) 음란한 쾌락.　淫慾(음욕)　淫貪(음탐)　淫蕩(음탕)　荒淫無道(황음무도)
음란할 음	淫淫淫淫淫

| 3급 |  얼음 빙(冫)부 [2冫14, 총16획]
엉길 응 | 엉기다, 얼다　　　영 congeal　중 凝 níng　일 エツ(こおる)
형성 이수 변(冫)+의(疑)자로 이루어져 물이 얼어붙어 움직이지 않다 즉 '엉기다'의 뜻이다.
凝固(응고) 엉겨 뭉쳐 딱딱하게 됨.　凝塊(응괴)　凝縮(응축) |

| 3급 | 갓머리(宀)부 [3宀5 총8획]
마땅할 의 | 마땅하다, 옳다　　　영 suitable　중 宜 yí　일 ギ
회의 움집 면(宀)+도마 조(俎)자로 제사그릇 위에 고기가 올려져 있는 모양을 뜻했으나 '마땅하다'로 쓰인다.
宜當(의당) 마땅히.　宜當事(의당사)　宜合(의합)　便宜(편의)　愼終宜令(신종의령) |

| 4급 |  짝 필(疋)부 [5疋9 총14획]
의심할 의 | 의심하다, 의심　　　영 doubt　중 疑 yí　일 ギ(うたがう)
회의 칼[匕]과 화살[矢], 일이 어찌될지 몰라서 노심초사하고 있는 모습을 나타낸다.
疑懼(의구) 의심하여 두려워함.　疑問(의문)　疑心(의심)　疑訝(의아) |

| 4급 |  사람 인(人)부 [2人13 총15획]
거동 의 | 거동, 법도　　　영 manner　중 仪 yí　일 ギ(のり)
형성 사람 인(亻)+옳을 의(義)자로 사람이 의리에 맞는 일을 한다는 데서 '법도'의 뜻이다.
儀觀(의관) 위엄이 있는 몸가짐.　儀禮(의례)　儀式(의식)　弔儀(조의) |

| 3급 |  큰 대(大)부 [3大3 총6획]
오랑캐 이 | 오랑캐, 동방종족　　　영 barbarian　중 夷 yí　일 イ(えびす)
회의 줄이 휘감긴 화살을 본뜬 모양으로 '오랑캐'를 뜻한다.
夷滅(이멸) 멸망시킴.　夷狄(이적)　夷則(이칙)　東夷(동이)　以夷制夷(이이제이) |

급수	한자	뜻·음 / 해설
3II급	 깃우(羽)부 [6羽11 총17획] 날개 **익**	날개, 깃 　　　　　영 wing 　중 翼 yì 　일 ヨク(つばさ) 형성 깃 우(羽)+다를 이(異)자로 '양 날개'를 뜻한다. 翼戴(익대) 곁에서 도와줌. 翼室(익실) 翼果(익과) 比翼(비익) 鳥之兩翼(조지양익)
3급	 계집 녀(女)부 [3女6 총9획] 혼인 **인**	혼인, 결혼하다 　　　영 marriage 　중 姻 yīn 　일 イン(よめいり) 형성 계집 녀(女)+의지할 인(因)자로 여자가 의지해 가는 것으로 '혼인'의 뜻이다. 姻婭(인아) 일가. 姻戚(인척) 姻叔(인숙) 婚姻(혼인)
3II급	 쉬엄쉬엄갈 착(책받침) 辵(辶)부 [4辶8 총12획] 편안할 **일**	편안하다, 숨다, 달아나다 　　영 lose 　중 逸 yì 　일 イツ(はやる) 회의 쉬엄쉬엄갈 착(辶)+토끼 토(兔)자로 토끼가 달아나는 것에서 '숨다'를 뜻한다. 逸脫(일탈) 벗어남. 逸話(일화) 逸走(일주) 逸品(일품) 無事安逸(무사안일)
5급	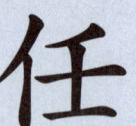 사람 인(人)부 [2人4 총6획] 맡길 **임**	맡기다, 주다 　유 委(맡길 위) 　영 entrust 　중 任 rèn 　일 ニン(まかせる) 형성 사람 인(亻)+아홉째천간 임(壬)자로 사람이 짐을 짊어지듯 책임을 '맡기다'의 뜻이다. 任期(임기) 어떤 직책을 맡은 기간. 任官(임관) 任命(임명) 任務(임무)
3II급	 조개 패(貝)부 [7貝6 총13획] 품팔 **임**	품팔다, 품삯 　　　　영 work for wages 　중 赁 lìn 　일 チン(やとう) 형성 조개 패(貝)+맡길 임(任)자로 재화를 주고 일을 맡기는 것으로 '품팔이'를 뜻한다. 賃貸(임대) 삯을 받고 빌려줌. 賃借(임차) 賃金(임금) 勞賃(노임)

3급	刺	찌르다, 가시　　　　　　　　　영 pierce　중 刺 cì　일 シ・セキ(さす)
		형성 가시나무 자(朿)+칼 도(刂)자로 가시나무와 칼은 찌르는 것으로 '찌르다'를 뜻한다.
		刺戟(자극) 정신을 흥분시키는 일.　刺殺(자살)　刺繡(자수)　刺殺(척살)
칼 도(刀/刂)부 [2刀6 총8획]		刺刺刺刺刺刺刺刺
찌를 자/척/라		

4급	姿	맵시, 태도　　유 態(모습 태)　　　　영 figure　중 姿 zī　일 シ(すがた)
		형성 버금 차(次)+계집 녀(女)자로 여자가 앉아 몸매를 꾸미는 '모양'의 뜻이다.
		姿態(자태) 몸가짐과 맵시.　姿體(자체)　姿勢(자세)　風姿(풍자)　龍鳳之姿(용봉지자)
계집 녀(女)부 [3女6 총9획]		姿姿姿姿姿姿姿姿姿
맵시 자		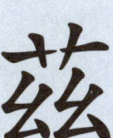

3급	玆	이, 여기　　　　　　　　　　　영 this　중 玆 zī　일 シ・ジ(ここ)
		회의 검을 현(玄)을 둘을 써서 검다는 모양, '이, 여기'를 뜻한다.
		來玆(내자) 올해의 바로 다음 해.　今玆(금자)　龜玆(구자)　玆宮(자궁)
검을 현(玄)부 [5玄5 총10획]		玆玆玆玆玆玆玆玆玆
이 자		

3급	恣	방자하다, 방종하다　　　　　　영 arrogant　중 恣 zì　일 シ(ほしいまま)
		회의·형성 버금 차(次)+마음 심(心)자로 마음을 이완시켜 제멋대로 하는 것을 뜻한다.
		恣意(자의) 멋대로 함.　恣行(자행)　恣女(자녀)　忌恣(기자)　放恣無忌(방자무기)
마음 심(심방변) 心(忄/㣺)부 [4心6 총10획]		恣恣恣恣恣恣恣恣恣恣
방자할 자		

3급	紫	자줏빛(보랏빛), 색깔　　　　　영 purple　중 紫 zǐ　일 シ(むらさき)
		형성 실 사(糸)+이 차(此)자로 자줏빛으로 물들인 '실'을 뜻한다.
		紫色(자색) 보라색.　紫水晶(자수정)　紫桃(자도)　紫朱(자주)　萬紫千紅(만자천홍)
실 사(糸)부 [6糸6 총12획]		紫紫紫紫紫紫紫紫紫紫紫紫
자줏빛 자		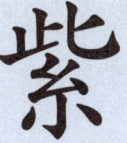

4급 資

재물, 밑천 — 영 property 중 资 zī 일 シ

형성 버금 차(次)+조개 패(貝)자로 다음의 큰일을 위하여 재산을 모아두는 '재물'이란 뜻이다.

資格(자격) 신분이나 지위. 資金(자금) 資源(자원) 資本(자본) 賦存資源(부존자원)

조개 패(貝)부 [7貝6 총13획]

재물 **자**

3급 酌

따르다, 술 — 영 pour out 중 酌 zhuó 일 シャク(くむ)

형성 닭 유(酉)+구기 작(勺)자로 국자로 술을 따르다, 뜨다를 뜻한다.

酌婦(작부) 술집에서 술을 따르며 생활하는 여인. 獨酌(독작) 酌處(작처) 酌定(작정)

닭 유(酉)부 [7酉3 총10획]

술따를 **작**

3급 爵

벼슬, 작위 — 영 wine cup 중 爵 jué 일 シャク

상형 새의 형상을 한 의식용 '술잔'을 본뜬 글자, 천자가 잔을 내린 데서 '벼슬'을 뜻한다.

爵祿(작록) 작위와 봉록. 爵帖(작첩) 爵位(작위) 爵名(작명) 高官大爵(고관대작)

손톱 조爪(爫)부 [4爪14 총18획]

벼슬 **작**

4급 殘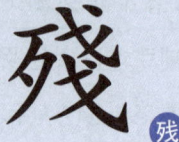

잔인할, 남은 — 유 餘(남을 여) — 영 remain 중 残 cán 일 残 ザン(のこる)

형성 뼈앙상할 알(歹)+상할 잔(戔)자로 창(戈)을 맞대고 서로 찌르니 '잔인하다'는 뜻이다.

殘務(잔무) 남은 근무. 殘滓(잔재) 殘黨(잔당) 殘忍(잔인) 骨肉相殘(골육상잔)

죽을 사(歹)부 [4歹8 총12획]

남을 **잔**

3Ⅱ급 暫

잠깐, 잠시 — 영 moment 중 暂 zàn 일 ザン(しばらく)

형성 날 일(日)+벨 참(斬)자로 베어져 나간 '시간, 잠깐'을 뜻한다.

暫時(잠시) 잠깐 동안. 暫定的(잠정적) 暫許(잠허)

날 일(日)부 [4日11 총15획]

잠깐 **잠**

潛

3Ⅱ급

잠기다, 감추다 영 sink 중 潛 qián 일 潜 セン(ひそむ)

형성 물 수(氵)+일찍이 참(朁)자로 물속에 '들어가다, 잠기다'의 뜻이다.

潛伏(잠복) 드러나지 않게 숨어 있음. 潛水(잠수) 潛影(잠영) 潛入(잠입)

물 수(삼수변) 水(氵)부 [3氵12 총15획]

잠길 **잠**

雜

4급

어른, 장(길이) 유 混(섞을 혼) 영 mixed 중 杂 zá 일 雑 ザツ(まじる)

형성 옷[衣]이 여러 색깔로 만들어지듯이 나무[木]에 여러 종류의 새[隹]가 섞여 앉아 있다.

雜穀(잡곡) 쌀 외의 곡식. 雜念(잡념) 雜輩(잡배) 雜歌(잡가)

새 추(隹)부 [8隹10 총18획]

섞일 **잡**

丈

3Ⅱ급

어른, 남자 영 elder 중 丈 zhàng 일 ジョウ(たけ)

회의 열 십(十)+파임 불(乀)자로 손에 지팡이를 든 '어른'을 뜻한다.

丈夫(장부) 성인 남자. 丈人(장인) 丈母(장모) 氣高萬丈(기고만장)

한 일(一)부 [1一2 총3획]

어른 **장**

莊

3Ⅱ급

씩씩하다, 장중하다 영 solemn 중 庄 zhuāng 일 荘 ソウ(おごそか)

형성 풀 초(艹)+클 장(壯)으로 풀이 왕성하게 '성장한 것'을 뜻한다.

莊園(장원) 별장과 거기에 딸린 동산. 莊土(장토) 莊田(장전)

풀초(초두) 艹(⺾)부 [4艹7 총11획]

씩씩할 **장**

帳

4급

휘장, 장막 영 curtain 중 帐 zhàng 일 チョウ(とばり)

형성 수건 건(巾)+길 장(長)자로 베로써 길게 둘러서 무엇을 가리우는 '장막'이란 뜻이다.

帳幕(장막) 둘러치는 막. 帳殿(장전) 帳簿(장부) 通帳(통장)

수건 건(巾)부 [3巾8 총11획]

휘장 **장**

4급	張	베풀다, 넓히다	영 give	중 张 zhāng	일 チョウ(はる)

형성 활 궁(弓)+길 장(長)자로 이루어져 '당기다, 펴다'의 뜻이다.

張皇(장황) 번거롭고 지루함. 出張(출장) 擴張(확장)

활 궁(弓)부 [3弓8, 총11획]

베풀 장

4Ⅱ급	障	막다, 장애	영 block, defend	중 障 zhàng	일 ショウ(さわる)

형성 언덕 부(阝)+글 장(章)자로 음악에 있어 장과 장이 구별되듯이 언덕이 '막히다'의 뜻이다.

障碍(장애) 자꾸만 가로막고 거치적거림. 障壁(장벽) 障害(장해) 保障(보장)

언덕 부(좌부방) 阜(阝)부 [3阝11 총14획]

막을 장

3Ⅱ급	掌	손바닥	영 palm	중 掌 zhǎng	일 ショウ(たなごころ)

형성 손 수(手)+높일 상(常)자로 손이 물건과 맞부딪치는 '손바닥'을 뜻한다.

掌骨(장골) 손바닥을 형성하는 다섯 가지의 뼈. 掌上(장상) 掌匣(장갑) 掌握(장악)

손 수(재방변) 手(扌)부 [4手8 총12획]

손바닥 장

3Ⅱ급	粧	단장하다	영 adorn	중 粧 zhuāng	일 ショウ(よそおう)

형성 쌀 미(米)+꾸밀 장(庄)자로 분가루로 꾸미는 '단장하다'를 뜻한다.

粧鏡(장경) 화장용 거울. 粧刀(장도) 粧飾(장식) 粧曆(장력) 七寶丹粧(칠보단장)

쌀 미(米)부 [6米6 총12획]

단장할 장

4급	腸	창자, 마음	영 bowels	중 肠 cháng	일 チョウ(はらわた)

형성 고기 육(月:肉)+빛날 양(昜)자로 햇살을 상징하여 '길다'는 뜻이다.

腸壁(장벽) 장의 벽. 腸癌(장암) 腸骨(장골) 斷腸(단장) 九曲肝腸(구곡간장)

고기 육(육달월) 肉(月)부 [4月9 총13획]

창자 장

4급		치장하다, 간직함	영decorate 중裝 zhuāng 일裝 ショク(かさる)
		형성 장할 장(壯)+옷 의(衣)자로 옷속에 두툼하게 솜을 넣어 의복을 아름답게 '꾸미다'의 뜻이다.	
		裝備(장비) 필요한 장비와 설치. 裝飾(장식) 裝幀(장정) 裝着(장착)	
옷 의(衤/衣)부 [6衣7 총13획]		裝裝裝裝裝裝裝裝裝裝裝裝裝	
꾸밀 장		裝 裝 裝 裝 裝	

3Ⅱ급		장사지내다	영hold a funeral 중葬 zàng 일ウ(ほうむる)
		회의 풀 초(艹)+죽을 사(死)+맞잡을 공(廾)자로 풀덤불 속에 '시체를 놓다, 장사지내다'를 뜻한다.	
		假埋葬(가매장) 시체를 임시로 묻음. 葬禮(장례) 葬事(장사) 葬地(장지)	
풀초(초두) 艹(艹)부 [4艹9 총13획]		葬葬葬葬葬葬葬葬葬葬葬葬葬	
장사지낼 장		葬 葬 葬 葬 葬	

4급		장려하다, 권면하다	영exhort 중奖 jiǎng 일奨 ショウ(すすめる)
		형성 장수 장(將)+큰 대(大)자로 장차 큰 인물이 되라고 '장려하다'의 뜻이다.	
		勸獎(권장) 권하여 장려함. 獎學士(장학사) 報獎金(보장금) 獎勵策(장려책)	
큰 대(大)부 [3大11 총14획]		獎獎獎獎獎獎獎獎獎獎獎獎獎獎	
장려할 장		獎 獎 獎 獎 獎	

3급	墙	담, 담장, 경계	영wall 중墙 qiáng 일ショウ
		형성 흙토(土=흙)부+ 㠵(색→장)이 합하여 이루어짐을 뜻한다.	
		墻壁(장벽) 담과 벽을 아울러 이르는 말. 墻垣(장원) 墻下(장하)	
흙토(土)부 [3土13 총16획]		墻墻墻墻墻墻墻墻墻墻墻	
담 장		墻 墻 墻 墻	

3Ⅱ급	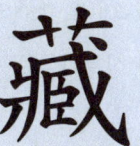	감추다, 곳집	영conceal 중藏 zàng 일ソウ(くら)
		형성 풀 초(艹)+감출 장(臧)으로 감추어 저장하는 것으로 '감추다, 곳집'을 뜻한다.	
		藏書(장서) 책을 간직해 둠. 藏府(장부) 藏置(장치) 無盡藏(무진장)	
풀초(초두) 艹(艹)부 [4艹14 총18획]		藏藏藏藏藏藏藏藏藏藏藏藏藏藏	
감출 장		藏 藏 藏 藏 藏	

臟

3II급	오장(五臟), 내장	영 viscera 중 脏 zàng 일 ゾウ

형성 고기 육(月)+감출 장(藏)으로 몸 내부에 숨겨져 있는 기관, 즉 '오장'을 뜻한다.

臟器(장기) 내장의 여러 기관. 臟腑(장부) 臟法(장법) 心臟(심장)

고기 육(육달월) 肉(月)부 [4肉18 총22획]

오장 **장**

災

5급	재앙, 천재	영 calamity 중 灾 zāi 일 サイ(わざわい)

회의 내 천(巛)+불 화(火)자로 물이나 불로 인하여 입는 '재앙'이란 뜻이다.

災難(재난) 재앙. 災殃(재앙) 災厄(재액) 災害(재해) 天災地變(천재지변)

불 화(火/灬)부 [4火3 총7획]

재앙 **재**

宰

3급	재상, 벼슬아치	영 prime minister 중 宰 zǎi 일 ヨウ(いだく)

형성 움집 면(宀)+매울 신(辛)자로 제사나 연회를 조리하는 것에서 파생하여 '재상'의 뜻을 나타낸다.

宰夫(재부) 재상. 宰殺(재살) 宰相(재상) 名宰(명재)

갓머리(宀)부 [3宀7 총10획]

재상 **재**

裁

3II급	마름질하다, 헝겊	영 cut off 중 裁 cái 일 サイ(さばく)

형성 옷 의(衣)+해할 재(扌+戈)자로 옷감을 잘라 '마름질하는 것'을 뜻한다.

裁可(재가) 안건을 재량하여 승인함. 裁斷(재단) 裁量(재량) 裁判(재판)

옷 의(衤/衣)부 [6衣6 총12획]

마를 **재**

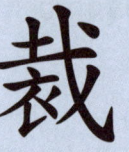

載

3II급	싣다, 타다	영 load 중 载 zài 일 サイ(のせる)

형성 수레 거(車)자로 해할 재(扌+戈)와 덧방을 댄 수레에 짐을 싣는다는 뜻이다.

記載(기재) 기록함. 載(게재) 載貨(재화) 車載斗量(거재두량)

수레 거(車)부 [7車6 총13획]

실을 **재**

4급	底	밑, 바닥	영 bottom 중 底 dǐ 일 テイ(そこ)

형성 집 엄(广)에 +낮을 저(氐)자로 돌바위 아래의 낮은 곳이 '밑'이란 뜻이다.

底力(저력) 속에 감춘 끈기 있는 힘. 底面(저면) 底意(저의) 底流(저류)

엄 호(广)부 [3广5 총8획]

밑 저

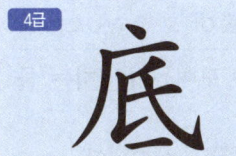

3Ⅱ급	抵	막다, 거스르다	영 resist 중 抵 dǐ 일 テイ

형성 손 수(扌)+낮을 저(氐)자로 덤벼오는 적을 낮은 곳으로 막아내는 것을 뜻한다.

抵當(저당) 채무의 담보물. 抵死(저사) 抵觸(저촉) 抵抗(저항)

손 수(재방변) 手(扌)부 [3扌5 총8획]

막을 저

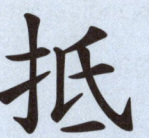

3Ⅱ급	寂	고요하다, 쓸쓸함	영 quiet 중 寂 jì 일 セキ(さびしい)

형성 움집 면(宀)+어릴 숙(叔)자로 집안이 '조용하다'를 뜻한다.

寂滅(적멸) 사라져 없어짐. 寂靜(적정) 寂寞(적막) 寂然(적연)

갓머리(宀)부 [3宀8 총11획]

고요할 적

4급	賊	도둑, 죽이다	유 盜(도둑 도) 영 thief 중 贼 zéi 일 ゾク

형성 조개 패(貝)+병장기 융(戎)자로 흉기를 들고 남의 재물을 훔치므로 '도둑'을 뜻한다.

賊徒(적도) 도둑의 무리. 賊臣(적신) 賊反荷杖(적반하장) 賊被狗咬(적피구교)

조개 패(貝)부 [7貝6 총13획]

도둑 적

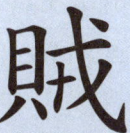

3Ⅱ급	跡	자취, 발자취	영 traces 중 跡 jì 일 セキ(あと)

형성 발 족(足)+또 역(亦:쌓여 겹치다)자로 쌓여 포개진 발자국, 즉 '자취'를 뜻한다.

足跡(족적) 어떤 여정을 지나온 흔적. 史跡(사적) 潛跡(잠적)

발 족(足)부 [7足6 총13획]

발자취 적

고등 교육용 한자 900 | 139

滴

3급 | 물방울, 방울져 떨어짐 | 영 drop 중 滴 dī 일 テキ(したたり)

형성 물 수(氵)+꼭지 적(啇 : 모여들다)자로 물이 한 중심으로 모여들어 맺히는 '물방울'을 뜻한다.

滴水(적수) 물방울.　滴瀝(적력)　硯滴(연적)　滴定(적정)　點滴穿石(점적천석)

물 수(삼수변) 水(氵)부 [3氵11 총14획]

滴滴滴滴滴滴滴滴滴滴滴滴滴

물방울 적

摘

3Ⅱ급 | 따다, 요점 따다 | 영 pick 중 摘 zhāi 일 テキ(つむ)

형성 손 수(扌)+꼭지 적(啇)자로 손으로 열매를 '따는 것'을 뜻한다.

摘要(적요) 요점을 뽑아 적음.　摘心(적심)　摘播(적파)

손 수(재방변) 手(扌)부 [3扌11 총14획]

摘摘摘摘摘摘摘摘摘摘摘

딸 적

積

4급 | 쌓다, 모으다　유 蓄(쌓을 축) | 영 pile up 중 积 jī 일 セキ(つむ)

형성 벼 화(禾)+맡을 책(責)자로 책임지고 거둬들인 볏집을 높이 '쌓다'.

積立(적립) 모아서 쌓아둠
積善(적선)　積金(적금)　山積(산적)　積土成山(적토성산)

벼 화(禾)부 [5禾11 총16획]

積積積積積積積積積積積

쌓을 적

績

4급 | 길쌈하다, 잣다 | 영 weave 중 绩 jī 일 セキ(つむぐ)

회의·형성 실 사(糸)+맡을 책(責)자로 실을 겹겹이하여 짜서 '길쌈'의 뜻이다.

績女(적녀) 실을 잣는 여자
績麻(적마)　治績(치적)　行績(행적)　妾御績紡(첩어적방)

실 사(糸)부 [6糸11 총17획]

績績績績績績績績績績績

길쌈할 적

籍

4급 | 문서, 서적 | 영 text 중 籍 jí 일 セキ(ふみ)

형성 대 죽(竹)+깔개 적(耤)자로 대를 깔개처럼 엮어 벌려놓은 대쪽으로 '문서'를 뜻한다.

籍記(적기) 문서(文書)에 적어 넣음.　戶籍(호적)　書籍(서적)　本籍(본적)

대 죽(竹)부 [6竹14 총20획]

籍籍籍籍籍籍籍籍籍籍籍

문서 적

4급 專 마디 촌(寸)부 [3寸8 총11획]	오로지, 마음대로 영 only 중 专 zhuān 일 専 セン(もつばら)
	회의·형성 실을 감는 물레는 오로지 한쪽으로만 법도 있게[寸] 규칙적으로 돌아간다.
	專決(전결) 혼자서 마음대로 결정함. 專攻(전공) 專擔(전담) 專橫(전횡)
오로지 전	専 専 専 専 専

3II급 殿 갖은등글월문(殳)[4殳9, 총13획]	전각, 큰 집 영 palace 중 殿 diàn 일 デン(との)
	형성 갖은등글월문(殳)+臀(둔)의 본자인 글자의 변형자가 합하여 이루어졌다.
	殿閣(전각) 임금이 사는 집 大雄殿(대웅전) 殿堂(전당)
대궐 전	殿 殿 殿 殿 殿

4급 轉 수레 거(車)부 [7車11 총18획]	구르다, 옮기다 영 turn 중 转 zhuǎn 일 転 テン(ころぶ)
	형성 수레 거(車)+오로지 전(專)자로 수레바퀴가 둥글게 돌아간다는 것으로 '구르다'의 뜻이다.
	轉勤(전근) 근무하는 직장을 옮김. 轉落(전락) 轉學(전학) 轉送(전송)
구를 전	轉 轉 轉 轉 轉

5급 切 칼 도(刀/刂)부 [2刀2 총4획]	끊다, 자름 영 cut, all 중 切 qiē 일 セツ(きる)
	형성 일곱 칠(七)+칼 도(刀)자로 칼로 잘라 여러 개로 나눈다는데서 '끊다'의 뜻이다.
	切感(절감) 절실하게 느낌. 切迫(절박) 切親(절친) 一切(일체)
끊을 절/모두 체	切 切 切 切 切

4급 折 손 수(재방변) 手(扌)부 [3扌4 총7획]	꺾다, 굽히다 영 break off 중 折 zhé 일 セツ(おり)
	회의 손 수(扌)+도끼 근(斤)자로 손에 도끼를 들고 나무를 '꺾다'의 뜻이다.
	折角巾(절각건) 도인이 쓰던 쓰게의 한가지. 折骨(절골) 折半(절반) 折衝(절충)
꺾을 절	折 折 折 折 折

고등 교육용 한자 900

竊

3급 竊

구멍 혈(穴)부 [5穴17 총22획]

훔칠 **절**

훔치다, 도둑 영 steal 중 窃 qiè 일 セツ(ひそか)

형성 구멍 혈(穴)+쌀 미(米)+사람이름 설(离)자로 움에 있는 쌀을 벌레가 '몰래 훔쳐먹음'의 뜻이다.

竊盜(절도) 남의 물건을 몰래 훔치는 일. 竊盜犯(절도범) 剽竊(표절)

占

4급 占

점 복(卜)부 [2卜3 총5획]

점칠 **점**

점치다, 점 영 divine, gain 중 占 zhàn 일 セン(しめる)

회의·형성 점 복(卜)+입 구(口)자로 점치는 것을 보고 말하므로 '점'의 뜻이다.

占據(점거) 일정한 곳을 차지하여 자리를 잡음
占卜(점복) 占有(점유) 占領(점령) 占星術(점성술)

漸

3Ⅱ급 漸

물 수(삼수변) 水(氵)부 [3氵11 총14획]

점점 **점**

점점, 차츰 영 gradually 중 渐 jiān 일 ゼン

형성 물 수(氵)+벨 참(斬)자로 물의 흐름을 끊는 것으로 '점점'을 뜻한다.

漸移(점이) 서서히 옮아감. 漸次(점차) 漸滅(점멸) 漸漸(점점) 漸入佳境(점입가경)

點

4급 點

검을 흑(黑)부 [12黑5 총17획]

점 **점**

점, 흠 영 dot 중 点 diǎn 일 点 テン(てん)

형성 검을 흑(黑)+차지할 점(占)자로 먹물이 튀어 '점점찍다'는 뜻이다.

點心(점심) 끼니로 낮에 먹는 음식
觀點(관점) 焦點(초점) 點數(점수) 紅一點(홍일점)

蝶

3급 蝶

벌레 충(虫)부 [6虫9 총15획]

나비 **접**

나비 영 butterfly 중 蝶 dié 일 チョウ

형성 벌레 충(虫)+엷을 엽(葉)자로 얇은 날개의 벌레, 즉 '나비'를 뜻한다.

胡蝶(호접) 나비. 蝶夢(접몽) 蝶泳(접영) 蝶兒(접아) 胡蝶之夢(호접지몽)

廷

3Ⅱ급

조정, 뜰

- 영 court 중 廷 tíng 일 テイ(やくしょ)

형성 길게걸을 인(廴)+줄기 정(壬)자로 신하들이 줄지어 임금의 말을 듣는 뜰, 즉 '조정'을 뜻한다.

廷論(정론) 조정의 논의. 廷臣(정신) 開廷(개정) 廷爭(정쟁) 面折廷爭(면절정쟁)

민책받침(廴)부 [3廴_4 총7획]

조정 정

征

3Ⅱ급

치다, 취하다

- 영 attack 중 征 zhēng 일 セイ(うつ·ゆく)

형성 조금걸을 척(彳)+바를 정(正)자로 앞으로 나아가 '바로잡다, 똑바로 진격하다'를 뜻한다.

征途(정도) 여행을 하는 길. 征服(정복) 征討(정토) 征夫(정부)

두인 변(彳)부 [3彳5 총8획]

갈, 칠 정

亭

3Ⅱ급

정자, 역말

- 영 arbour 중 亭 tíng 일 テイ(あずまや)

형성 사람 인(亻)+정자 정(亭)자로 사람이 잠시 머무르는 '정자'를 뜻한다.

亭子(정자) 산수가 좋은 곳에 지은 아담한 건물. 江亭(강정) 亭育(정육)

돼지해머리(亠)부 [2亠7 총9획]

정자 정

訂

3급

바로잡다, 고치다

- 영 correction 중 订 dìng 일 テイ

형성 말씀 언(言)+고무래 정(丁)자로 의견 차이나 잘못을 바로잡는 것을 뜻한다.

訂正(정정) 바로 잡음. 校訂(교정) 訂約(정약) 改訂(개정)

말씀 언(言)부 [7言2 총9획]

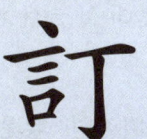

바로잡을 정

程

4Ⅱ급

법도, 길이 단위 유 路(길 로)

- 영 law 중 程 chéng 일 テイ(ほど)

형성 벼 화(禾)+드러낼 정(呈)자로 볏단을 순서대로 골라 수확된 '한도'의 뜻이다.

程度(정도) 알맞은 한도. 程式(정식) 過程(과정) 日程(일정) 前程萬里(전정만리)

벼 화(禾)부 [5禾7 총12획]

법 정

整 가지런할 정

4급 | 칠 복(등글월문) 攵(夊)부 [4攵12 총16획]

가지런하다, 정돈함   영 arrange   중 整 zhěng   일 セイ(ととのう)

형성 묶을 속(束)+칠 복(攵)+바를 정(正)자로 나무다발의 흩어진 곳을 쳐서 '가지런히' 한다.

整頓(정돈) 가지런히 함. 整然(정연) 整風(정풍) 整理(정리) 整整齊齊(정정제제)

制 절제할 제

4Ⅱ급 | 칼 도(刀/刂)부 [2刀6 총8획]

법도, 억제하다   영 restrain   중 制 zhì   일 セイ

회의 아닐 미(未)+칼도(刂)자로 제멋대로 자란 가지를 칼로 '절제하다'는 뜻이다.

制度(제도) 제정된 법규. 制令(제령) 制服(제복) 制止(제지)

提 끌 제

4Ⅱ급 | 손 수(재방변) 手(扌)부 [3扌9 총12획]

끌다, 이끌다   영 pull, lift   중 提 tí   일 テイ(ひっさげる)

형성 손 수(扌)+바를 시(是)자로 손으로 사물을 바르게 '끌다'의 뜻이다.

提高(제고) 높임. 끌어올림. 提起(제기) 提案(제안) 提出(제출)

堤 방죽 제

3급 | 흙 토(土)부 [3土9 총12획]

방죽, 둑   영 dike   중 堤 dī   일 テイ(つつみ)

형성 흙 토(土)+곧을 시(是)자로 길게 뻗은 '둑, 방죽'을 뜻한다.

堤防(제방) 수해 예방을 위해 토석으로 쌓은 둑. 堤塘(제당) 堤堰(제언) 堰堤(언제)

際 즈음 제

4Ⅱ급 | 언덕 부(좌부방) 阜(阝)부 [3阝11 총14획]

즈음, 사이, 가   영 while, brink   중 际 jì   일 サイ(きわ)

형성 언덕 부(阝)+제사 제(祭)자로 무덤의 제물들이 일정한 간격으로 있어 '즈음'의 뜻이다.

際限(제한) 끝이 되는 부분. 際涯(제애) 交際(교제) 國際(국제)

3Ⅱ급 齊 (斉) 가지런할 제(齊)부 [14齊0 총14획]	가지런하다　　　　　　영 arrange　중 齐 qí　일 斉 セイ(ひとしい)
	상형 곡물의 이삭이 가지런히 돋은 모양을 본뜬 글자로 '가지런하다'를 뜻한다.
	齊家(제가) 집안을 바로 다스리는 일.　齊唱(제창)　齊眉(제미)　齊刀(제도)
	齊齊齊齊齊齊齊齊齊齊齊齊齊齊
가지런할 제	齊 齊 齊 齊 齊

4Ⅱ급 濟 (済) 물 수(삼수변) 水(氵)부 [3氵14 총17획]	건너다, 구제하다　유 救(구원할 구)　영 across　중 济 jǐ　일 済 サイ(すます)
	형성 물 수(氵)+가지런할 제(齊)자로 여러 사람이 줄지어서서 물을 '건너다'의 뜻이다.
	濟度(제도) 중생을 구제함.　濟衆(제중)　經濟(경제)　救濟(구제)　同舟濟江(동주제강)
	濟濟濟濟濟濟濟濟濟濟濟濟
건널 제	濟 濟 濟 濟 濟

3급 弔 활 궁(弓)부 [3弓1 총4획]	조상하다　　　　　　　영 condole　중 吊 diào　일 カン
	회의 활 궁(弓)+사람 인(人)자로 옛날 조상할 때에는 짐승을 막기 위하여 사람이 활을 가져간 데서 '조상한다'를 뜻한다.
	弔客(조객) 조상하는 사람.　弔意(조의)　弔旗(조기)　弔喪(조상)　慶弔相問(경조상문)
	弔弔弔弔
조상할 조	弔 弔 弔 弔 弔

3급 租 벼 화(禾)부 [5禾5 총10획]	조세, 구실　　　　　　　영 tax　중 租 zū　일 カン
	형성 벼 화(禾)+적대 조(且)자로 농사지어 벼를 바치는 것으로 '구실'을 뜻한다.
	租界(조계) 중국의 개항 도시에 있었던 외국인 지역.
	租借(조차)　租稅(조세)　免租(면조)
	租租租租租租租租租租
조세 조	租 租 租 租 租

4급 條 (条) 나무 목(木)부 [4木7 총11획]	가지, 나뭇가지　　　　　영 branch　중 条 tiáo　일 条 ジョウ(えだ)
	회의 아득할 유(攸)+나무 목(木)자로 흔들리는 나무의 '가지'를 뜻한다.
	條理(조리) 일의 순서.　條析(조석)　條項(조항)　條目(조목)　友好條約(우호조약)
	條條條條條條條條條條條
가지 조	條 條 條 條 條

組

4급

실 사(糸)부 [6糸5 총11획]

짜다, 끈 ㉔織(짤 직) 영string 중組 zǔ 일ソ(くむ)

형성 실 사(糸)+또 차(且)자로 많은 실을 합치어 베를 '짜다'의 뜻이다.

組閣(조각) 내각을 조직함. 組紱(조불) 組立(조립) 組織(조직)

組組組組組組組組組組組

짤 조

組 組 組 組 組

照

3Ⅱ급

불 화(火/灬)부 [4火9 총13획]

비추다, 비치다 영illumine 중照 zhào 일ショウ(てる)

형성 불 화(灬)+밝을 소(昭)자로 불빛이 밝게 비추는 것을 뜻한다.

照臨(조림) 해와 달이 위에서 사방을 비추는 것. 照明(조명) 照準(조준) 照亮(조량)

照照照照照照照照照照照照照

비출 조

照 照 照 照 照

潮

4급

물 수(삼수변) 水(氵)부 [3氵12 총15획]

조수, 밀물 영tide 중潮 cháo 일チョウ(しお)

형성 물 수(氵)+아침 조(朝)자로 바닷물이 아침에 밀려들어오는 '조수'를 뜻한다.

潮流(조류) 조수의 흐름. 滿潮(만조) 潮境(조경) 潮水(조수) 感潮河川(감조하천)

潮潮潮潮潮潮潮潮潮潮潮潮

조수 조

潮 潮 潮 潮 潮

操

5급

손 수(재방변) 手(扌)부 [3扌13 총16획]

잡다, 부리다 영manage 중操 cāo 일ソウ(あやつる)

형성 손 수(扌)+나무 목(木)+물건 품(品)자로 지저귀는 새떼를 전력을 다하여 '잡는다'.

操練(조련) 군대를 훈련함. 操弄(조롱) 操業(조업) 操作(조작) 松柏之操(송백지조)

操操操操操操操操操操操

잡을 조

操 操 操 操 操

燥

3급

불 화(火/灬)부 [4火13 총17획]

마르다, (물기가)없어지다 영dry 중燥 zào 일ソウ(かわく)

형성 불 화(火)+울 소(喿)자로 불똥이 소란스럽게 튀면서 불타는 것으로 '불 쬐어 말리는 것'을 뜻한다.

燥急(조급) 초조(焦燥)하고 급함. 燥渴(조갈) 燥涸(조학) 乾燥(건조)

燥燥燥燥燥燥燥燥燥燥燥

燥 燥 燥 燥 燥

拙

3급 · 재방변(扌)부 [3扌5, 총8획] · **옹졸할 졸**

옹졸하다, 어리석다 　영 stupid 　중 拙 zhuō 　일 ソツ(まずい)

형성 재방변((=手)+날 출(出)자로 이루어져 '손재주가 남보다 서툴다'는 뜻이다.

拙劣(졸렬) 옹졸하고 비열함. 拙僧(졸승) 稚拙(치졸) 拙品(졸품)

縱

3Ⅱ급 · 실 사(糸)부 [6糸11 총17획] · **세로 종**

세로, 남북 　영 vertical 　중 纵 zòng 　일 ジュウ(たて)

형성 실 사(糸)+마루 종(宗)자로 세로로 이어진 끝의 모양으로 '세로'를 뜻한다.

縱斷(종단) 세로로 자름. 縱隊(종대) 縱的(종적) 縱走(종주) 欲巧反拙(욕교반졸)

佐

3급 · 사람 인(人)부 [2人5 총7획] · **도울 좌**

돕다, 도움 　영 assist 　중 佐 zuǒ 　일 サ(たすける)

형성 사람 인(亻)+왼손 좌(左)자로 돕는 '사람, 또 돕다'를 뜻한다.

輔佐官(보좌관) 곁에서 돕는 관리. 佐平(좌평) 輔佐(보좌) 反佐(반좌)

座

4급 · 엄 호(广)부 [3广7 총10획] · **자리 좌**

자리, 깔개 　유 席(자리 석) 　영 seat 　중 座 zuò 　일 ザ(すわる ところ)

회의 집 엄(广)+앉을 좌(坐)자로 집안에서 앉아있으므로 '자리'의 뜻이다.

座席(좌석) 앉은자리. 座右(좌우) 座中(좌중) 座談(좌담)

州

5급 · 개미허리(내천) (巛/川)부 [3川3 총6획] · **고을 주**

고을, 행정 구역 　유 郡(고을 군) 　영 country 　중 州 zhōu 　일 シュ(す・しま)

상형 강 가운데 모래가 쌓여 만들어진 섬의 모습으로 '고을'의 뜻이다.

州縣(주현) 주와 현. 州郡(주군) 州閭(주려) 坡州(파주) 竝州故鄕(병주고향)

3급 舟	배, 선박(船舶), 싣다　　　　　　　영 ship　중 舟 zhōu　일 シュウ(ふね)
배주(舟)부 [6舟0 총6획]	상형 통나무배의 모양을 본뜬 글자로 한자(漢字)의 부수(部首)로는 배와 관계가 있음을 나타낸다. 舟中(주중) 배의 안 한 배에 탄 사람들 가운데, 또는 그들 전부. 舟人(주인) 舟子(주자)
배 주	舟 舟 舟 舟 舟

4급 周	두루, 널리　　　　　　　　　　　영 all around　중 周 zhōu　일 シュウ(めぐる)
입 구(口)부 [3口5 총8획]	회의 쓸 용(用)+입 구(口)자로 입을 잘 써서 설명하면 일이 '두루' 미친다는 뜻이다. 周郭(주곽) 주위의 윤곽. 周年(주년) 周邊(주변) 周到(주도) 比以不周(비이부주)
두루 주	周 周 周 周 周

3II급 奏	아뢰다, 바치다　　　　　　　　　영 inform　중 奏 zòu　일 ソウ(かなでる)
큰 대(大)부 [3大6, 총9획]	회의 왼손 좌(屮)+廾(공)+大+十(토)자로 이루어져 양손으로 받들어 신에게 '바치다, 권하다, 아뢰다'의 뜻이다. 奏事(주사) 공사(公事)에 관하여 임금에게 아룀. 奏任(주임) 演奏(연주)
아뢸 주	奏 奏 奏 奏 奏

3II급 柱	기둥, 한 집안　　　　　　　　　영 pillar　중 柱 zhù　일 チュウ(はしら)
나무 목(木)부 [4木5 총9획]	형성 나무 목(木)+주인 주(主)자로 집을 버티게 하는 주인이 되는 나무, 즉 '기둥'을 뜻한다. 柱石(주석) 기둥과 주춧돌. 柱礎(주초) 角柱(각주) 四柱(사주) 固我心柱(고아심주)
기둥 주	柱 柱 柱 柱 柱

3II급 洲	물가, 섬　　　　　　　　　　　영 island　중 洲 zhōu　일 ス(す)
물 수(삼수변) 水(氵)부 [3氵6 총9획]	회의·형성 물 수(水)+고을·섬 주(州)자로 물에 둘러싸인 '섬'을 뜻한다. 亞洲(아주) 아시아 주. 三角洲(삼각주) 洲嶼(주서) 滿洲(만주) 汀洲(정주)
물가 주	洲 洲 洲 洲 洲

株

3급

나무 목(木)부 [4木6 총10획]

그루, 나무줄기의 밑동 영 stump 중 株 zhū 일 シユ(かぶ)

형성 나무 목(木)+붉을 주(朱)자로 붉은 색이 나는 나무 벤 자리, 즉 '그루터기'를 뜻한다.
株金(주금) 주식에 대한 출자금. 株價(주가) 株券(주권) 株式(주식)

그루 주

珠

3Ⅱ급

구슬 옥(王)부 [4玉6, 총10획]

구슬, 진주 영 pearl 중 珠 zhū 일 シユ(たま)

형성 구슬옥변(玉=玊, 王)+주(朱)자로 이루어졌다.
珠履(주리) 구슬로 꾸민 신. 明珠(명주) 眞珠(진주)

구슬 주

鑄

3Ⅱ급

쇠 금(金)부 [8金14, 총22획]

불리다, 부어만들다 영 cast 중 铸 zhù 일 チュウ(いる)

형성 쇠 금(金)+수(壽)자로 이루어져 붉게 녹은 금속을 거푸집에 '붓다'의 뜻이다
鑄入(주입) 녹인 쇳물을 거푸집에 부어 넣음. 鑄物(주물) 鑄型(주형)

쇠불릴 주

俊

3급

사람 인(人)부 [2人7 총9획]

준걸, 준수하다 영 superior 중 俊 jùn 일 シユン(さといも)

형성 사람 인(亻)+갈 준(夋)자로 재주가 '나다, 뛰어나다'의 뜻을 나타낸다.
俊德(준덕) 덕이 높은 선비. 俊傑(준걸) 俊秀(준수) 俊才(준재)

준걸 준

準

4Ⅱ급

물 수(삼수변) 水(氵)부 [3氵10 총13획]

법, 법도, 평평하다 영 apply, flat 중 准 zhǔn 일 ジユン(みずもり)

형성 물 수(氵)+새매 준(隼)자로 새매가 물위를 수평으로 날아가므로 '평평하다'의 뜻이다.
準據(준거) 표준으로 삼음. 準備(준비) 準用(준용) 準則(준칙)

준할 준

3급 좇다, 순종함 | 영 follow 중 遵 zūn 일 ジユン

형성 쉬엄쉬엄갈 착(辶)+어른 존(尊)자로 웃어른을 존경하고 따르는 것을 뜻한다.

遵守(준수) 좇아 지킴. 遵法(준법) 遵行(준행) 恪遵(각준) 永久遵行(영구준행)

쉬엄쉬엄갈 책(책받침) 辵(辶)부 [4辶12 총16획]

좇을 **준**

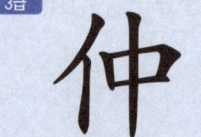

3급 버금, 둘째 | 영 next 중 仲 zhòng 일 チュウ(なか)

형성 사람 인(亻)+가운데 중(中)자로 형과 아우의 사이인 가운데자리, 즉 '둘째'를 뜻한다.

仲介(중개) 두 사람 사이에서 일을 추진하는 것. 仲秋(중추) 仲裁(중재) 伯仲(백중)

사람 인(人)부 [2人4 총6획]

버금 **중**

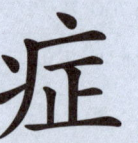

3Ⅱ급 증세, 병 | 영 symptom 중 症 zhèng 일 ショウ(しるし)

형성 병 녁(疒)+바를 정(正)자로 병의 표시, 즉 '증세'를 뜻한다.

症狀(증상) 병을 앓는 모양. 痛症(통증) 症勢(증세) 症情(증정)

병들 녁(疒)부 [5疒5 총10획]

증세 **증**

3Ⅱ급 찌다, 일하다 유 烝(김 오를 증) | 영 steam 중 蒸 zhēng 일 ジョウ(むす)

형성 풀 초(艹)+삶을 증(烝)자로 삼(麻)의 껍질을 벗기기 위해 '삶는다, 찌다'를 뜻한다.

蒸氣(증기) 수증기. 蒸發(증발) 蒸溜(증류) 雲蒸龍變(운증용변)

풀초(초두) 艸(艹)부 [4艹10 총14획]

찔 **증**

3Ⅱ급 미워하다, 증오함 | 영 hate 중 憎 zēng 일 ゾウ(にくむ)

형성 마음 심(忄)+거듭 증(曾)자로 거듭 쌓이는 마음으로 '미움'을 뜻한다.

憎惡(증오) 미워함. 愛憎(애증) 憎念(증념) 可憎(가증)

마음 심(심방변) 心(忄/㣺)부 [3忄12 총15획]

미워할 **증**

贈

3급

조개 패(貝)부 [7貝12 총19획]

줄 **증**

주다, 보내다 영 send 중 赠 zèng 일 ゾウ(おくる)

형성 조개 패(貝)+거듭 증(曾)자로 상대에게 재물을 주어 보태는 것으로 '보내다'를 뜻한다.

贈與(증여) 거저 남에게 줌. 贈呈(증정) 寄贈(기증) 贈進(증진)

池

3Ⅱ급

물 수(삼수변) 水(氵)부 [3氵3 총6획]

못 **지**

못, 해자(垓字) 영 pond 중 池 zhí 일 チ(いけ)

형성 물 수(氵)+또 야(也)자로 꾸불꾸불한 모양의 물웅덩이, 즉 '못'을 뜻한다.

池魚(지어) 못에 사는 물고기. 池塘(지당) 池魚籠鳥(지어농조) 池上(지상)

智

4급

날 일(日)부 [4日8 총12획]

지혜 **지**

지혜, 슬기 영 wisdom 중 智 zhì 일 チ(ちえ)

형성 알 지(知)+해 일(日)자로 아는 바를 해처럼 밝히므로 '지혜롭다'의 뜻이다.

智略(지략) 슬기로운 계략. 智勇(지용) 智慧(지혜) 機智(기지) 大智如愚(대지여우)

誌

4급

말씀 언(言)부 [7言7 총14획]

기록할 **지**

기록하다, 적어 두다 영 record 중 志 zhì 일 シ(しるす)

형성 말씀 언(言)+뜻 지(志)자로 어른이 하신 말과 뜻을 '기록하다'의 뜻이다.

誌面(지면) 글이나 그림 등이 실린 면. 誌文(지문) 雜誌(잡지) 書誌(서지)

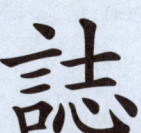

遲

3급

쉬엄쉬엄갈 척(책받침)(辶)부 [4辶_12, 총16획]

더딜 **지**

더디다, 늦어지다 영 late 중 迟 chí 일 チ(おくれる)

형성 책받침(辶=辵)+서(犀)자로 이루어져 '천천히 가다'의 뜻이다.

遲刻(지각) 정해진 시각에 늦음. 遲久(지구) 遲延(지연)

職

4II급

귀 이(耳)부 [6耳12 총18획]

벼슬, 구실 　　　영public office　중职 zhí　일ショク(つかさどる)

형성 귀 이(耳)+찰흙 시(戠)자로 전해 오는 말을 듣고 찰흙 그릇에 새기는 일이 업으로 '직분'이다.

職分(직분) 직무상의 본분. 職位(직위) 職責(직책) 職場(직장) 賣官賣職(매관매직)

벼슬 직

織

4급

실 사(糸)부 [6糸12 총18획]

짜다, 베를 짬　유組(짤 조)　영weave　중织 zhī　일シキ(おる)

형성 실 사(糸)+찰흙 시(戠)자로 염색된 실로 베를 '짜다'의 뜻이다.

織機(직기) 베틀. 織物(직물) 織造(직조) 毛織(모직) 織錦回文(직금회문)

짤 직

珍

4급

구슬 옥(玉/王)부 [4王5 총9획]

보배, 진귀하다　유寶(보배 보)　영treasure　중珍 zhēn　일チン(めずらしい)

회의 구슬 옥(玉)+머리숱많을 진(㐱)자로 털에 덮인 사람처럼 보배는 '진귀하다'의 뜻이다.

珍本(진본) 진기한 책. 珍奇(진기) 珍品(진품) 珍味(진미) 水陸珍味(수륙진미)

보배 진

振

3II급

손 수(재방변) 手(扌)부 [3扌7 총10획]

떨치다　　　　영tremble　중振 zhèn　일シン(ふるう)

형성 손 수(扌)+별 진(辰)자로 용기를 북돋워 떨치게 하는 것을 뜻한다.

振動(진동) 흔들리어 움직임. 振貸法(진대법) 振男(진남) 堅振(견진)

떨칠 진

陣

4급

언덕 부(좌부방) 阜(阝)부 [3阝7 총10획]

진치다, 줄　　　영encamp, pitch　중阵 zhèn　일ジン(つらわる)

회의 언덕 부(阝)+수레 거(車)자로 언덕에 전쟁에 쓰이는 수레들을 '진치다'의 뜻이다.

陣頭(진두) 진의 선두. 투쟁의 선두. 陣法(진법) 陳腐(진부) 陳列(진열)

진칠 진

3II급	늘어놓다, 베풀다	영arrange 중陈 zhén 일チン(つらねる)
	형성 언덕 부(阝)+동녘 동(東)자로 땅이름이었으나 펴서 '넓히다, 늘어놓다'를 뜻한다.	
	陳腐(진부) 오래 되어 케케묵음. 陳述(진술) 陳言(진언) 陳列(진열)	

언덕 후부(좌부방) 阜(阝)부 [3阝8 총11획]

陳陳陳陳陳陳陳陳陳陳陳

늘어놓을 진 　陳 陳 陳 陳 陳

3II급	우레, 벼락	영thunderbolt 중震 zhèn 일シン(ふるう)
	형성 비 우(雨)+진(辰)으로 이루어져 '사물을 진동케 하는 천둥, 진동케 하다'의 뜻이다.	
	震動(진동) 물체가 몹시 울리어 움직임. 震卦(진괘) 强震(강진)	

비 우(雨)부 [8雨7, 총15획]

震震震震震震震震震震震震

우레 진/임신할 신 　震 震 震 震 震

3II급	진압하다	영suppress 중镇 zhèn 일チン(しずまる)
	형성 쇠 금(金)+참 진(眞:누름쇠). 가득 채워진 금속 누름쇠를 눌러넣은 것으로 '진압하다'를 뜻한다.	
	鎭山(진산) 도성이나 마을을 진호하는 산. 鎭痛(진통) 鎭壓(진압) 鎭定(진정)	

쇠 금(金)부 [8金10 총18획]

鎭鎭鎭鎭鎭鎭鎭鎭鎭鎭鎭

진압할 진 　鎭 鎭 鎭 鎭 鎭

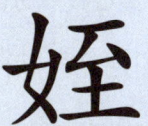

3급	조카, 조카딸	영niece 중侄 zhí 일テツ(めい·おい)
	회의·형성 계집 녀(女)+이를 지(至)자로 '조카'를 뜻한다.	
	姪女(질녀) 조카딸. 姪婦(질부) 姪孫(질손) 妻姪(처질) 甥姪婦(생질부)	

계집 녀(女)부 [3女6 총9획]

姪姪姪姪姪姪姪姪姪

조카 질 　姪 姪 姪 姪 姪

3II급	차례, 차례를 세우다	영order 중秩 zhì 일チツ(ついで)
	형성 벼 화(禾)+잃을 실(失)자로 벼를 창고에 차례대로 채워 넣는 것을 뜻한다.	
	秩祿(질록) 녹봉. 秩序(질서) 秩廳(질청) 品秩(품질) 公共秩序(공공질서)	

벼 화(禾)부 [5禾5 총10획]

秩秩秩秩秩秩秩秩秩

차례 질 　秩 秩 秩 秩 秩

疾

병들 녘(疒)부 [5疒5 총10획]

병질

병, 질병 　　　　영 disease　중 疾 jí　일 シツ(やまい)

형성 병 녘(疒)+화살 시(矢)자로 사람이 화살을 맞아 다치는 것으로 '병'을 뜻한다.

疾苦(질고) 고통스러워함. 疾病(질병) 疾視(질시) 疾走(질주) 護疾忌醫(호질기의)

徵

두인 변(彳)부 [3彳12 총15획]

부를징

부르다 　　　　영 levy·call　중 征 zhēng　일 チョウ(しるし)

형성 작은 미(微)+북방 임(壬)자로 미천한 몸이 세상에 알려져 부름을 받는 것을 뜻한다.

徵納(징납) 세금을 거두어 나라에 바침. 徵發(징발) 徵兵(징병) 徵收(징수)

懲

마음 심(심방변) 心(忄/㣺)부 [4心15 총19획]

징계할징

징계하다, 혼나다 　　　　영 punish　중 惩 chéng　일 チョウ(こらす)

형성 부를 징(徵)+마음 심(心)자로 마음의 활동이 멎는 것으로 '징계하다'를 뜻한다.

懲罰(징벌) 징계하고 벌함. 懲惡(징악) 懲戒(징계) 懲役(징역) 勸善懲惡(권선징악)

差

장인 공(工)부 [3工7 총10획]

다를차

다르다, 잘못　유 異(다를 이)　영 difference　중 差 chà　일 サ(さす)

회의 드리워질 수(垂)+왼 좌(左)자로 이삭이 포기의 좌우로 늘어져 서로 '어긋나다'의 뜻이다.

差減(차감) 덜어냄. 差別(차별) 差度(차도) 差益(차익) 千差萬別(천차만별)

捉

손 수(재방변) 手(扌)부 [3扌7 총10획]

잡을착

잡다, 쥐다 　　　　영 seize　중 捉 zhuō　일 ソク·サク(とらえる)

회의·형성 손 수(扌)+발 족(足)자로 손으로 '묶거나 잡는 것'을 뜻한다.

捕捉(포착) 잡아냄. 捉送(착송) 捉囚(착수) 活捉(활착) 甕中捉鼈(옹중착별)

錯

3급

쇠 금(金)부 [8金8 총16획]

섞이다, 어긋나다　　영 error　중 错 cuò　일 サク·ソ(まじる)

형성 쇠 금(金)+옛 석(昔)자로 여러 금속이 '섞이는 것'을 뜻한다.

錯誤(착오) 착각으로 인한 잘못.　錯雜(착잡)　錯覺(착각)　錯亂(착란)

錯錯錯錯錯錯錯錯錯錯錯

섞일 착

贊

3Ⅱ급

조개패(貝)부 [7貝12 총19획]

찬성하다, 찬양하다　　영 assist　중 赞 zàn　일 サン(ほめる)

형성 조개 패(貝)+나아갈 신(兟)자로 신에게 재화를 바치는 것으로 '찬양하다'를 뜻한다.

贊同(찬동) 다른 사람의 의견에 동의함.　贊否(찬부)　贊反(찬반)　贊成(찬성)

贊贊贊贊贊贊贊贊贊贊贊贊

도울 찬

讚

4급

말씀 언(言)부 [7言19 총26획]

기리다, 칭찬함　유 頌(기릴 송)　영 praise　중 赞 zàn　일 サン(たたえる)

형성 말씀 언(言)+도울 찬(贊)자로 말로써 잘 되도록 '칭찬하다'의 뜻이다.

讚頌歌(찬송가) 찬송하는 노래.　讚美(찬미)　讚辭(찬사)　讚揚(찬양)

讚讚讚讚讚讚讚讚讚讚讚讚

기릴 찬

慘

3급

마음 심(심방변) 心(忄/㣺)부 [3忄11 총14획]

참혹하다, 무자비함　　영 misery　중 惨 cǎn　일 サン(いたむ)

형성 마음 심(忄)+참여할 참(參)자로 마음의 평정을 침범하여 '참혹한 것'을 뜻한다.

慘劇(참극) 참혹하게 벌어진 일.　慘憺(참담)　慘變(참변)　慘事(참사)

慘慘慘慘慘慘慘慘慘慘

참혹할 참

慙

3급

마음심(心)부 [4心11 총15획]

부끄럽다, 수치심　　영 shame　중 惭 cán　일 ザン(はじる)

형성 마음심(心(=忄, 㣺)=마음, 심장)부+斬(참)으로 이루어짐을 뜻함.

慙伏(참복) 부끄러워 얼굴을 숙임.　慙德(참덕)　慙忿(참분)

慙慙慙慙慙慙慙慙慙慙慙慙

부끄러울 참

3급II 倉 사람 인(人)부 [2人8 총10획] — 곳집 **창**

곳집, 창고 영 warehouse 중 仓 cāng 일 ソウ(くら)

회의 밥 식(食)+입 구(口)자로 곡식을 넣어 두는 '곳집'을 뜻한다.

倉庫(창고) 물건을 저장해 두는 곳. 倉卒(창졸) 倉廩(창름) 營倉(영창)

4급II 創 칼 도(刀/刂)부 [2刀10 총12획] — 비롯할 **창**

비롯하다, 시작하다 영 begin 중 创 chuàng 일 ソウ(はじめる)

형성 곳집 창(倉)에 칼 도(刂)자로 곳집을 지을 때 재목을 연장으로 깎으므로 '비롯하다'의 뜻이다.

創立(창립) 처음으로 세움. 創建(창건) 創軍(창군) 創成(창성)

3급 暢 날 일(日)부 [4日10 총14획] — 화창할 **창**

화창하다, 펴다 영 bright 중 畅 chàng 일 チョウ(のびる)

형성 펼 신(申)+빛날 양(昜)자로 널리 공포하여 빛나게 하는 것으로 '화창한 것'을 뜻한다.

和暢(화창) 날씨가 바람이 온화하고 맑음. 暢達(창달) 暢懷(창회) 暢樂(창락)

3급II 蒼 풀초(초두) 艸(艹)부 [4艹10 총14획] — 푸를 **창**

푸르다, 푸른빛 영 blue 중 苍 cāng 일 ソウ(あお)

회의·형성 풀 초(艹)+곳집 창(倉)자로 풀을 베어 쌓은 더미가 '푸른 것'을 뜻한다.

蒼民(창민) 백성. 蒼空(창공) 蒼白(창백) 蒼顏(창안)

3급II 彩 터럭 삼(彡)부 [3彡8 총11획] — 채색 **채**

채색 영 color 중 彩 cǎi 일 サイ(つや·いろどり)

형성 터럭 삼(彡)+가릴 채(采)자로 색깔을 선택하여 '채색하다'를 뜻한다.

彩料(채료) 물감. 彩色(채색) 彩畵(채화) 多彩(다채) 彩度(채도)

3급	 債 사람 인(人)부 [2亻11 총13획]	빚, 청산되지 않는 대차　　　　　영 debt　중 债 zhài　일 サイ(かり)
		형성 사람 인(亻)+꾸짖을 책(責)자로 빚을 져서 나무람을 받는 '사람'을 뜻한다.
		負債(부채) 갚아야 할 빚. 債務(채무) 債務者(채무자) 債券(채권)
		債債債債債債債債債債債
	빚 **채**	債 債 債 債 債

3Ⅱ급	策 대 죽(竹)부 [6竹6 총12획]	꾀, 꾀함　　　　　　　　　　　영 plan　중 策 cè　일 サク(はかりごと)
		형성 대 죽(竹)+가시 책(朿)자로 대나무 채찍, 또는 문자를 적는 대쪽의 뜻을 나타낸다.
		策動(책동) 은밀히 꾀를 써서 행동함. 策命(책명) 策略(책략) 策定(책정)
		策策策策策策策策策策策策
	꾀 **책**	策 策 策 策 策

3급	 斥 도끼 근(斤)부 [4斤1 총5획]	물리치다, 쫓다　　　　　영 refuse　중 斥 chì　일 セキ(しりぞける)
		형성 도끼 근(斤)+점 주(丶)자로 도끼로 찍어 적을 물리치는 것을 뜻한다.
		斥候(척후) 몰래 적의 형편(形便)을 살핌. 斥邪(척사) 斥黜(척출) 斥和(척화)
		斥斥斥斥斥
	물리칠 **척**	斥 斥 斥 斥 斥

3Ⅱ급	 拓 손 수(재방변) 手(扌)부 [3扌5 총8획]	넓히다, 열다　　　　영 widen　중 拓 tuò　일 タク·セキ(ひらく)
		형성 손 수(扌)+돌 석(石)자로 토지를 고르게 '개척하는 것'을 뜻한다.
		拓殖(척식) 땅을 개척하여 백성을 이주시킴. 拓地(척지) 開拓(개척) 拓本(탁본)
		拓拓拓拓拓拓拓拓
	넓힐 **척/탁**	拓 拓 拓 拓 拓

3Ⅱ급	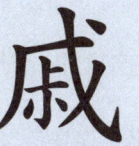 戚 창 과(戈)부 [4戈7 총11획]	겨레, 친족　　　　영 relative　중 戚 qī　일 セキ(みうち)
		회의·형성 무성할 무(戊)+콩 숙(尗)자로 무성하게 콩이 열매 맺는 것으로 '겨레, 친족'을 뜻한다.
		戚黨(척당) 외척과 척족. 戚分(척분) 親戚(친척) 戚臣(척신)
		戚戚戚戚戚戚戚戚戚戚戚
	겨레 **척**	戚 戚 戚 戚 戚

고등 교육용 한자 900 | **157**

賤

조개 패(貝)부 [7貝8 총15획]

천하다, 값이 싸다 영 humble 중 贱 jiàn 일 セン(いやしい)

형성 조개 패(貝)+적을 전(戔)자로 재화가 적은 것으로 '천하다'를 뜻한다.

賤待(천대) 업신여기어 푸대접을 함. 賤民(천민) 賤視(천시) 賤職(천직)

賤賤賤賤賤賤賤賤賤賤賤

| 천할 천 | 賤 | 賤 | 賤 | 賤 | 賤 | | | | | |

遷

쉬엄쉬엄갈 책(책받침) 辵(辶)부 [4辶11 총15획]

옮기다, 천도 영 move 중 迁 qiān 일 セン(うつる)

형성 쉬엄쉬엄갈 착(辶)+오를 선(䙴)자로 낮은 곳으로 '옮겨 가는 것'을 뜻한다.

遷都(천도) 도읍을 옮김. 遷動(천동) 遷延(천연) 遷職(천직) 改過遷善(개과천선)

遷遷遷遷遷遷遷遷遷遷遷

| 옮길 천 | 遷 | 遷 | 遷 | 遷 | 遷 | | | | | |

踐

발족(足)부 [7足8 총15획]

밟다, 발로 누름 영 tread 중 践 jiàn 일 セン(ふむ)

형성 발 족(足)+해칠 잔(戔)자로 발로 짓밟아 '해치다, 밟다'를 뜻한다.

實踐(실천) 실행에 옮김. 踐祚(천조) 踐履(천리) 句踐(구천) 實踐躬行(실천궁행)

踐踐踐踐踐踐踐踐踐踐踐

| 밟을 천 | 踐 | 踐 | 踐 | 踐 | 踐 | | | | | |

薦

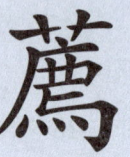

풀초(초두) 艸(艹)부 [4艹13 총17획]

천거하다 영 recommend 중 荐 jiàn 일 セン(すすめる)

형성 풀 초(艹)+해태 치(廌)자로 해태가 먹는 깨끗한 풀, 즉 '나아가 추천하는 것'을 뜻한다.

薦舉(천거) 사람을 추천함. 薦望(천망) 自薦(자천) 公薦(공천) 毛遂自薦(모수자천)

薦薦薦薦薦薦薦薦薦薦薦

| 천거할 천 | 薦 | 薦 | 薦 | 薦 | 薦 | | | | | |

哲

손 수(재방변) 手(扌)부 [3扌7 총10획]

밝다, 슬기롭다 영 wisdom 중 哲 zhé 일 テツ

형성 입 구(口)+꺾을 절(折)자로 복잡한 상태를 분리하여 '도리를 밝히다, 사리에 밝다'를 뜻이다.

哲理(철리) 현묘한 이치. 哲人(철인) 哲學(철학) 先哲(선철) 明哲保身(명철보신)

哲哲哲哲哲哲哲哲哲哲

| 밝을 철 | 哲 | 哲 | 哲 | 哲 | 哲 | | | | | |

徹 통할 철

- 3II급
- 두인 변(彳)부 [3彳12 총15획]
- 통하다, 달하다
- 영 penetrate 중 彻 chè 일 テツ(とおる)
- 회의 조금 걸을 척(彳)+기를 육(育)+칠 복(攵)자로 일이 마지막에 이르러 '통하다, 달하다'를 뜻한다.
- 徹頭徹尾(철두철미) 처음부터 끝까지. 徹夜(철야) 徹底(철저) 冷徹(냉철)

尖 뾰족할 첨

- 3급
- 작을 소(小)부 [3小3 총6획]
- 뾰족하다
- 영 sharp 중 尖 jiān 일 セン(とがる)
- 회의 작을 소(小)+큰 대(大)자로 밑이 크고 위로 갈수록 작아지는 것으로 '뾰족하다'를 뜻한다.
- 尖端(첨단) 물건의 뾰족한 끝. 尖利(첨리) 尖兵(첨병) 尖銳(첨예)

添 더할 첨

- 3급
- 물 수(삼수변) 水(氵)부 [3氵8 총11획]
- 더하다, 보탬
- 영 add 중 添 tiān 일 テン(そえる)
- 형성 물 수(氵)+욕될 첨(忝)자로 욕보이기 위해 물을 끼얹는 것으로 '더하다'를 뜻한다.
- 添加(첨가) 덧붙임. 添附(첨부) 添削(첨삭) 添盞(첨잔) 錦上添花(금상첨화)

妾 첩 첩

- 3급
- 계집 녀(女)부 [3女5 총8획]
- 첩, 측실(側室)
- 영 concubine 중 妾 qiè 일 ショウ(めかけ)
- 회의 계집 녀(女)+고생 신(立·辛)자로 문신을 넣은 여성으로 '시비, 첩'를 뜻한다.
- 姬妾(희첩) 妾室(첩실) 妾子(첩자) 愛妾(애첩)

廳 관청 청

- 4급
- 엄 호(广)부 [3广22 총25획]
- 관청, 관아
- 영 government 중 厅 tīng 일 庁 チョウ
- 형성 집 엄(广)+들을 청(聽)자로 백성들의 송사를 듣고 판결해주는 '관청'의 뜻이다.
- 廳舍(청사) 관아(官衙)의 집. 廳長(청장) 市廳(시청) 退廳(퇴청)

替

3급 | 바꾸다, 값 | 영 change 중 替 tì 일 タイ(かえる)

형성 사내 부(夫) 둘+가로 왈(曰)자로 나란히 선 두 사람이 갈마드는 모양으로 '바꾸다'를 뜻한다.

替番(체번) 순번의 차례로 갈아듦. 替送(체송) 替直(체직) 交替(교체)

가로 왈(曰)부 [4曰8, 총12획]

替替替替替替替替替替替替

바꿀 체 | 替 替 替 替 替

逮

3급 | 잡다, 체포하다 | 영 seize 중 逮 dài 일 タイ

형성 책받침(辶=辵)+이(隶)자로 이루어졌다.

逮事(체사) 선왕(先王)이 살아 있을 때에 뵌 일. 逮夜(체야) 逮捕(체포)

쉬엄쉬엄갈 책(책받침)(辶)부 [4辶8, 총12획]

逮逮逮逮逮逮逮逮逮逮逮

잡을 체 | 逮 逮 逮 逮 逮

滯

3II급 | 막히다, 남다 | 영 stuck 중 滞 zhì 일 タイ(とどこおる)

형성 삼 수변(氵=水, 氷)+체(帶)자로 이루어졌다.

滯京(체경) 서울에 체류함. 滯佛(체불) 停滯(정체)

물 수(삼수변)水(氵)부 [3氵11, 총14획]

滯滯滯滯滯滯滯滯滯滯滯滯滯滯

막힐 체 | 滯 滯 滯 滯 滯

遞

3급 | 갈리다, 갈마들다 | 영 replace 중 递 dì 일 テイ(かける)

형성 책받침(辶=辵)+뿔범 사(虒)자로 이루어져 '바뀌다, 보내다'의 뜻이다.

遞信(체신) 우편이나 전신, 전화 등의 일을 통틀어 이르는 말 遞減(체감) 遞增(체증)

책받침(辶) [4辶10, 총14획]

遞遞遞遞遞遞遞遞遞遞遞遞遞遞

갈마들 체 | 遞 遞 遞 遞 遞

肖

3II급 | 닮다, 본받다 | 영 be like 중 肖 xiào 일 ショウ(にる)

형성 고기 육(月)+작을 소(小)자로 몸집이 '닮음'을 뜻한다.

肖像畵(초상화) 사람 얼굴을 그림·사진으로 나타내는 것.
肖像(초상) 不肖(불초) 酷肖(혹초)

고기 육(육달월) 肉(月)부 [4月3 총7획]

肖肖肖肖肖肖肖

닮을 초/소 | 肖 肖 肖 肖 肖

抄

3급 | 뽑아 적음, 가리다 | 영 choose 중 抄 chāo 일 ショウ

형성 손 수(扌)+적을 소(少)자로 손으로 물건을 조금 가지는 것에서 '가리다'를 뜻한다.

抄掠(초략) 억지로 빼앗음. 抄錄(초록) 抄本(초본) 抄譯(초역) 拔萃抄錄(발췌초록)

손 수(재방변) 手(扌)부 [3扌4 총7획]

뽑을 초

秒

3급 | 분초, 까끄라기 | 영 second 중 秒 miǎo 일 ビョウ

형성 벼 화(禾)+소(少)자로 이루어졌다.

秒速(초속) 1초 동안의 속도 秒針(초침) 每秒(매초)

벼 화(禾)부 [5禾4, 총9획]

분초 초

超

3II급 | 뛰어넘다, 넘다 | 영 leap 중 超 chāo 일 チョウ(こえる)

형성 달릴 주(走)+부를 소(召)자로 달려서 '뛰어넘는 것'을 뜻한다.

超過(초과) 한도를 넘음. 超然(초연) 超越(초월) 超人(초인) 超性恩惠(초성은혜)

달아날 주(走)부 [7走5 총12획]

뛰어넘을 초

礎

3II급 | 주춧돌, 초석 | 영 foundation 중 础 chǔ 일 ソ(いしずえ)

형성 돌 석(石)+가시나무 초(楚)자로 기둥 밑의 받이 되는 돌, 즉 '주춧돌'을 뜻한다.

礎石(초석) 주춧돌. 礎業(초업) 基礎(기초) 柱礎(주초) 柱礎石(주초석)

돌 석(石)부 [5石13 총18획]

주춧돌 초

促

3II급 | 재촉하다, 독촉함 | 영 push 중 促 cù 일 ソク(うながす)

형성 사람 인(亻)+발 족(足)자로 사람을 재촉하여 빨리 '시키다'의 뜻이다.

促迫(촉박) 약속한 기간 등이 닥쳐 몹시 급함. 促數(촉삭) 促求(촉구) 促成(촉성)

사람 인(人)부 [2人7 총9획]

재촉할 촉

燭

3급 | 촛불, 초 | 영 candle 중 烛 zhú 일 ショク(ともしび)

회의·형성 불 화(火)+벌레 촉(蜀)자로 오랜 시간 계속해서 타는 '촛불'을 뜻한다.

燭光(촉광) 등불빛. 燭察(촉찰) 燭臺(촉대) 燭數(촉수) 風前燈燭(풍전등촉)

불 화(火/灬)부 [4火13 총17획]

촛불 **촉**

觸

3Ⅱ급 | 닿다, 부딪히다 | 영 touch 중 触 chù 일 触 ショク(ふれる)

형성 뿔 각(角)+벌레 촉(蜀)자로 나무에 붙어있는 벌레를 '만지는 것'을 뜻한다.

觸角(촉각) 곤충류의 더듬이. 觸診(촉진) 觸感(촉감) 觸發(촉발)

뿔 각(角)부 [7角13 총20획]

닿을 **촉**

銃

4Ⅱ급 | 총, 화총 | 영 gun, arms 중 铳 chòng 일 ジュウ

형성 쇠 금(金)+채울 충(充)자로 도끼에 자루를 끼우는 '소총'을 뜻한다.

銃彈(총탄) 총알. 長銃(장총) 銃口(총구) 銃器(총기) 盲管銃創(맹관총창)

쇠 금(金)부 [8金6 총14획]

 총 **총**

總

4Ⅱ급 | 합하다, 거느리다 | 영 command 중 总 zǒng 일 総 ソウ(ふさ)

형성 실 사(糸)+총총할 총(悤)자로 실을 총총히 묶으므로 '합하다'의 뜻이다.

總角(총각) 아직 결혼하지 아니한 남자. 總意(총의) 總販(총판) 總務(총무)

실 사(糸)부 [6糸11 총17획]

 합할 **총**

聰

3급 | 귀가 밝다, 총명하다 | 영 sharp eared, clever 중 聪 cōng 일 ソウ(さとい)

형성 귀 이(耳)+밝을 총(悤)자로 청각 신경을 모아 귀가 '밝은 것'을 뜻한다.

聰明(총명) 귀가 잘 들리고 눈이 잘 보임. 聰氣(총기) 聰敏(총민)

귀 이(耳)부 [6耳11 총17획]

 귀밝을 **총**

催

3II급

사람 인(人)부 [2亻11 총13획]

재촉할 **최**

재촉하다, 닥쳐오다　　영 pressing　중 催 cuī　일 サイ(もよおす)

형성 사람 인(亻)+우뚝한산 최(崔)자로 사람을 다음 사태로 '재촉하는 것'을 뜻한다.

催促(최촉) 재촉하고 서둠.　催告(최고)　催眠(최면)　主催(주최)

催催催催催催催催催催催催

抽

3급

손 수(재방변) 手(扌)부 [3扌5 총8획]

뽑을 **추**

뽑다, 빼다　　영 abstract　중 抽 chōu　일 チュウ(ぬく)

형성 손 수(扌)+말미암을 유(由)자로 구멍에서 물건을 '뽑아내는 것'을 뜻한다.

抽出(추출) 뽑아냄.　抽籤(추첨)　抽象(추상)　抽身(추신)　園莽抽條(원망추조)

抽抽抽抽抽抽抽抽

醜

3급

닭 유(酉)부 [7酉10 총17획]

더러울 **추**

더럽다, 추하다　　영 ugly　중 丑 chǒu　일 シュウ(みにくい)

형성 닭 유(酉)+도깨비 귀(鬼)자로 술을 뿌리며 괴상한 탈을 쓴 사람의 모양으로 '추하다'를 뜻한다.

醜女(추녀) 얼굴이 못생긴 여자.　醜惡(추악)　醜聞(추문)　醜雜(추잡)

醜醜醜醜醜醜醜醜醜醜醜醜

畜

3급

밭 전(田)부 [5田5 총10획]

짐승 **축**

가축, 모으다　　영 cattle　중 畜 chù　일 チク(たくわえる)

회의 밭 전(田)+검을 현(玄)자로 농사에 힘써서 얻은 수확, 가산을 늘리는 '가축'을 뜻한다.

畜舍(축사) 가축을 기르는 건물.　畜産(축산)　畜生(축생)　家畜(가축)

畜畜畜畜畜畜畜畜畜畜

逐

3급

쉬엄쉬엄갈 착(책받침) 辵(辶)부 [4辶7 총11획]

쫓을 **축**

쫓다, 물리치다　　영 pile, expel　중 逐 zhú　일 チク(おう)

회의 쉬엄쉬엄갈 착(辶)+돼지 시(豕)자로 산돼지를 쫓는 발의 모양에서 '쫓다'를 뜻한다.

逐鬼(축귀) 귀신을 쫓음.　逐客(축객)　逐條(축조)　逐出(축출)　角逐(각축)

逐逐逐逐逐逐逐逐逐逐

蓄

4II급

모으다, 쌓아두다 ㈜ 積(쌓을 적) 영 store up 중 蓄 xù 일 チク(たくわえる)

형성 풀 초(艹)+짐승 축(畜)자로 가축에게 겨울에 먹을 풀을 '모아둔다'는 뜻이다.

蓄膿症(축농증) 콧속에 고름이 괴는 병. 蓄財(축재) 蓄積(축적) 蓄電(축전)

풀초(초두) 艹(++)부 [4++10 총14획]

모을 축

築

4II급

쌓다, 건축함 영 build, raise 중 筑 zhù 일 チク(きづく)

형성 주울 축(筑)+나무 목(木)자로 나무로 만든 공이로 흙을 다지고 '쌓다'의 뜻이다.

築臺(축대) 대를 쌓음. 築舍(축사) 築城(축성) 築造(축조) 建築面積(건축면적)

대 죽(竹)부 [6竹10 총16획]

쌓을 축

縮

4급

줄어들다, 오그라들다 영 shrink 중 缩 suō 일 シュク(ちぢむ)

형성 실 사(糸)+잘 숙(宿)자로 실천을 물에 담갔다 꺼내어 잠재우면 '줄어든다'의 뜻이다.

縮米(축미) 줄어든 쌀. 縮小(축소) 短縮(단축) 減縮(감축) 一縮一伸(일축일신)

실 사(糸)부 [6糸11 총17획]

줄어들 축

衝

3II급

찌르다, 뚫다 영 pierce 중 冲 chōng 일 ショウ(つく)

형성 다닐 행(行)+무거울 중(重)자로 창을 들고 나아가 꿰뚫는 것으로 '찌르다'를 뜻한다.

衝激(충격) 서로 세차게 부딪침. 衝擊(충격) 衝突(충돌) 衝動(충동)

다닐 행(行)부 [6行9 총15획]

찌를 충

臭

3급

냄새, 냄새나다 영 stinking 중 臭 chòu 일 シュウ(くさい)

회의 스스로 자(自)+개 견(犬)자로 코의 작용이 예민한 개로서 '냄새'를 뜻한다.

臭氣(취기) 고약한 냄새. 臭味(취미) 遺臭萬年(유취만년)

스스로자(自)부 [6自4 총10획]

냄새 취

4급	趣	뜻, 달리다 ㉦ 旨(뜻 지) 영run, interest 중趣 qù 일シュ(おもむき)
		형성 달아날 주(走)에 취할 취(取)자로 자기가 좋아하는 것을 얻는 것이 '재미'란 뜻이다.
		趣舍(취사) 쓸 것은 쓰고 버릴 것은 버림. 趣向(취향) 趣味(취미) 趣旨(취지)
달아날 주(走)부 [7走8 총15획]		趣趣趣趣趣趣趣趣趣趣趣趣趣趣趣
뜻 **취**/재촉할 **촉**		趣 趣 趣 趣 趣

3Ⅱ급	醉 (醉)	취하다, 취기 영drunk 중醉 zuì 일スイ(よう)
		형성 닭 유(酉)+다할 졸(卒)자로 주량을 다하는 것으로 '취하다'를 뜻한다.
		醉客(취객) 술에 취한 사람. 醉氣(취기) 醉死(취사) 心醉(심취)
닭 유(酉)부 [7酉8 총15획]		醉醉醉醉醉醉醉醉醉醉醉醉醉醉醉
취할 **취**		醉 醉 醉 醉 醉

3Ⅱ급	側	곁, 옆 영side 중侧 cè 일ソク(かたはら)
		형성 사람 인(亻)+격식 칙(則)자로 사람이 격식을 차리지 않고 한 쪽으로 기우는 것을 뜻한다.
		側近(측근) 매우 가까운 곳. 側面(측면) 側傍(측방) 南側(남측)
사람 인(人)부 [2亻9 총11획]		側側側側側側側側側側側
곁 **측**		側 側 側 側 側

4Ⅱ급	測	재다, 측량하다 영measure 중测 cè 일ソク(はかる)
		회의·형성 물 수(氵)+법칙 칙(則)자로 물의 깊이를 '재다'의 뜻이다.
		測量(측량) 다른 사람의 마음을 헤아림. 測雨器(측우기) 測定(측정) 推測(추측)
물 수(삼수변) 水(氵)부 [3氵9 총12획]		測測測測測測測測測測測測
잴 **측**		測 測 測 測 測

4급	層	층, 겹 ㉦ 階(층계 계) 영storey 중层 céng 일ソウ(かさなる)
		형성 주검 시(尸)+거듭 증(曾)자로 집 위에 지붕을 겹겹이 잇은 것으로 '층'을 뜻한다.
		層階(층계) 층 사이를 오르내리는 계단. 層層(층층) 層數(층수) 階層(계층)
주검 시(尸)부 [3尸12 총15획]		層層層層層層層層層層層層層層層
층 **층**		層 層 層 層 層

고등 교육용 한자 900 | **165**

3Ⅱ급 値 사람 인(人)부 [2亻8 총10획]	값, 가치　　　　　　　　　영 value·price　중 値 zhí　일 チ(ね·あたい)
	형성 사람 인(亻)+곧을 직(直)자로 교역할 때 물건의 '값'을 뜻한다.
	高値(고치) 높은 가격.　價値(가치)　値遇(치우)　同値(동치)
	値値値値値値値値値値
값 치	値 値 値 値 値

3Ⅱ급 恥  마음 심(심방변) 心(忄/㣺)부 [4心6 총10획]	부끄럽다　　　　　　　　　영 shame　중 耻 chǐ　일 耻 チ(はじ)
	형성 귀 이(耳)+마음 심(心)자로 귀가 붉어질 정도로 '부끄러운 것'을 뜻한다.
	恥部(치부) 부끄러운 부분.　國恥(국치)　恥事(치사)　恥辱(치욕)　厚顔無恥(후안무치)
	恥恥恥恥恥恥恥恥恥恥
부끄러워할 치	恥 恥 恥 恥 恥

4Ⅱ급 置 그물 망(网)부 [5㓁8 총13획]	두다, 놓다　　　　　　　　영 place　중 置 zhì　일 チ(おく)
	회의·형성 그물 망(㓁)+곧을 직(直)자로 새그물을 바르게 쳐두므로 '두다'의 뜻이다.
	置簿(치부) 금전의 출납을 적어놓은 장부.　位置(위치)　置重(치중)　措置(조치)
	置置置置置置置置置置置置置
둘 치	置 置 置 置 置

3급 漆  물 수(삼수변) 水(氵)부 [3氵11 총14획]	옻, 옻칠하다　　　　　　　영 lacquer　중 漆 qī　일 シツ(うるし)
	형성 물 수(氵)+옻나무 칠(桼)자로 액체인 '옻나무 칠'을 뜻한다.
	漆夜(칠야) 아주 캄캄한 밤.　漆板(칠판)　漆器(칠기)　漆木(칠목)
	漆漆漆漆漆漆漆漆漆漆漆漆
옻 칠	漆 漆 漆 漆 漆

3Ⅱ급 沈  물 수(삼수변) 水(氵)부 [3氵4 총7획]	잠기다, 가라앉다　　　　　영 sink　중 沈 shěn　일 チン(しずむ)
	형성 물 수(氵)+머뭇거릴 유(冘)자로 베개에 머리를 안정시키듯이 물에 '잠기는 것'을 뜻한다.
	沈默(침묵) 말을 하지 아니함.　沈淪(침륜)　沈澱(침전)　沈着(침착)
	沈沈沈沈沈沈沈
잠길 침/성 심	沈 沈 沈 沈 沈

枕

[3급] 나무 목(木)부 [4木4 총8획]

베개, 베개를 베다 영 pillow 중 枕 zhěn 일 チン(まくら)

회의·형성 나무 목(木)+머뭇거릴 유(冘)자로 '베개(목침)'를 뜻한다.

枕頭(침두) 베갯머리. 枕席(침석) 枕木(침목) 衾枕(금침) 圓木警枕(원목경침)

베개 침

侵

[4II급] 사람 인(人)부 [2人7 총9획]

침노하다, 침략 영 invade 중 侵 qīn 일 シン(おかす)

회의 사람 인(亻)+비 추(帚)+또 우(又)자로 비를 들고 땅을 쓸어 남의 땅까지 '침하다'.

侵攻(침공) 침입하여 공격함. 侵犯(침범) 侵入(침입) 侵蝕(침식)

침노할 침

浸

[3급] 물 수(삼수변) 水(氵)부 [3氵7 총10획]

잠기다, 적시다 영 soak 중 浸 jìn 일 シン(ひたす)

형성 물 수(氵)+침범할 침(帚+又)자로 물이 차츰 침범하여 '잠기는 것'을 뜻한다.

浸水(침수) 홍수로 인하여 논이나 밭 등이 물에 잠김.
浸透(침투) 浸入(침입) 浸漬(침지) 浸潤之讒(침윤지참)

잠길 침

寢

[4급] 갓머리(宀)부 [3宀11 총14획]

잠자다, 쉬다 반 起(일어날 기) 영 sleep 중 寝 qǐn 일 寢 シン(ねる)

형성 집 면(宀)+조각널 장(爿)+비 추(帚)자로 비로 깨끗이 청소한 침대에서 '잠자다'의 뜻이다.

寢牀(침상) 잠자리. 寢臺(침대) 寢具(침구) 寢室(침실) 寢食不安(침식불안)

잠잘 침

稱

[4급] 벼 화(禾)부 [5禾9 총14획]

일컫다, 칭찬 유 頌(칭송할 송) 영 call 중 称 chēng 일 称 ショウ(となえる)

형성 벼[禾]를 손[爫]으로 쌓고 얼마만큼이라고 '칭하다'의 뜻이다.

稱量(칭량) 저울로 닮. 稱名(칭명) 稱頌(칭송) 稱讚(칭찬) 珠稱夜光(주칭야광)

일컬을 칭

3Ⅱ급	온당하다, 평온하다 영serene 중妥 tuǒ 일ダ(おだやか)
 계집 녀(女)부 [3女4 총7획]	회의 손톱 조(爫)+계집 녀(女)자로 부드럽게 여자를 앉히는 모양에서 '온당, 편안하다'를 뜻한다. 妥結(타결) 서로가 좋도록 일을 마무리 지음. 妥當(타당) 妥協(타협)
온당할 타	

3급	떨어지다, 무너지다 영fall 중堕 duò 일ダ(おちる)
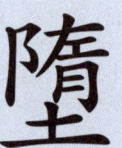 흙 토(土)부 [3土12 총15획]	형성 떨어질 타(隋)+흙 토(土)자로 무너져 내린 성벽의 뜻에서 '떨어지다'를 뜻한다. 墮落(타락) 생활을 망침. 떨어짐. 解墮(해타) 墮漏(타루) 失墮(실타)
떨어질 타	

3급	맡기다, 의지하다 영push 중托 tuō 일タク(よる)
 손 수(재방변) 手(扌)부 [3扌3 총6획]	회의·형성 손 수(扌)+의지할 탁(乇)자로 손으로 물건을 한쪽으로 '밀어붙이는 것'을 뜻한다. 托生(탁생) 세상에 태어나서 살아감. 托故(탁고) 托鉢(탁발) 托子(탁자)
맡길 탁	

5급	높다, 탁자 영high 중卓 zhuó 일タク
 열 십(十)부 [2十6 총8획]	회의 윗 상(上)+일찍 조(早)자로 아침 일찍 일어나는 사람이 뜻을 '높이' 세운다. 卓立(탁립) 우뚝하게 서 있음. 卓說(탁설) 卓見(탁견) 卓球(탁구)
높을 탁	

3급	흐리다, 흐리게 하다 영cloudy 중浊 zhuó 일ダク(にごる)
 물 수(삼수변) 水(氵)부 [3氵13 총16획]	형성 물 수(氵)+애벌레 촉(蜀)자로 물이 맑지 않은 불쾌한 물, 즉 '흐린 것'을 뜻한다. 濁音(탁음) 흐린 소리. 濁水(탁수) 濁酒(탁주) 濁流(탁류) 一魚濁水(일어탁수)
흐릴 탁	

3급	濯	씻다, 헹구다	영wash 중濯 zhuó 일タク(すすぐ)
		형성 물 수(氵)+꿩 적(翟)자로 물속에서 옷가지를 씻어 '건지는 것'을 뜻한다.	
		洗濯(세탁) 옷가지 등속을 빠는 것. 洗濯所(세탁소) 濯足(탁족) 濯靈(탁령)	
물 수(삼수변) 水(氵)부 [3氵14 총17획]		濯濯濯濯濯濯濯濯濯濯濯濯	
씻을 **탁**		濯 濯 濯 濯 濯	

5급	炭	숯, 목탄 반氷(얼음 빙)	영charcoal 중炭 tàn 일タン(すみ)
		회의 언덕 안(岸)+불 화(火)자로 산에서 구워낸 '석탄'을 뜻한다.	
		炭坑(탄갱) 석탄을 캐는 굴. 炭鑛(탄광) 炭層(탄층) 炭脈(탄맥)	
불 화(火/灬)부 [4火5 총9획]		炭炭炭炭炭炭炭炭炭	
숯 **탄**		炭 炭 炭 炭 炭	

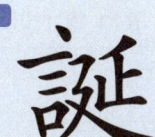

3급	誕	낳다, 탄생하다	영born 중诞 dàn 일タン
		형성 말씀 언(言)+연(延)자로 이루어져 일부러 '과대하게 말하다'의 뜻이다.	
		誕生(탄생) 사람이 태어남. 誕放(탄방) 誕日(탄일)	
말씀 언(言)부 [7言7, 총14획]		誕誕誕誕誕誕誕誕誕誕誕	
낳을·거짓 **탄**		誕 誕 誕 誕 誕	

4급	彈	탄환, 탄알	영bullet 중弹 dàn 일弾 ダン(たま·はじく)
		형성 활 궁(弓)+홑 단(單)자로 화살이 활시위를 '튕기다'의 뜻이다.	
		彈琴(탄금) 거문고나 가야금을 탐. 彈力(탄력) 彈劾(탄핵) 彈性(탄성)	
활 궁(弓)부 [3弓12 총15획]		彈彈彈彈彈彈彈彈彈彈彈	
탄환 **탄**		彈 彈 彈 彈 彈	

4급	歎	탄식하다, 노래하다	영lament 중叹 tàn 일タン(なげく)
		형성 어려울 난(難)+하품 흠(欠)자로 어려운 일을 당하면 '탄식하다'의 뜻이다.	
		歎服(탄복) 깊이 감탄하여 복종함. 歎聲(탄성) 歎辭(탄사) 歎息(탄식)	
하품 흠(欠)부 [4欠11 총15획]		歎歎歎歎歎歎歎歎歎歎歎	
탄식할 **탄**		歎 歎 歎 歎 歎	

3급	 빼앗다, 훔치다 　반 與(더불 여)　　　영 rob　중 夺 duó　일 ダツ(うばう)
	회의 큰 대(大)+새 추(隹)+마디 촌(寸)자로 옷 속에 들어있는 새를 꺼내는 모양에서 '빼앗다'를 뜻한다.
큰 대(大)부 [3大11 총14획]	奪氣(탈기) 기운을 빼앗음. 奪還(탈환) 奪取(탈취) 奪回(탈회)
빼앗을 **탈**	奪奪奪奪奪奪奪奪奪奪奪奪奪奪

3급	 탐내다　　　　　　　　　　　　　영 covet　중 贪 tān　일 タン(むさぼる)
	회의 조개 패(貝)+이제 금(今)자로 재화를 마음속에 품는 것으로 '탐내다'를 뜻한다.
조개 패(貝)부 [7貝4 총11획]	貪官汚吏(탐관오리) 욕심이 많은 부정한 관리. 貪民(탐민) 貪慾(탐욕) 貪政(탐정)
탐낼 **탐**	貪貪貪貪貪貪貪貪貪貪貪

3Ⅱ급	 탑, 탑파(塔婆)　　　　　　　　　　　영 tower　중 塔 tǎ　일 トウ(とう)
	형성 흙 토(土)+대답할 답(荅)자로 흙으로 포개 올린 '탑'을 뜻한다.
흙 토(土)부 [3土10 총13획]	塔頭(탑두) 탑 머리. 寺塔(사탑) 金塔(금탑) 塔誌(탑지) 金字塔(금자탑)
탑 **탑**	塔塔塔塔塔塔塔塔塔塔塔

3급	 끓이다, 끓인 물　　　　　　　　　영 hot water　중 汤 tāng　일 トウ(ゆ)
	형성 물 수(氵)+빛날 양(昜)자로 자유로이 뻗치는 '끓는 물'을 뜻한다.
물 수(삼수변) 水(氵)부 [3氵9 총12획]	冷湯(냉탕) 찬물이 있는 곳. 藥湯器(약탕기) 湯藥(탕약) 湯劑(탕제)
끓일 **탕**	湯湯湯湯湯湯湯湯湯湯湯湯

3Ⅱ급	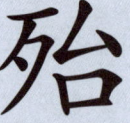 위태하다, 의심하다　　　　　　　　영 danger　중 殆 dài　일 タイ(あやうい)
	회의·형성 살바른뼈 알(歹)+늙을 태(台)자로 늙은 몸으로 뼈만 앙상해 '위태로운 것'을 뜻한다.
죽을 사(歹)부 [4歹5 총9획]	危殆(위태) 위험에 처함. 殆無(태무) 殆半(태반) 不殆(불태) 殆辱近恥(태욕근치)
위태할 **태**	殆殆殆殆殆殆殆殆殆

3급	 怠	게으르다 　　　　　　　　　　　　　영lazy 중怠 dài 일タイ(おこたる)
		형성 마음 심(心)+늙을 태(台)자로 마음이 멎어 '게으름피우는 것'을 뜻한다.
		怠慢(태만) 일을 게을리 함.　怠忽(태홀)　怠業(태업)　倦怠(권태)
마음 심(심방변) 心(忄/㣺)부 [4心5 총9획]		怠怠怠怠怠怠怠怠怠
게으를 **태**		怠　怠　怠　怠　怠

4Ⅱ급	態	모양, 태도　 유狀(모양 상) 　　　영shape, attitude 중态 tài 일タイ(さま)
		회의 능할 능(能)+마음 심(心)자로 마음의 움직임에 따라서 나타나는 '태도'를 뜻한다.
		態度(태도) 몸가짐.　樣態(양태)　態勢(태세)　狀態(상태)　雲煙變態(운연변태)
마음 심(심방변) 心(忄/㣺)부 [4心10 총14획]		態態態態態態態態態態態態態態
모양 **태**		態　態　態　態　態

3Ⅱ급	 澤 (沢)	못, 늪 　　　　　　　　　　　　영pond 중泽 zé 일沢 タク(さわ)
		형성 물 수(氵)+엿볼 역(睪)자로 물과 습기가 차례로 이어지는 못, 윤택한 것을 뜻한다.
		澤畔(택반) 늪 가.　澤雨(택우)　光澤(광택)　澤瀉(택사)　竭澤而漁(갈택이어)
물 수(삼수변) 水(氵)부 [3氵13 총16획]		澤澤澤澤澤澤澤澤澤澤澤澤澤澤澤澤
못 **택**		澤　澤　澤　澤　澤

4급	 擇 (択)	가리다, 좋은 것을 가려 뽑다　유選(가릴 선)　영select 중择 zé 일択 タク(えらぶ)
		형성 늘어놓는 물건을 많이 엿보아 좋은 것으로 '가리다'의 뜻이다.
		擇一(택일) 하나를 고름.　擇吉(택길)　擇地(택지)　選擇(선택)　兩者擇一(양자택일)
손 수(재방변) 手(扌)부 [3扌13 총16획]		擇擇擇擇擇擇擇擇擇擇擇擇擇擇擇擇
가릴 **택**		擇　擇　擇　擇　擇

3급	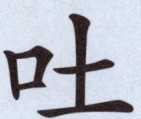 吐	토하다, 뱉어내다 　　　　　　　　　영vomit 중吐 tǔ 일ト(はく)
		형성 입 구(口)+흙 토(土)자로 속이 가득 차서 입에서 '토해냄'을 뜻한다.
		吐氣(토기) 억눌린 기분을 토해냄.　吐露(토로)　吐絲(토사)　吐逆(토역)
입 구(口)부 [3口3 총6획]		吐吐吐吐吐吐
토할 **토**		吐　吐　吐　吐　吐

고등 교육용 한자 900 | **171**

4급	討	치다, 토벌하다 유 伐(칠 벌)	영 attack 중 讨 tǎo 일 トウ(うつ)
	말씀 언(言)부 [7言3 총10획]	형성 말씀 언(言)+마디 촌(寸)자로 법도에 맞는 말로 다스리고 적을 '토벌한다. 討索(토색) 벼슬아치 등이 재물을 강제로 청함. 討賊(토적) 討論(토론) 討議(토의)	
	칠 **토**	討討討討討討討討討討 討討討討討	

4급	痛	아프다, 원통하다	영 painful 중 痛 tòng 일 ツウ(いたむ)
	병들 녁(疒)부 [5疒7 총12획]	형성 병 녁(疒)+물솟아오를 용(甬)자로 상처가 물이 솟아오르듯이 부풀어올라 '아프다'의 뜻이다. 痛感(통감) 마음에 사무친 느낌. 痛悔(통회) 痛哭(통곡) 痛歎(통탄)	
	아플 **통**	痛痛痛痛痛痛痛痛痛痛 痛痛痛痛痛	

3급	透	사무치다, 통하다, 환하다	영 transparent 중 透 tòu 일 トウ(すく)
	쉬엄쉬엄갈 착(책받침) 辵(辶)부 [4辶7 총11획]	형성 쉬엄쉬엄갈 착(辶)+빼어날 수(秀)자로 길게 뻗어 나가 '통하는 것'을 뜻한다. 透明(투명) 속까지 훤히 보임. 透視(투시) 透寫(투사) 明透(명투)	
	사무칠 **투**	 透透透透透	

4급	鬪	싸움, 싸우게 하다 유 爭(다툴 쟁)	영 fight 중 斗 dòu 일 闘 トウ(たたかう)
	싸울 투(鬥)부 [10鬥10 총20획]	형성 엄격한 법[寸]에 따라 서로 맞서 때리고 상처를 내며 '싸우다'의 뜻이다. 鬪犬(투견) 개싸움. 鬪牛(투우) 鬪志(투지) 鬪士(투사) 泥田鬪狗(이전투구)	
	싸움 **투**	鬪鬪鬪鬪鬪鬪鬪鬪鬪鬪 鬪鬪鬪鬪鬪	

3급	把	잡다, 묶다	영 catch 중 把 bǎ 일 ハ
	손 수(재방변) 手(扌)부 [3扌4, 총7획]	형성 재방변(扌=手)+파(巴)자로 이루어졌다. 把守(파수) 경계하여 지키는 것. 把子(파자) 把握(파악)	
	잡을 **파**	 把把把把把	

派

[4급]

물갈래, 가닥   영 branch of a river   중 派 pài   일 ハ(わかれ)

회의·형성 물 수(氵)+가죽 피(皮)자로 흐르는 '물줄기'의 모양이다.

派兵(파병) 군대를 파견함.
派爭(파쟁)   派生(파생)   派閥(파벌)   分派主義(분파주의)

물 수(삼수변) 水(氵)부 [3氵6 총9획]

물갈래 **파**

頗

[3급]

자못, 조금   영 very   중 頗 pō   일 ハ(すこぶる)

회의·형성 머리 혈(頁)+가죽 피(皮)자로 머리가 기우는 모양에서 '치우치다'를 뜻한다.

偏頗(편파) 한쪽으로 치우침.   頗多(파다)   阿諛偏頗(아유편파)

머리 혈(頁)부 [9頁5 총14획]

자못 **파**

播

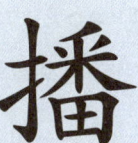

[3급]

씨뿌리다, 퍼뜨리다   영 sow   중 播 bō   일 ハ(たねまき)

회의·형성 손 수(扌)+순서 번(番)자로 손으로 논밭에 '씨뿌리는 것'을 뜻한다.

播多(파다) 소문이 널리 퍼짐.   種播(종파)   播種(파종)   播遷(파천)

손 수(재방변) 手(扌)부 [3扌12 총15획]

뿌릴 **파**

罷

[3급]

파하다, 그만두다   영 cease   중 罢 bà   일 ヒ(やめる)

회의 그물 망(罒)+능할 능(能)자로 아무리 능한 자라도 그물(법)에 걸리면 파하는 것을 뜻한다.

罷免(파면) 직무를 해면함.   罷業(파업)   罷場(파장)   罷職(파직)   封庫罷職(봉고파직)

그물 망(网)부 [5罒10 총15획]

그만둘 **파**

板

[5급]

널빤지, 널조각   영 board   중 板 bǎn   일 ハン(いた)

형성 나무 목(木)+돌이킬 반(反)자로 나무를 켜고 뒤집어서 편 '널빤지'를 뜻한다.

板刻(판각) 글씨나 그림 같은 것을 나무에 새기는 것.
板橋(판교)   板紙(판지)   板本(판본)   如印一板(여인일판)

나무 목(木)부 [4木4 총8획]

널빤지 **판**

고등 교육용 한자 900 | **173**

版

3II급

판목, 널

영 block 중 版 bǎn 일 ハン(ふだ)

형성 돌이킬 반(反)+조각 편(片)자로 뒤치거나 엎을 수 있게 쪼갠 '나뭇조각'을 뜻한다.

版局(판국) 벌어진 일의 형편이나 판세. 版權(판권) 版畵(판화) 版面(판면)

조각 편(片)부 [4片4 총8획]

판목 **판**

販

3급

팔다, 매매함

영 sell 중 贩 fàn 일 ハン(うる)

형성 돌이킬 반(反)+돈 패(貝:화폐)자로 물건을 사서 되돌려주는 것으로 '팔다'를 뜻한다.

販賣(판매) 물건을 팖. 販禁(판금) 販路(판로) 販促(판촉) 販賣促進(판매촉진)

조개 패(貝)부 [7貝4 총11획]

팔 **판**

偏

3II급

치우치다, 기울다

영 lean 중 偏 piān 일 ヘン(かたよる)

형성 사람 인변(亻=人)+편(扁)자로 이루어져 사람이 한 쪽으로 치우쳐 있음을 뜻한다.

偏倚(편의) 기울어져 있음. 偏僻(편벽) 偏重(편중)

사람 인(亻) [2亻9, 총11획]

치우칠 **편**

遍

3급

두루

영 all over 중 遍 biàn 일 ヘン(あまねく)

형성 쉬엄쉬엄갈 착(辶)+작을 편(扁)자로 작은 것까지 발걸음이 널리 두루 미치는 것을 뜻한다.

遍在(편재) 두루 존재함. 遍歷(편력) 遍觀(편관) 一遍(일편) 滿山遍野(만산편야)

쉬엄쉬엄갈 착(책받침) 辶부 [4辶9 총13획]

두루 **편**

編

3급

엮다, 모으다

영 weave 중 编 biān 일 ヘン(あむ)

형성 실 사(糸)+작을 편(扁)자로 글자를 쓴 죽간을 실로 얽어 하나로 만드는 데서 '엮다'를 뜻한다.

編物(편물) 뜨개질로 만든 물건. 編成(편성) 編纂(편찬) 編綴(편철)

실 사(糸)부 [6糸9 총15획]

엮을 **편**

評

4급

말씀 언(言)부 [7言5 총12획]

평할 평

평론하다　유 批(비평할 비)　영 evaluate　중 评 píng　일 ヒョウ

형성 말씀 언(言)+평평할 평(平)자로 어떤 문제에 대해 공평하게 '평'해야 한다.
評論(평론) 사물의 가치나 시비를 논함.
評傳(평전)　評價(평가)　評判(평판)　過大評價(과대평가)

肺

3Ⅱ급

고기 육(육달월) 肉(月)부 [4月4 총8획]

허파 폐

허파, 부아　영 lungs　중 肺 fèi　일 ハイ(はい)

형성 고기 육(月)+저자 시(市:나누다)자로 좌우의 둘로 나누어 있는 '허파'를 뜻한다.
肺炎(폐렴) 폐에 염증을 일으키는 병.　肺病(폐병)　肺腑(폐부)　鐵肺(철폐)

廢

3급

엄 호(广)부 [3广12 총15획]

폐할 폐

폐하다　영 abandon　중 废 fèi　일 廃 ハイ(やめる·すたれる)

형성 집 엄(广)+필 발(發)자로 부서진 집의 뜻에서 '못 쓰게 되다'를 뜻한다.
廢家(폐가) 사람이 살지 않고 버린 집.　廢棄(폐기)　廢水(폐수)　廢車(폐차)

弊

3Ⅱ급

손맞잡을 공(밑스물입)(廾)부 [3廾12 총15획]

폐단 폐

폐단, 해지다　영 wear out　중 弊 bì　일 ヘイ

형성 받들 공(廾)+해질 폐(敝)자로 옷이 해져서 두 손으로 가리는 나쁜 일, 즉 '폐단'을 뜻한다.
弊家(폐가) 자기 집의 겸칭.　弊習(폐습)　弊端(폐단)　弊風(폐풍)

幣

3급

수건 건(巾)부 [3巾12 총15획]

화폐 폐

화폐, 비단　영 silk　중 币 bì　일 ヘイ(おりもの·ぜに)

형성 수건 건(巾)+힘쓸 폐(敝)자로 신에게 절하고 바치는 천의 '뜻'을 나타낸다.
幣物(폐물) 선사하는 물건.　幣邦(폐방)　幣帛(폐백)　貨幣(화폐)

蔽 [3급]

풀초(초두) 艹(艹)부 [4艹+12 총16획]

덮다, 가리다 영 cover 중 蔽 bì 일 ヘイ(おおう)

형성 풀 초(艹)+해질 폐(敝)자로 물건이 해질만큼 풀을 '덮어 가린 것'을 뜻한다.

蔽塞(폐색) 다른 사람의 눈을 가림. 隱蔽(은폐) 蔽目(폐목) 蔽身(폐신)

蔽蔽蔽蔽蔽蔽蔽蔽蔽蔽蔽蔽蔽蔽蔽蔽

덮을 폐 蔽 蔽 蔽 蔽 蔽

包 [4II급]

쌀 포(勹)부 [2勹3 총5획]

싸다, 감쌈 영 pack, wrap 중 包 bāo 일 ホウ(つつむ)

상형 어머니 태[勹]+아기[巳]가 웅크리고 있는 모양을 본뜬 글자이다.

包括(포괄) 여러 사물을 한데 묶음. 包攝(포섭) 包含(포함) 包袋(포대)

包 包 包 包 包

쌀 포 包 包 包 包 包

胞 [4급]

고기 육(육달월) 肉(月)부 [4月5 총9획]

세포, 태보 영 womb, cell 중 胞 bāo 일 ホウ(えな·はら)

회의 고기 육(月:肉)+쌀 포(包)자로 몸이 태아를 싸고 있는 '세포'의 뜻이다.

胞宮(포궁) 아기집. 胞衣(포의) 胞子(포자) 同胞(동포) 感覺細胞(감각세포)

胞胞胞胞胞胞胞胞胞

세포 포 胞 胞 胞 胞 胞

浦 [3II급]

물 수(삼수변) 水(氵)부 [3氵7 총10획]

갯가, 개펄 영 seacast 중 浦 pǔ 일 ホ(うら)

형성 물 수(氵)+클 보(甫)자로 퍼져나가는 물, 즉 '갯가'를 뜻한다.

浦口(포구) 갯가. 浦田(포전) 浦村(포촌) 浦稅(포세) 咆虎陷浦(포호함포)

浦浦浦浦浦浦浦浦浦浦

갯가 포 浦 浦 浦 浦 浦

捕 [3급]

손 수(재방변) 手(扌)부 [3扌7 총10획]

잡다, 사로잡음 영 catch 중 捕 bǔ 일 ホ(とらえる)

형성 손 수(扌)+클 보(甫)자로 손으로 꼭 '쥐거나 잡는 것'을 뜻한다.

捕盜(포도) 도둑을 잡음. 捕殺(포살) 捕捉(포착) 捕獲(포획) 捕風捉影(포풍착영)

捕捕捕捕捕捕捕捕捕捕

잡을 포 捕 捕 捕 捕 捕

3급	飽 밥 식(食)부 [9食5 총14획]	배부르다, 물림 　　　　　　　　　영 satiated 중 饱 bǎo 일 ホウ(あきる)
		형성 밥 식(食)+쌀 포(包)자로 음식을 먹어서 배가 부푼 모습으로 '배부르다'를 뜻한다.
		飽滿(포만) 음식을 먹어 배가 부른 모습.　飽聞(포문)　飽食(포식)　飽和(포화)
	배부를 포	

3급	幅 수건 건(巾)부 [3巾9 총12획]	폭, 너비　　　　　　　　　　　　영 width 중 幅 fú 일 フク(はば)
		형성 수건 건(巾)+가득할 복(畐)자로 천의 가장자리, 즉 '폭'을 뜻한다.
		幅廣(폭광) 한 폭의 너비.　幅跳(폭도)　幅員(폭원)　路幅(노폭)　後幅(후폭)
	폭 폭	

4급	爆 불 화(火/灬)부 [4火15 총19획]	터지다, 불사르다　　　　　　　　영 explode 중 爆 bào 일 バク(やく)
		형성 불 화(火)+사나울 폭(暴)자로 사나운 불길에 물체가 '터지다'의 뜻이다.
		爆發(폭발) 화력으로 인하여 갑자기 터짐.　爆笑(폭소)　爆破(폭파)　爆音(폭음)
	터질 폭	

4Ⅱ급	票 보일 시(示)부 [5示6 총11획]	표, 표하다　　　　　　　　　　　영 ticket 중 票 piào 일 ヒョウ
		회의 요긴할 요(要)+보일 시(示)자로 물건의 중앙이나 가장 중요한 곳에 부치는 '표'를 뜻한다.
		票決(표결) 투표로 결정함.　票金(표금)　改票(개표)　投票(투표)
	표 표	

3급	漂 물 수(삼수변) 水(氵)부 [3氵11 총14획]	떠돌다, 유랑　　　　　　　　　　영 wander 중 漂 piāo 일 ヒョウ(ただよう)
		형성 물 수(氵)+표 표(票)자로 물에 '떠다니는 것'을 뜻한다.
		漂流(표류) 마냥 물에 떠내려감.　漂母(표모)　漂白(표백)　漂泊(표박)
	다닐 표	

4급 標 나무 목(木)부 [4木11 총15획]	표, 우둑지 영mark 중标 biāo 일ヒョウ(しるし)
	형성 나무 목(木)+표 표(票)자로 다른 사람에게 잘 보이도록 나무 끝에 '표시하다'의 뜻이다. 標語(표어) 슬로건. 標注(표주) 標的(표적) 標榜(표방) 標同伐異(표동벌이)
표할 **표**	標標標標標標標標標標標 標 標 標 標 標

4급 疲 병들 녁(疒)부 [5疒5 총10획]	피곤하다, 지치다 영tired 중疲 pí 일ヒ(つかれす)
	형성 병 녁(疒)+가죽 피(皮)자로 가죽만 남을 정도로 병들어 매우 '피곤하다'의 뜻이다. 疲困(피곤) 몸과 정신이 지쳐서 고달픔. 疲勞(피로) 疲弊(피폐) 倦疲(권피)
피곤할 **피**	疲疲疲疲疲疲疲疲疲疲 疲 疲 疲 疲 疲

3Ⅱ급 被 옷 의(衤/衣)부 [5衤5 총10획]	입다, 이불 영quilt 중被 bèi 일ヒ(こうむる)
	형성 옷의(衤)+가죽 피(皮)자로 모피처럼 덮어 쓰는 것으로 '입다, 이불'을 뜻한다. 被擊(피격) 습격을 받음. 被禽(피금) 被告(피고) 被拉(피랍) 化被草木(화피초목)
입을 **피**	被被被被被被被被被被 被 被 被 被 被

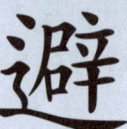

4급 避 쉬엄쉬엄갈 착(책받침) 辵(辶)부 [4辶13 총17획]	피하다, 떠나다 유逃(달아날 도) 영avoid 중避 bì 일ヒ(さける)
	형성 편벽될 벽(辟)+쉬엄쉬엄갈 착(辶)자로 법으로 금한 일을 '피하다'의 뜻이다. 避亂(피란) 난리를 피함. 避雷(피뢰) 避身(피신) 避妊(피임) 回避不得(회피부득)
피할 **피**	避避避避避避避避避避避避 避 避 避 避 避

3Ⅱ급 畢 밭 전(田)부 [5田6 총11획]	마치다, 다하다 영finish 중毕 bì 일ヒツ(おわる)
	형성 짐승을 잡는 자루가 달린 그물 모양을 본뜬 글자로 남김 없이 '모두'를 뜻한다. 檢査畢(검사필) 검사를 마침. 畢業(필업) 畢竟(필경) 畢生(필생)
마칠 **필**	畢畢畢畢畢畢畢畢畢畢畢 畢 畢 畢 畢 畢

荷

- 3급
- 메다, 어깨에 걸메다
- 영 load 중 荷 hè 일 カ(はす)
- 형성 풀 초(艹)+멜 하(何)자로 사람이 물건을 '어깨에 멘 것'을 뜻한다.
- 荷役(하역) 짐을 싣고 내림. 荷電(하전) 荷重(하중) 荷物(하물)
- 풀초(초두) 艸(艹)부 [4艹7 총11획]
- 멜 하

鶴

- 3Ⅱ급
- 두루미, 학
- 영 crane 중 鶴 hè 일 カク(つる)
- 형성 새 조(鳥)+높이 날 학(隺)자로 하늘까지 높게 나는 새, 즉 '학'을 뜻한다.
- 鶴髮(학발) 흰머리. 鶴首(학수) 鶴帶(학대) 鶴企(학기) 鶴首苦待(학수고대)
- 새 조(鳥)부 [11鳥10 총21획]
- 학 학

汗

- 3급
- 땀, 땀을 흘리다
- 영 sweat 중 汗 hàn 일 カン(あせ)
- 형성 물 수(氵)+볕쬘 간(干)자로 더워서 땀이 나는 것을 뜻한다.
- 汗衫(한삼) 땀받이 옷. 汗蒸(한증) 汗馬(한마) 發汗(발한) 冷汗三斗(냉한삼두)
- 물 수(삼수변) 水(氵)부 [3氵3 총6획]
- 땀 한

旱

- 3급
- 가물다, 가뭄
- 영 drought 중 旱 hàn 일 カン(ひでり)
- 형성 날 일(日)+골짜기 간(干)자로 가뭄이 계속되는 것으로 '가물다'를 뜻한다.
- 旱害(한해) 가뭄으로 인한 재앙. 旱害地(한해지) 旱魃(한발) 旱災(한재)
- 날 일(日)부 [4日3 총7획]
- 가물 한

割

- 3Ⅱ급
- 나누다, 쪼갬
- 영 divide 중 割 gē 일 カツ(わる)
- 형성 칼 도(刂)+해칠 해(害)자로 칼로 베어 끊는 것으로 '가르다, 나누다'를 뜻한다.
- 割據(할거) 땅을 나누어 차지하고 막아 지킴. 割當(할당) 割腹(할복) 割愛(할애)
- 칼 도(刀/刂)부 [2刂10 총12획]
- 나눌 할

3Ⅱ급

머금다, 다물다 **영** contain **중** 含 hán **일** ガン(ふくめる)

형성 입 구(口)+이제 금(今)자로 방금 입 안에 무엇을 넣었다하여 '머금다'를 뜻한다.

含笑(함소) 웃음을 머금음. 含垢(함구) 含量(함량) 含有(함유)

입 구(口)부 [3口4 총7획]

含含含含含含含

머금을 함

含 含 含 含 含

3급

다, 모두 **영** all **중** 咸 xián **일** カン(みな)

회의 입 구(口)+도끼 월(戌) 자로 큰 도끼의 위엄에 목소리를 힘껏 내지르는 모양에서 '모두'를 뜻한다.

咸服(함복) 모두 복종함. 咸營(함영) 咸池(함지) 阮咸(완함) 咸興差使(함흥차사)

입 구(口)부 [3口6 총9획]

咸咸咸咸咸咸咸咸

다 함

咸 咸 咸 咸 咸

3Ⅱ급 陷

빠지다, 가라앉다 **영** fall **중** 陷 xiàn **일** カン(おちいる)

형성 언덕 부(阝)+구덩이 함(臽)자로 언덕에서 굴러 구덩이에 빠지는 것을 뜻한다.

陷穽(함정) 짐승 등을 잡기 위해 파놓은 구덩이. 陷落(함락) 陷沒(함몰) 陷中(함중)

언덕 부(좌부방) 阜(阝)부 [3阝8 총11획]

陷陷陷陷陷陷陷陷陷

빠질 함

陷 陷 陷 陷 陷

4급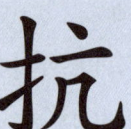

대항하다, 막다 **영** block.resist **중** 抗 kàng **일** コウ(てむかう)

형성 손 수(扌)+겨룰 항(亢)자로 손으로 적과 겨루어 '대항하다'의 뜻이다.

抗拒(항거) 대항하여 버팀. 抗力(항력) 抗體(항체) 抗議(항의) 不可抗力(불가항력)

손 수(재방변) 手(扌)부 [3扌4 총7획]

抗抗抗抗抗抗抗

대항할 항

抗 抗 抗 抗 抗

3급

거리, 통로나 복도 **영** street **중** 巷 xiàng **일** コウ(ちまた)

형성 몸 기(己)+한가지 공(共)자로 마을 사람들이 공유하는 '길'을 뜻한다.

巷謠(항요) 거리에서 유행하는 노래. 巷談(항담) 巷間(항간) 巷說(항설)

몸 기(己)부 [3己6 총9획]

巷巷巷巷巷巷巷巷巷

거리 항

巷 巷 巷 巷 巷

4Ⅱ급  배 주(舟)부 [6舟4 총10획]	배로 물을 건넘, 건너다　영 across　중 航 háng　일 コウ(わたる)	
	형성 배 주(舟)+높을 항(亢)자로 높은 돛대를 세운 배가 '운항하다'의 뜻이다.	
	航空(항공) 비행기나 비행선으로 공중을 비행함.	
	航海(항해)　航速(항속)　航路(항로)　梯山航海(제산항해)	
배 항	航航月月月月舟舟舟航航航	
	航航航航航	

4Ⅱ급 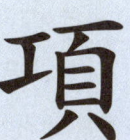 물 수(삼수변) 水(氵)부 [3氵9 총12획]	항구, 배가 머무는 곳　영 port　중 港 gǎng　일 コウ(みなと)	
	형성 물 수(氵)+마을 항(巷)자로 물의 길, 즉 배가 다니는 '항구'의 뜻이다.	
	港口(항구) 배가 드나드는 곳.　港都(항도)　空港(공항)　出港(출항)	
항구 항	港港港港港港港港港港港港	
	港港港港港	

3Ⅱ급  머리 혈(頁)부 [9頁3 총12획]	항목, 목덜미　영 nape　중 项 xiàng　일 ケツ(ページ)	
	형성 머리 혈(頁)+장인 공(工)자로 머리 뒤쪽 '목덜미'를 뜻하다.	
	項領(항령) 큰 목.　項目(항목)　項鎖(항쇄)　事項(사항)　猫項懸鈴(묘항현령)	
항목 항	項項項項項項項項項項項項	
	項項項項項	

3급 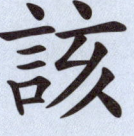 큰 대(大)부 [3大7 총10획]	어찌, 어찌 ~하랴　영 why　중 奚 xī　일 カイ(ともに)	
	형성 머리 땋은 사람의 모습을 본뜬 글자로 '어찌'를 뜻한다.	
	奚琴(해금) 악기 이름.　奚奴(해노)　殺奚(살해)　奚毒(해독)	
어찌 해	奚奚奚奚奚奚奚奚奚奚	
	奚奚奚奚奚	

3급 該 말씀 언(言)부 [7言6 총13획]	갖추다, 겸하다　영 that, equip　중 该 gāi　일 ガイ(あたる)	
	형성 말씀 언(言)+돼지 해(亥)자로 말이 고쳐져 고루 미치는 것으로 '갖추다'를 뜻한다.	
	該敏(해민) 영리함.　該博(해박)　該當(해당)　該洞(해동)　當該(당해)	
갖출 해	該該該該該該該該該該該該該	
	該該該該該	

4급	 씨, 알맹이	영 kernel, core 중 核 hé 일 カク(さわ)
	형성 나무 목(木)+돼지 해(亥)자로 사물의 중심 알맹이를 뜻하며 나아가 '씨'를 뜻한다. 核心的(핵심적) 사물의 중심이 되는 부분. 核武器(핵무기) 結核(결핵) 兎核(토핵)	
나무 목(木)부 [4木6 총10획]	核核核核核核核核核核	
씨 핵	核 核 核 核 核	

3급	享 누리다, 드리다	영 enjoy 중 享 xiǎng 일 キョウ
	회의 돼지해머리 두(亠)+입 구(口)+가로 왈(日)자로 거리를 둘러싼 성벽위의 높은 건물로 '형통하다, 누리다'를 뜻한다. 享年(향년) 한평생 누린 나이. 享樂(향락) 享有(향유) 宴享(연향)	
돼지해머리(亠)부 [2亠6 총8획]	享享享享享享享享	
누릴 향	享 享 享 享 享	

3II급	 울리다, 명성	영 echo 중 响 xiǎng 일 キョウ(ひびく)
	형성 소리 음(音)+시골 향(鄕(向))자로 마주 대하는 소리, 즉 '울리다'를 뜻한다. 響箭(향전) 우는 화살. 響應(향응) 響巖(향암) 音響(음향) 影駭響震(영해향진)	
소리 음(音)부 [9音13 총22획]	響響響響響響響響響響響響	
울릴 향	響 響 響 響 響	

3급	 추녀, 처마	영 eaves 중 轩 xuān 일 ケン(のき)
	형성 수레 거(車)+방패 간(干)자로 건물 밖으로 길게 뻗은 '추녀'를 뜻한다. 軒號(헌호) 남의 당호를 높이어 일컫는 말. 軒擧(헌거) 東軒(동헌) 軒軒丈夫(헌헌장부) 内東軒(내동헌)	
수레 거(車)부 [7車3 총10획]	軒軒軒軒軒軒軒軒軒軒	
처마 헌	軒 軒 軒 軒 軒	

4급	 법, 법규 유 法(법 법)	영 law 중 宪 xiàn 일 ケン(のり)
	회의 해로울 해(害)+눈 목(目)+마음 심(心)자로 해침당하지 않도록 눈과 마음을 밝히는 '법'을 뜻한다. 憲法(헌법) 나라의 법률. 憲度(헌도) 憲兵(헌병) 改憲(개헌)	
마음 심(심방변) 心(忄/㣺)부 [4心12 총16획]	憲憲憲憲憲憲憲憲憲憲憲憲	
법 헌	憲 憲 憲 憲 憲	

獻

3Ⅱ급 개 견(犬/犭)부 [4犬16 총20획]

바치다　영 dedicate　중 献 xiàn　일 献 ケン(たてまつる)

형성 개 견(犬)+솥 권(鬳)자로 희생물을 신에게 '제사 지내거나 바치는 것'을 뜻한다.

獻物(헌물) 물건을 바침. 獻金(헌금) 獻血(헌혈) 獻花(헌화) 獻芹之意(헌근지의)

바칠 **헌**

險

4급 언덕 부(좌부방) 阜(阝)부 [3阝13 총16획]

험하다, 위태롭다　영 rough　중 险 xiǎn　일 険 ケン(けわしい)

형성 언덕 부(阝)+다 첨(僉)자로 높은 곳에 많은 사람과 물건이 있는 것이 '험하다'를 뜻한다.

險難(험난) 험하고 어려움. 險路(험로) 險談(험담) 險峻(험준) 乘危涉險(승위섭험)

험할 **험**

驗

4Ⅱ급 말 마(馬)부 [10馬13 총23획]

시험하다, 시험　유 試(시험 시)　영 test　중 验 yàn　일 験 ケン(しるし)

형성 말 마(馬)+다 첨(僉)자로 여러 사람이 모여서 말의 좋고 나쁨을 '시험하다'를 뜻한다.

驗決(험결) 조사하여 결정함. 驗力(험력) 經驗(경험) 試驗(시험)

시험할 **험**

玄

3Ⅱ급 검을현(玄)부 [5玄0 총5획]

검다, 검은빛　영 black　중 玄 xuán　일 ゲン

회의 검은 실을 한 타래씩 묶은 모양으로 '검은 것'을 뜻한다.

玄琴(현금) 거문고. 玄妙(현묘) 玄關(현관) 玄米(현미) 天地玄黃(천지현황)

검을 **현**

絃

3급 실 사(糸)부 [6糸5 총11획]

악기줄, 현악기　영 string　중 弦 xián　일 ゲン

회의·형성 실 사(糸)+현묘할 현(玄)자로 현묘한 소리를 내는 '악기줄'을 뜻한다.

絃琴(현금) 거문고. 絃樂(현악) 絃樂器(현악기) 絶絃(절현) 伯牙絶絃(백아절현)

악기줄 **현**

3급  실 사(糸)부 [6糸10 총16획]	고을, 매달다　　　　　　　　　영 town　중 县 xiàn　일 ケン(あがた)
	형성 실 사(糸)+매달 교(県)자로 목을 베어 나무에 거꾸로 매다는 뜻과 경작지로 '고을'을 뜻한다.
	州縣(주현) 주와 현. 郡縣(군현)　縣監(현감)　縣官(현관)　縣解(현해)
	縣縣縣縣縣縣縣縣縣縣縣縣
고을 현	縣 縣 縣 縣 縣

3Ⅱ급  마음 심(心)부 [4心16 총20획]	매달다, 달아 맴　　　　　　　　영 hang　중 悬 xuán　일 ケ·ケン(かかる)
	형성 고을 현(縣)+마음 심(心)자로 '매달다'를 뜻한다.
	懸隔(현격) 동떨어짐.　懸燈(현등)　懸案(현안)　懸板(현판)
	懸懸懸懸懸懸懸懸懸懸懸
매달 현	懸 懸 懸 懸 懸

4급  머리 혈(頁)부 [9頁14 총23획]	나타나다, 드러나다　유 現(나타날 현)　영 appear　중 显 xiǎn　일 顕 ケン(あきらか)
	형성 머리에 감은 아리따운 장식품이 눈에 '나타나다'의 뜻이다.
	顯考(현고) 망부의 경칭.　顯貴(현귀)　顯著(현저)　發顯(발현)　忽顯忽沒(홀현홀몰)
	顯顯顯顯顯顯顯顯顯顯顯顯
나타날 현	顯 顯 顯 顯 顯

3급  구멍 혈(穴)부 [5穴0 총5획]	구멍, 구덩이　　　　　　　　　영 hole　중 穴 xué　일 ケツ(あな)
	형성 흙을 파서 만든 '동굴'을 뜻한다.
	穴居(혈거) 흙이나 바위의 굴 속에서 삶.　穴深(혈심)　穴見(혈견)　經穴(경혈)
	穴穴穴穴穴
구멍 혈	穴 穴 穴 穴 穴

3급  계집녀(女) [3女10, 총13획]	싫어하다, 미워하다　　　　　　영 dislike　중 嫌 xián　일 ハ(とる)
	형성 계집 녀(女)+겸할 겸(兼)자로 이루어졌다.
	嫌忌(혐기) 꺼리며 싫어함.　嫌惡(혐오)　嫌疑(혐의)
	嫌嫌嫌嫌嫌嫌嫌嫌嫌嫌嫌
싫어할 혐	嫌 嫌 嫌 嫌 嫌

3II급	脅	위협하다, 으르다	영menace 중胁xié 일キョウ(おどかす)
		형성 고기 육(月)+합할 협(劦)자로 '으르다'를 뜻한다.	
		脅迫(협박) 으르면서 몹시 위협함. 脅杖(협장) 威脅(위협) 脅威(협위)	
고기 육(육달월) 肉(月)부 [4月6 총10획]		脅脅脅脅脅脅脅脅脅脅	
위협할 협		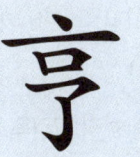	

3급	亨	형통하다	영go well 중亨hēng 일キョウ(とおる)
		회의 조상신을 모신 장소를 본뜬 모양으로 일이 '형통함'을 뜻한다.	
		亨通(형통) 온갖 일이 뜻과 같이 잘 되어 감. 亨運(형운) 亨熟(형숙)	
돼지해머리(亠)부 [2亠5 총7획]		亨亨亨亨亨亨亨	
형통할 형		亨 亨 亨 亨 亨	

3급	螢(蛍)	개똥벌레	영firefly 중萤yíng 일蛍ケイ(ほたる)
		형성 벌레 충(虫)+등불 형(熒)자로 모닥불 같은 빛을 내는 벌레, 즉'개똥벌레'를 뜻한다.	
		螢光(형광) 반딧불의 불빛. 螢石(형석) 螢光燈(형광등) 囊螢(낭형)	
벌레 충(虫)부 [6虫10 총16획]		螢螢螢螢螢螢螢螢螢螢螢螢	
개똥벌레 형			

3급	衡	저울대, 가로장	영scale beam 중衡héng 일コウ(はかり)
		형성 다닐 행(行)+角(각)+大(대) 소뿔에 잡아맨 뿔 나무의 뜻이며 저울·균형의 뜻이다.	
		衡平(형평) 한쪽으로 치우치지 않고 균형이 맞음. 銓衡(전형) 衡陽(형양)	
다닐행(行) [6行10, 총16획]		衡衡衡衡衡衡衡衡衡衡衡衡	
저울대 형			

3급	兮	강조, 감탄의 어조사	영particle 중兮xī 일ケイ
		회의 여덟 팔(八)+공교할 교(丂)자로 숨이 목까지 차오르는 것을 뜻했으나 가차하여 어조사로 쓰인다.	
		實兮歌(실혜가) 신라(新羅) 가요의 하나. 兮也(혜야) 寂兮寥兮(적혜요혜)	
여덟 팔(八)부 [2八2 총4획]		兮兮兮兮	
어조사 혜		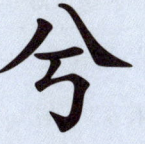	

3급	慧	슬기롭다, 지혜	영 sagacity 중 慧 huì 일 ケイ(かしこい)
		형성 마음심(心(=忄, 㣺)=마음, 심장)부+彗(혜)로 이루어져 '마음이 날카롭다'의 뜻이다.	
		慧敏(혜민) 재빠르고 슬기로움. 智慧(지혜) 慧孛(혜패)	
마음심(心)부 [4心11 총15획]			
슬기로울 혜			

3급	互	서로, 함께	영 mutually 중 互 hù 일 ゴ(たがいに)
		상형 막대 두 개를 서로 어긋나게 맞댄 모양으로 '서로'를 뜻한다.	
		互先(호선) 실력이 비슷한 사람끼리 두는 바둑. 互讓(호양) 互角(호각) 互稱(호칭)	
두 이(二)부 [2二2 총4획]			
서로 호			

3Ⅱ급	胡	오랑캐, 멀다	영 savage 중 胡 hú 일 コ・ウ・ゴ(えびす)
		형성 고기 육(月)+옛 고(古)자로 아득히 먼 '오랑캐 땅'을 뜻한다.	
		胡亂(호란) 오랑캐들이 일으킨 난리. 胡壽(호수) 胡桃(호도) 東胡(동호)	
고기 육(육달월) 肉(月)부 [4月5 총9획]			
오랑캐 호			

3Ⅱ급	浩	넓다, 크다	영 wide 중 浩 hào 일 コウ(ひろい)
		형성 물 수(氵)+고할 고(告)자로 크고 넓은 물의 모양으로 '넓다, 크다'를 뜻한다.	
		浩浩湯湯(호호탕탕) 넓고 큰 모양. 浩瀚(호한) 浩氣(호기) 浩然(호연)	
물 수(삼수변) 水(氵)부 [3氵7 총10획]			
넓을 호			

3급	毫	가는 털, 아주 가늘다	영 fine hair 중 毫 háo 일 ゴウ
		회의·형성 높을 고(高)+털 모(毛)자로 털 중에서 가장 질 좋고 가는 털을 뜻한다.	
		毫端(호단) 붓의 끝. 毫髮(호발) 秋毫不犯(추호불범) 秋毫之末(추호지말)	
털 모(毛)부 [4毛7 총11획]			
가는털 호			

3Ⅱ급

돼지시(豕)부 [7豕7 총14획]

호걸 호

호걸, 호방하다   영 hero   중 豪 háo   일 ゴウ(つよい·おおきい)

형성 높을 고(高)+돼지 시(豕)자로 갈기가 빳빳한 산돼지를 뜻하였으나 '호걸'을 뜻한다.

豪民(호민) 세력이 있는 백성. 豪言(호언) 豪傑(호걸) 豪氣(호기)

4Ⅱ급

말씀 언(言)부 [7言14 총21획]

도울 호

돕다, 보호하다, 지키다   영 protect   중 护 hù   일 ゴ(まもる)

형성 타이르고 또 정상을 '보호하다'의 뜻이다.

護國(호국) 나라를 다른 나라의 침략으로부터 지킴.
護身術(호신술) 護送(호송) 護衛(호위) 守護天使(수호천사)

3Ⅱ급

마음 심(심방변) 心(忄/㣺)부 [4心8 총12획]

미혹할 혹

미혹하다, 빠지다   영 bewitch   중 惑 huò   일 ワク(まどう)

형성 혹시 혹(或)+마음 심(心)자로 여러 가지 생각으로 마음을 어지럽히는 것을 뜻한다.

惑世誣民(혹세무민) 세상을 어지럽게 함. 惑星(혹성) 惑道(혹도) 不惑(불혹)

3급

날 일(日)부 [4日4 총8획]

어두울 혼

어둡다, 혼미하다   영 dark   중 昏 hūn   일 コン(くらい)

회의 날 일(日)+백성 민(氏)자로 해가 서쪽으로 넘어가 '어두운 것'을 뜻한다.

昏君(혼군) 우매한 군주. 昏亂(혼란) 昏迷(혼미) 昏睡(혼수) 禮失則昏(예실즉혼)

3Ⅱ급

귀신귀(鬼)부 [10鬼4 총14획]

넋 혼

넋, 혼   영 soul   중 魂 hún   일 コン(たましい)

형성 귀신 귀(鬼)+구름 운(云)자로 하늘 위를 돌아다니는 '넋'을 뜻한다.

魂怯(혼겁) 혼이 빠지게 겁을 냄. 魂膽(혼담) 魂靈(혼령) 魂殿(혼전)

忽

3급 | 갑자기, 소홀히 하다 | 영 suddenly 중 忽 hū 일 ソ(うとし)

회의·형성 마음 심(心)+없을 물(勿)자로 마음속에 아무것도 없는 것을 뜻한다.

忽待(홀대) 소홀히 하는 대접. 忽視(홀시) 忽然(홀연) 疎忽(소홀)

마음 심(심방변) 心(忄/㣺)부 [4心4 총8획]

忽忽忽忽忽忽忽忽

갑자기 홀 | 忽 忽 忽 忽 忽

弘

3급 | 크다, 넓히다 | 영 extensive 중 弘 hóng 일 グ·コウ(ひろい)

형성 활 궁(弓)+사사 사(厶)자로 활을 튕겼을 때 소리가 퍼지는 것으로 '널리'를 뜻한다.

弘簡(홍간) 도량이 크고 넓음. 弘謨(홍모) 弘報(홍보) 弘益(홍익)

활 궁(弓)부 [3弓2 총5획]

弘弘弘弘弘

클 홍 | 弘 弘 弘 弘 弘

洪

3Ⅱ급 | 넓다, 크다 | 영 broad 중 洪 hóng 일 コウ(おおみず)

형성 물 수(氵)+한가지 공(共)자로 넓고 '큰 물'을 뜻한다.

洪福(홍복) 큰 복. 洪水(홍수) 洪魚(홍어) 洪範(홍범)

물 수(삼수변) 水(氵)부 [3氵6 총9획]

넓을 홍 | 洪 洪 洪 洪 洪

鴻

3급 | 기러기, 큰기러기 | 영 big goose 중 鴻 hóng 일 コウ

형성 새 조(鳥)+강 강(江)자로 '큰 물새, 큰기러기'를 뜻한다.

鴻毛(홍모) 기러기 털. 鴻鵠之志(홍곡지지) 鴻雁(홍안) 鴻爪(홍조)

새 조(鳥)부 [11鳥6 총17획]

큰기러기 홍 | 鴻 鴻 鴻 鴻 鴻

禾

3급 | 벼, 곡물 | 영 rice plant 중 禾 hé 일 カ(いね)

상형 벼이삭이 드리워진 모양을 본뜬 글자로 '벼, 곡물'을 뜻한다.

禾稈(화간) 볏짚. 禾苗(화묘) 禾穀(화곡) 禾主(화주) 晩禾(만화)

벼 화(禾)부 [5禾0 총5획]

벼 화 | 禾 禾 禾 禾 禾

3II급  보일시(示)부 [5示9 총14획]	재앙, 재난 영 disaster 중 祸 huò 일 カ(わざわい)
	형성 보일 시(示)+입 비뚤어질 와(咼)자로 깎여 없어진 행복, 즉 '재앙'을 뜻한다.
	禍源(화원) 재앙의 근원. 禍福(화복) 禍根(화근) 禍難(화난) 轉禍爲福(전화위복)
재앙 화	

4II급 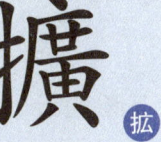 돌 석(石)부 [5石10 총15획]	확실하다, 굳다 유 固(굳을 고) 영 firm 중 确 què 일 カク(たしか)
	형성 돌 석(石)+새높이날 확(寉)자로 지조가 높고 의지가 돌처럼 '굳다'의 뜻이다.
	確答(확답) 확실한 대답. 確實(확실) 確保(확보) 確定(확정) 確固不動(확고부동)
굳을 확	

3급  拡 손 수(재방변) 手(扌)부 [3扌15 총18획]	넓히다, 늘리다 영 expand 중 扩 kuò 일 拡 カク(ひろげる)
	형성 손 수(扌)+넓을 광(廣)자로 넓은 것을 손으로 '넓히다'를 뜻한다.
	擴大(확대) 늘려서 크게 함. 擴散(확산) 擴張(확장) 擴充(확충)
넓힐 확	

3급 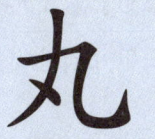 벼 화(禾)부 [5禾14 총19획]	거두다, 벼 베다 영 harvest 중 获 huò 일 カク(かる)
	형성 벼 화(禾)+잡을 확(蒦)자로 수확기에 벼를 거두어들이는 것을 뜻한다.
	收穫(수확) 거둬들임. 多收穫(다수확) 穫稻(확도) 刈穫(예확) 一樹百穫(일수백확)
거둘 확	

3급 丸 점 주(丶)부 [1丶2 총3획]	둥글다, 알 영 pill 중 丸 wán 일 ガン(たま)
	회의 새 을(乙)+비수 비(匕)자로 날붙이로 둥글린 둥근 '알'을 뜻한다.
	丸藥(환약) 작고 둥글게 빚은 알약. 丸劑(환제) 丸衣(환의) 烏丸(오환)
둥글 환	

고등 교육용 한자 900 | 189

換

3Ⅱ급

바꾸다　영 exchange　중 换 huàn　일 カン(とりかえる)

형성 손 수(扌)+맞바꿀 환(奐)자로 동작을 분명히 바꾸는 것을 뜻한다.

換率(환율) 두 나라 화폐간의 교환 비율.　換氣(환기)　換物(환물)　換錢(환전)

손 수(재방변) 手(扌)부 [3扌9 총12획]

바꿀 환

還

3Ⅱ급

돌아오다, 물러나다　영 return　중 还 huán　일 カン(かえる)

형성 쉬엄쉬엄갈 착(辶)+돌 환(睘)자로 한 바퀴 돌아서 '돌아오는 것'을 뜻한다.

還鄕(환향) 고향으로 되돌아감.　還元(환원)　還都(환도)　還生(환생)

쉬엄쉬엄갈 착(책받침) 辵(辶)부 [4辶13 총17획]

돌아올 환

環

4급

고리, 두르다　영 ring, link　중 环 huán　일 カン(たまき)

형성 속이 빈 둥근 옥이므로 '고리'의 뜻이다.

環境部(환경부) 행정 각부의 하나.　環刀(환도)　花環(화환)　玉環(옥환)

구슬 옥(玉/王)부 [4王13 총17획]

고리 환

況

4급

상황, 하물며, 더구나　영 moreover　중 况 kuàng　일 キョウ(いわんや)

형성 물 수(氵)+맏 형(兄)자로 물이 이전보다 더 불어나서 많아지므로 '하물며'의 뜻이다.

現況(현황) 현재의 상황.　況且(황차)　景況(경황)　實況(실황)

물 수(삼수변) 水(氵)부 [3氵5 총8획]

상황 황

荒

3급

거칠다, 망치다　영 rough　중 荒 huāng　일 コウ(あれる)

형성 풀 초(艹)+없을 황(巟)자로 황량한 풀 이외에는 아무것도 없어 거친 것을 뜻한다.

荒年(황년) 흉년.　荒廢(황폐)　荒凉(황량)　荒野(황야)　滿目荒凉(만목황량)

풀초(초두) 艸(艹)부 [4艹6 총10획]

거칠 황

悔 뉘우칠 회

- 뉘우치다 / 영 regret / 중 悔 huī / 일 カイ(くやむ)
- 형성 마음 심(忄)+어두울 매(每)자로 마음이 어두워지는 것으로 '뉘우치다'를 뜻한다.
- 悔改(회개) 예전의 잘못을 뉘우침. 悔心(회심) 悔恨(회한) 痛悔(통회)
- 마음 심(심방변) 心(忄/㣺)부 [3忄7 총10획]

懷 품을 회

- 품다, 품안 / 영 hug, cherish / 중 怀 huái / 일 カイ(なつかしい)
- 형성 마음 심(忄)+따를 회(褱)자로 마음속에 그리워하는 것으로 '정, 품다'를 뜻한다.
- 懷古談(회고담) 옛일을 돌이켜 말을 함. 懷柔(회유) 懷疑(회의) 懷抱(회포)
- 마음 심(심방변) 心(忄/㣺)부 [3忄16 총19획]

劃 그을 획

- 긋다, 나누다 / 영 draw / 중 划 huà / 일 カク・カッ
- 회의·형성 가를 획(畫)+칼 도(刂)자로 칼로 가르기에 앞서 '미리 정하는 것'을 뜻한다.
- 劃期的(획기적) 한 시기를 그을만함. 劃然(획연) 劃數(획수) 劃策(획책)
- 칼 도(刀/刂)부 [2刂12 총14획]

獲 얻을 획

- 얻다, 잡다, 당하다 / 영 acquire / 중 获 huò / 일 カク(うる)
- 형성 개사슴록변(犭(=犬)=개)부+蒦(확→획)으로 이루어져 개를 풀어 새나 짐승을 '잡다'의 뜻이다.
- 獲得(획득) 얻어 내거나 얻어 가짐. 獲利(획리) 禽獲(금획)
- 개사슴록변(犭)부 [3犭14 총17획]

橫 가로 횡

- 가로, 동서 / 영 width / 중 横 héng / 일 オウ(よこ)
- 형성 나무 목(木)+누를 황(黃)자로 대문의 빗장을 가로 끼우는 것을 뜻한다.
- 橫斷(횡단) 가로 끊음. 橫隊(횡대) 橫領(횡령) 橫步(횡보)
- 나무목(木)부 [4木12 총16획]

曉

3급 | 새벽, 밝다 | 영 dawn | 중 曉 xiǎo | 일 ギョウ(あかつき)

형성 해 일(日)+멀 요(堯)자로 해가 멀리서 높게 떠오르는 '새벽'을 뜻한다.

曉星(효성) 새벽에 보이는 별.　曉得(효득)　曉習(효습)　曉鐘(효종)

날 일(日)부 [4日12 총16획]

새벽 효

曉曉曉曉曉曉曉曉曉曉

曉 曉 曉 曉 曉

侯

3급 | 제후, 후작 | 영 feudal lord | 중 侯 hóu | 일 コウ

회의 사람 인(亻)+임금 후(矦)자로 신분이 고귀한 신하에게 부여하는 '지위'를 뜻한다.

侯爵(후작) 고려 때의 벼슬 이름.　侯伯(후백)　封侯(봉후)　節侯(절후)

사람 인(人)부 [2亻7 총9획]

제후 후

侯侯侯侯侯侯侯侯侯

侯 侯 侯 侯 侯

候

4급 | 기후, 계절 | 영 season | 중 候 hòu | 일 コウ(うかがう)

형성 활을 쏠 때 과녁을 잘 살펴야 하는 것처럼 날씨를 살피는 '기후'의 뜻이다.

候補(후보) 어떤 지위나 신분에 오르기를 바람.　候鳥(후조)　氣候(기후)　問候(문후)

사람 인(人)부 [2亻8 총10획]

기후 후

候候候候候候候候候候

候 候 候 候 候

毁

3급 | 헐다, 깨뜨리다 | 영 destroy | 중 毁 huǐ | 일 キ(やぶれる)

회의·형성 흙을 으깨는 것으로 '헐다'를 뜻한다.

毁慕(훼모) 죽은 사람을 너무 괴로워한 나머지 몸이 몹시 상함.
毁謗(훼방)　毁傷(훼상)　毁損(훼손)

칠 수(殳)부 [4殳9 총13획]

헐 훼

毁毁毁毁毁毁毁毁毁毁

毁 毁 毁 毁 毁

揮

4급 | 휘두르다, 지시하다 | 영 brandish | 중 揮 huī | 일 キ(ふるう)

회의 손 수(扌)+군사 군(軍)자로 손을 휘두르며 군사들을 통솔하므로 '휘두르다'를 뜻한다.

揮毫(휘호) 글씨를 쓰거나 그림을 그림.　揮場(휘장)　揮發(휘발)　指揮(지휘)

손 수(재방변) 手(扌)부 [3扌9 총12획]

휘두를 휘

揮揮揮揮揮揮揮揮揮揮

揮 揮 揮 揮 揮

輝

3급

빛나다, 빛
영 shine 중 辉 huī 일 キ(かがやく)

형성 빛 광(光)+군사 군(軍)자로 전공(戰功)을 세운 군사가 '빛나다'를 뜻한다.

輝赫(휘혁) 빛이 남. 輝煌(휘황) 輝度(휘도) 明輝(명휘) 輝煌燦爛(휘황찬란)

수레 거(車)부 [7車8 총15획]

빛날 **휘**

携

3급

이끌다, 가지다, 들다
영 lead, carry 중 携 xié 일 ケイ(たずさえる)

형성 손 수(扌)+동여맬 휴(雋)자로 손을 잡는 것으로 '가지다'를 뜻한다.

携帶(휴대) 손에 들거나 몸에 지님. 携帶品(휴대품) 携引(휴인) 提携(제휴)

손 수(재방변) 手(扌)부 [3扌10 총13획]

이끌 **휴**

吸

4Ⅱ급

숨 들이쉬다, 마시다
영 breath 중 吸 xī 일 キュウ(すう)

회의 입 구(口)+미칠 급(及)자로 입으로 들이쉬는 숨이 폐에까지 미치므로 '들이쉬다'를 뜻한다.

吸着(흡착) 달라붙음. 吸血鬼(흡혈귀) 吸煙(흡연) 吸入(흡입) 吸收口(흡수구)

입 구(口)부 [3口4 총7획]

숨들이쉴 **흡**

稀

3급

드물다
영 rare 중 稀 xī 일 ケ(まれ)

형성 벼 화(禾)+드물 희(希)자로 드문드문 성기게 심은 볏모의 모양에서 '드물다'를 뜻한다.

稀宴(희연) 일흔 살이 되는 해의 생일잔치. 稀貴(희귀) 稀微(희미) 稀薄(희박)

벼 화(禾)부 [5禾7 총12획]

드물 **희**

戱

3Ⅱ급

놀다, 희롱하다
영 raillery 중 戏 xì 일 戯 ギ(たわむれる)

형성 옛 질그릇 희(虛)+창 과(戈)자로 무위를 의미하였으나 변하여 '희롱하다'를 뜻한다.

戱曲(희곡) 연극 대본. 戱弄(희롱) 戱劇(희극) 遊戱(유희) 矮子看戱(왜자간희)

창과(戈)부 [4戈12 총16획]

놀 **희**

고등 교육용 한자 900 | 193

Part II

고등학교 교육용 고사성어 故事成語

고등 교육용 한자 900 + 고사성어 故事成語 쓰기교본

Part II

街談巷說 가담항설

[6급] 길거리나 항간에 떠도는 소문이라는 뜻으로, 세상의 하찮은 이야기나 뜬소문을 말함.
윤 도청도설(道聽塗說), 유언비어(流言蜚語)

街 거리 가	街街街街街街街街街街	영 street 중 街 jiē 일 カイ(まち)
談 말씀 담	談談談談談談談談談談談	영 speak 중 谈 tán 일 ダン(はなす)
巷 거리 항	巷巷巷巷巷巷巷巷	영 street 중 巷 xiàng 일 コウ(ちまた)
說 말씀 설	說說說說說說說說說說說說說	영 speak 중 说 shuō 일 セツ(とく)

佳人薄命 가인박명

[6급*] 미인의 수명은 짧다는 뜻으로, 용모가 너무 아름답고 재주가 많으면 불행해지거나 명이 짧음을 말함.
윤 미인박명(美人薄命), 다재다병(多才多病)

佳 아름다울 가	佳佳佳佳佳佳佳佳	영 beautiful 중 佳 jiā 일 カ
人 사람 인	人人	영 person 중 人 rén 일 ジン・ニン(ひと)
薄 엷을 박	薄薄薄薄薄薄薄薄薄薄薄	영 thin 중 薄 báo 일 ハク(うすい)
命 목숨 명	命命命命命命命命	영 life 중 命 mìng 일 メイ(いのち)

肝膽相照 간담상조 [2급]

간과 쓸개를 서로 내놓고 보인다는 뜻으로, 서로 속마음을 터놓고 가까이 사귐을 말함.

㊤ 문경지교(刎頸之交), 문경지우(刎頸之友)

| 肝 간 간 | 肝肝肝肝肝肝肝 | 영 liver 중 肝 gān 일 カン(きも) |

| 膽 [胆] 쓸개 담 | 膽膽膽膽膽膽膽膽膽膽 | 영 gall bladder 중 膽 dǎn 일 胆 タン(きも) |

| 相 서로 상 | 相相相相相相相相 | 영 mutually 중 相 xiàng 일 ショウ(あい) |

| 照 비출 조 | 照照照照照照照照照照 | 영 illumine 중 照 zhào 일 ショウ(てる) |

看雲步月 간운보월 [4급]

구름을 바라보거나 달빛 아래 거닌다는 뜻으로, 객지에서 가족이나 집 생각을 함.

| 看 볼 간 | 看看看看看看看看 | 영 see 중 看 kàn 일 カン(みる) |

| 雲 구름 운 | 雲雲雲雲雲雲雲雲雲雲雲雲 | 영 cloud 중 云 yún 일 ウン(くも) |

| 步 걸을 보 | 步步步步步步步 | 영 walk 중 步 bù 일 步 ホ·ブ(あるく) |

| 月 달 월 | 月月月月 | 영 moon 중 月 yuè 일 ゲツ(つき) |

고등 교육용 고사성어

渴而穿井 갈이천정 _{1급}

목이 마를 때에야 비로소 우물을 판다는 뜻으로, 일을 당한 뒤에 서두르는 것을 이르는 말.

渴 목마를 갈 — 渴渴渴渴渴渴渴渴渴渴 — 영 thirsty 중 kě 일 カツ(かわく)

而 말 이을 이 — 而而而而而而 — 영 and 중 而 ér 일 ジ(しかして)

穿 뚫을 천 — 穿穿穿穿穿穿穿穿穿 — 영 dig 중 穿 chuān 일 セン(うがつ)

井 우물 정 — 井井井井 — 영 well 중 井 jǐng 일 セイ(いど)

甘言利說 감언이설 _{4급}

달콤한 말과 이로운 이야기라는 뜻으로, 남을 꾀기 위해 꾸민 그럴듯한 말을 가리킴.

유 아부(阿附), 아종(阿從), 반 고언(苦言)

甘 달 감 — 甘甘甘甘甘 — 영 sweet 중 甘 gān 일 カン(あまい)

言 말씀 언 — 言言言言言言言 — 영 talk 중 言 yán 일 ゲン(こと)

利 이로울 이 — 利利利利利利利 — 영 profit 중 利 lì 일 リ(えきする)

說 말씀 설 — 說說說說說說說說說說說說說 — 영 speak 중 说 shuō 일 セツ(とく)

改過遷善 개과천선 [2급]

허물을 고치고 착해진다는 뜻으로, 예전의 잘못된 행동이나 습관을 고치고 착한 사람으로 거듭남을 말함.
유 개과자신(改過自新)

改 고칠 개	改改改改改改改	영 improve 중 改 gǎi 일 カイ(あらためる)
過 허물 과	過過過過過過過過過過過過	영 excess 중 过 guò 일 カ(すぎる)
遷 옮길 천	遷遷遷遷遷遷遷遷遷遷遷遷	영 move 중 迁 qiān 일 セン(うつる)
善 착할 선	善善善善善善善善善善	영 good 중 善 shàn 일 ゼン(よい)

居安思危 거안사위 [4급]

편안할 때 경각심을 높인다는 뜻으로, 장차 있을지도 모를 위험에 미리 대비해야 함.
유 有備無患(유비무환)

居 살 거	居居居居居居居	영 dwell 중 居 jū 일 キョ(いる)
安 편안할 안	安安安安安安	영 relaxed 중 安 ān 일 アン
思 생각할 사	思思思思思思思思	영 think 중 思 sī 일 シ(おもう)
危 위태할 위	危危危危危危	영 danger 중 危 wēi 일 キ

車載斗量 거재두량 [3II급]

수레에 싣고 말로 된다는 뜻으로, 물건이나 인재 따위가 아주 흔하여서 귀하지 않음.

| 車 수레 거 | 車車車車車車車 | 영 cart | 중 车 chē | 일 シャ(くるま) |

車 車 車 車 車

| 載 실을 재 | 載載載載載載載載載載 | 영 carry | 중 裁 cái | 일 サイ(さばく) |

載 載 載 載 載

| 斗 말 두 | 斗斗斗斗 | 영 measure | 중 斗 dǒu | 일 ト(ます) |

斗 斗 斗 斗 斗

| 量 양 량 | 量量量量量量量量量量量 | 영 amount | 중 量 liàng | 일 リョウ(はかる) |

量 量 量 量 量

乾坤一擲 건곤일척 [1급]

하늘과 땅을 걸고 한 번 던진다는 뜻으로, 운명을 하늘에 맡기고 승부나 성패를 겨룬다는 말.

유 사생결단(死生決斷), 중원축록(中原逐鹿)

| 乾 하늘 건 | 乾乾乾乾乾乾乾乾乾乾 | 영 heaven | 중 乾 qián | 일 ケソ(てん) |

乾 乾 乾 乾 乾

| 坤 땅 곤 | 坤坤坤坤坤坤坤坤 | 영 earth | 중 坤 kūn | 일 コソ(つち) |

坤 坤 坤 坤 坤

| 一 한 일 | 一 | 영 one | 중 一 yī | 일 イチ(ひとつ) |

一 一 一 一 一

| 擲 던질 척 | 擲擲擲擲擲擲擲擲擲擲擲 | 영 throw | 중 掷 zhì | 일 テキ(なげうつ) |

擲 擲 擲 擲 擲

隔世之感 격세지감 [3II급]

매우 많이 변해서 마치 딴 세상에 온 것처럼 느껴진다는 뜻으로, 급격한 변화를 가리킴.

⊕ 격세감(隔世感), 금석지감(今昔之感)

| 隔 사이뜰 격 | 隔隔隔隔隔隔隔隔隔隔 | 영 separate | 중 隔 gé | 일 カク(へだたる) |

隔 隔 隔 隔 隔

| 世 세상 세 | 世世世世世 | 영 generation | 중 世 shì | 일 セ·セイ(よ) |

世 世 世 世 世

| 之 갈 지 | 之之之之 | 영 go | 중 之 zhī | 일 シ(ゆく·これ) |

之 之 之 之 之

| 感 느낄 감 | 感感感感感感感感感感感感 | 영 emotion, feel | 중 感 gǎn | 일 カン(かんずる) |

感 感 感 感 感

見蚊拔劍 견문발검 [*1급]

모기 보고 칼 빼기라는 뜻으로, 작은 일에 지나치게 큰 대책을 세운다는 말이나 소견이 좁은 사람을 가리킴.

⊕ 노승발검(怒蠅拔劍)

| 見 볼 견 | 見見見見見見見 | 영 see, watch | 중 见 jiàn | 일 ケン(みる) |

見 見 見 見 見

| 蚊 모기 문 | 蚊蚊蚊蚊蚊蚊蚊蚊蚊蚊 | 영 mosquito | 중 蚊 wén | 일 ブン(か) |

蚊 蚊 蚊 蚊 蚊

| 拔 뽑을 발 | 拔拔拔拔拔拔拔拔 | 영 pull out | 중 拔 bá | 일 バツ(ぬく) |

拔 拔 拔 拔 拔

| 劍 칼 검 (剣) | 劍劍劍劍劍劍劍劍劍劍 | 영 sword | 중 剑 jiàn | 일 ケン(つるぎ) |

劍 劍 劍 劍 劍

3II급 傾國之色 경국지색

나라를 위태롭게 할 정도로 아름다운 여자라는 뜻으로, 썩 빼어난 절세의 미인을 뜻함.

유 경성지색(傾城之色), 단순호치(丹脣皓齒)

| 傾 기울 경 | 傾傾傾傾傾傾傾傾傾傾 영 incline 중 倾 qīng 일 ケイ(かたむく) |

| 國 (国) 나라 국 | 國國國國國國國國國國國 영 country 중 国 guó 일 国 コク(くに) |

| 之 갈 지 | 之之之之 영 go 중 之 zhī 일 シ(ゆく·これ) |

| 色 빛 색 | 色色色色色色 영 color 중 色 sè 일 ショク(いろ) |

2급 耕山釣水 경산조수

산에서 밭을 갈고 물에서 낚시를 담근다는 뜻으로, 속세를 떠나 자연과 벗하며 한가로운 생활.

| 耕 밭갈 경 | 耕耕耕耕耕耕耕耕耕耕 영 plough 중 耕 gēng 일 コウ(たがやす) |

| 山 메 산 | 山山山 영 mountain 중 山 shān 일 サン(やま) |

| 釣 낚시 조 | 釣釣釣釣釣釣釣釣釣釣釣 영 fishing with a hook 중 釣 diào 일 チョウ(つる) |

| 水 물 수 | 水水水水 영 water 중 水 shuǐ 일 スイ(みず) |

[1급] 鯨戰蝦死 경전하사

고래 싸움에 새우 등 터진다는 뜻으로, 강한 자들끼리의 싸움에 약한 자가 끼어 아무 관계 없이 피해를 입음.

鯨 고래 경	鯨鯨鯨鯨鯨鯨鯨鯨鯨鯨鯨鯨	영 whale 중 鲸 jīng 일 ケイ(くじら)

戰 (战) 싸움 전	戰戰戰戰戰戰戰戰戰戰戰戰	영 war 중 战 zhàn 일 戦 セン(たたかう)

蝦 새우 하	口中虫虫虫虫虾虾虾蝦蝦	영 toad 중 虾 xiā 일 カ(がま)

死 죽을 사	死死死死死死	영 die 중 死 sǐ 일 シ(しぬ)

[4급] 鷄口牛後 계구우후

소의 꼬리보다는 닭의 부리가 되라는 뜻으로, 큰 단체의 꼴찌보다는 작은 단체의 우두머리가 되는 편이 낫다는 말.

鷄 (鸡) 닭 계	鷄鷄鷄鷄鷄鷄鷄鷄鷄鷄鷄鷄	영 cock 중 鸡 jī 일 鶏 ケイ(にわとり)

口 입 구	口口口	영 mouth 중 口 kǒu 일 コウ(くち)

牛 소 우	牛牛牛牛	영 ox·cow 중 牛 niú 일 ギユウ(うし)

後 뒤 후	後後後後後後後後後	영 back 중 后 hòu 일 コウ(あと)

鷄肋 계륵 [1급]

닭의 갈빗대라는 뜻으로, 먹기에는 너무 맛이 없고 버리기에는 아깝다. 이러지도 저러지도 못하는 형편.

兩手執餠(양수집병)

鷄 (鶏) 닭 계	鷄鷄鷄鷄鷄鷄鷄鷄鷄鷄鷄鷄	영 cock 중 鸡 jī 일 鶏 ケイ(にわとり)
	鷄 鷄 鷄 鷄 鷄	

肋 갈비 륵	肋肋肋肋肋	영 bridle 중 肋 lè 일 ロク(くつわ)
	肋 肋 肋 肋 肋	

鷄鳴狗盜 계명구도 [2급]

닭의 울음소리를 잘 내는 사람과 개의 울음소리 흉내를 잘 내는 좀도둑이라는 뜻으로, 천한 재주를 가진 사람도 때로는 요긴하게 쓸모가 있음을 비유한 말.

鷄 (鶏) 닭 계	鷄鷄鷄鷄鷄鷄鷄鷄鷄鷄鷄鷄	영 cock 중 鸡 jī 일 鶏 ケイ(にわとり)
	鷄 鷄 鷄 鷄 鷄	

鳴 울 명	鳴鳴鳴鳴鳴鳴鳴鳴鳴鳴鳴	영 chirp 중 鸣 míng 일 メイ(なく)
	鳴 鳴 鳴 鳴 鳴	

狗 개 구	狗狗狗狗狗狗狗狗	영 dog 중 狗 gǒu 일 ク(いぬ)
	狗 狗 狗 狗 狗	

盜 도적 도	盜盜盜盜盜盜盜盜盜盜盜	영 thief 중 盗 dào 일 トウ(ぬすむ)
	盜 盜 盜 盜 盜	

股肱之臣 고굉지신 _{1급}

다리와 팔뚝에 비길 만한 신하라는 뜻으로 임금이 가장 믿고 중히 여기는 신하.
유 股肱(고굉). 股掌之臣(고장지신)

| 股 넓적다리 고 | 股股股股股股股股 股 股 股 股 股 | 영 thigh 중 股 gǔ 일 コ(もも) |

| 肱 팔뚝 굉 | 肱肱肱肱肱肱肱肱 肱 肱 肱 肱 肱 | 영 forearm 중 肱 gōng 일 コウ(ひじ) |

| 之 갈 지 | 之之之之 之 之 之 之 之 | 영 go 중 之 zhī 일 シ(ゆく・これ) |

| 臣 신하 신 | 臣臣臣臣臣臣 臣 臣 臣 臣 臣 | 영 minister 중 臣 chén 일 シン(たみ) |

膏粱子弟 고량자제 _{1급}

고량진미만 먹고 귀염을 받으며 자라서, 전혀 고생을 모르는 부귀한 집안의 젊은이.

| 膏 살찔 고 | 膏膏膏膏膏膏膏膏膏膏膏 膏 膏 膏 膏 膏 | 영 fat 중 膏 gāo 일 コウ(あぶら) |

| 粱 기장 량 | 粱粱粱粱粱粱粱粱粱粱 粱 粱 粱 粱 粱 | 영 millet 중 粱 liáng 일 リョウ(はり) |

| 子 아들 자 | 子子子 子 子 子 子 子 | 영 son 중 子 zǐ, zi 일 シ(むすこ) |

| 弟 아우 제 | 弟弟弟弟弟弟弟 弟 弟 弟 弟 弟 | 영 younger brother 중 弟 dì 일 テイ(おとうと) |

3II급 鼓腹擊壤 고복격양

배를 두드리고 땅을 친다는 뜻으로, 부러울 것이 없는 풍족한 생활.

윤 堯舜之節(요순지절), 太平聖代(태평성대)

| 鼓 북 고 | 鼓鼓鼓鼓鼓鼓鼓鼓鼓鼓鼓 | 영 drum 중 鼓 gǔ 일 コ(つづみ) |

| 腹 배 복 | 腹腹腹腹腹腹腹腹腹腹腹 | 영 belly 중 腹 fù 일 フク(はら) |

| 擊(击) 칠 격 | 擊擊擊擊擊擊擊擊擊擊擊擊 | 영 strike 중 击 jī 일 撃 ゲキ(うつ) |

| 壤 흙 양 | 壤壤壤壤壤壤壤壤壤壤 | 영 earth 중 壤 rǎng 일 ジョウ(つち) |

3II급 孤雲野鶴 고운야학

조각 구름과 무리에서 벗어난 학이라는 뜻으로, 벼슬을 하지 않고 한가로이 숨어 사는 선비.

| 孤 외로울 고 | 孤孤孤孤孤孤孤孤 | 영 lonely 중 孤 gū 일 コ(みなしご) |

| 雲 구름 운 | 雲雲雲雲雲雲雲雲雲雲雲 | 영 cloud 중 云 yún 일 ウン(くも) |

| 野 들 야 | 野野野野野野野野野野野 | 영 field 중 野 yě 일 ヤ(の) |

| 鶴(鹤) 학 학 | 鶴鶴鶴鶴鶴鶴鶴鶴鶴鶴鶴 | 영 crane 중 鹤 hè 일 カク(つる) |

曲學阿世 곡학아세 [3급]

학문을 굽히어 세상에 아첨한다는 뜻으로, 정도를 벗어난 학문으로 세상 사람에게 아첨함을 이르는 말.
유 어용학자(御用學者)

| 曲 굽을 곡 | 曲曲曲曲曲曲 | 영 bent 중 曲 qū 일 キョク(まげる) |

| 學 배울 학 (学) | 學學學學學學學學學學學學學學學學 | 영 learn 중 学 xué 일 学 ガク(まなぶ) |

| 阿 언덕 아 | 阿阿阿阿阿阿阿阿 | 영 hill 중 阿 ē 일 ア(おか) |

| 世 인간 세 | 世世世世世 | 영 generation 중 世 shì 일 セ・セイ(よ) |

空中樓閣 공중누각 [3급]

공중에 떠 있는 누각이라는 뜻으로, 아무런 근거나 현실적 토대가 없는 가공(架空)의 사물을 일컫는 말.
유 과대망상(誇大妄想), 신기루(蜃氣樓)

| 空 빌 공 | 空空空空空空空空 | 영 empty 중 空 kōng 일 クウ(そら) |

| 中 가운데 중 | 中中中中 | 영 middle 중 中 zhōng 일 チユウ(なか) |

| 樓 다락 누 | 樓樓樓樓樓樓樓樓樓樓樓樓樓 | 영 loft 중 楼 lóu 일 楼 ロウ(たかどの) |

| 閣 집 각 | 閣閣閣閣閣閣閣閣閣閣閣閣閣閣 | 영 house 중 阁 gé 일 カク(たかどの) |

1급 刮目相對 괄목상대

눈을 비비고 다시 본다는 뜻으로, 주로 손아랫사람의 학식이나 재주가 놀랍도록 향상된 경우에 쓰임.
(유) 일진월보(日進月步), 일취월장(日就月將)

| 刮 비빌 괄 | 刮刮刮刮刮刮刮 | 영 scratch 중 guā 일 カツ(けずる) |

刮 刮 刮 刮 刮

| 目 눈 목 | 目目目目目 | 영 eye 중 目 mù 일 モク(め) |

目 目 目 目 目

| 相 서로 상 | 相相相相相相相相 | 영 mutually 중 相 xiàng 일 ショウ(あい) |

相 相 相 相 相

| 對 대할 대 对 | 對對對對對對對對對對對 | 영 treat 중 对 duì 일 対 タイ(こたえる) |

對 對 對 對 對

2급 矯角殺牛 교각살우

쇠뿔을 바로잡으려다가 소를 죽인다는 뜻으로, 결점이나 흠을 고치려는 일이 지나쳐 도리어 일을 그르칠 때 사용하는 말.
(유) 교왕과정(矯枉過正), 소탐대실(小貪大失)

| 矯 바로잡을 교 | 矯矯矯矯矯矯矯矯矯矯 | 영 reform 중 矫 jiǎo 일 キョウ(ためる・なおす) |

矯 矯 矯 矯 矯

| 角 뿔 각 | 角角角角角角 | 영 horn 중 角 jiǎo 일 カク(つの) |

角 角 角 角 角

| 殺 죽일 살 | 殺殺殺殺殺殺殺殺殺殺 | 영 kill 중 杀 shā 일 サツ(ころす) |

殺 殺 殺 殺 殺

| 牛 소 우 | 牛牛牛牛 | 영 ox·cow 중 牛 niú 일 ギユウ(うし) |

牛 牛 牛 牛 牛

九曲肝腸 구곡간장

굽이굽이 서린 간과 창자라는 뜻으로, 깊은 마음속이나 시름이 쌓인 마음속을 비유하는 말.

九 아홉 구 — 영 nine / 중 九 jiǔ / 일 キユウ・ク(ここのつ)

曲 굽을 곡 — 영 bent / 중 曲 qū / 일 キョク(まげる)

肝 간 간 — 영 liver / 중 肝 gān / 일 カン(きも)

腸 창자 장 — 영 intestines / 중 肠 cháng / 일 チョウ(はらわた)

口尚乳臭 구상유취

입에서 아직도 젖내가 난다는 뜻으로, 말과 하는 짓이 유치한 것을 비유하여 일컫는 말. 〈유〉 황구유취(黃口乳臭)

口 입 구 — 영 mouth / 중 口 kǒu / 일 コウ(くち)

尚 오히려 상 — 영 rather / 중 尚 shuàng / 일 ショウ(なお)

乳 젖 유 — 영 milk / 중 乳 rǔ / 일 ニュウ(ち)

臭 냄새 취 — 영 smell / 중 臭 chòu / 일 シュウ(くさい)

九折羊腸 구절양장 〔4II급〕

아홉 번 꺾인 양의 창자라는 뜻으로 산길이 꼬불꼬불하고 험하다. 또는 세상이 복잡하여 살아가기 어렵다.

九 아홉 구 — 영 nine 중 九 jiǔ 일 キユウ·ク(ここのつ)

折 꺾을 절 — 영 break off 중 折 zhé 일 セツ(おり)

羊 양 양 — 영 sheep 중 羊 yáng 일 ヨウ(ひつじ)

腸 창자 장 — 영 intestines 중 肠 cháng 일 チョウ(はらわた)

君子三樂 군자삼락 〔4급〕

군자의 세 가지 즐거움이라는 뜻으로, 부모가 살아계시고, 형제가 무고하고, 하늘과 사람에게 부끄러움이 없고, 그리고 천하의 영재를 얻어서 가르치는 것을 말함.

君 임금 군 — 영 king 중 君 jūn 일 クン(きみ)

子 아들 자 — 영 son 중 子 zǐ, zi 일 シ(むすこ)

三 석 삼 — 영 three 중 三 sān 일 サン(みっつ)

樂(楽) 즐길 락 — 영 pleasure 중 乐 lè 일 楽 ラク(たのしい)

捲土重來 권토중래 [1급]

흙을 말아 올릴 기세로 다시 쳐들어온다는 뜻으로, 한 번 실패한 자가 힘을 길러 흙먼지를 일으키며 다시 찾아온다는 말. ㉤ 사회부연(死灰復燃), ㉥ 일패도지(一敗塗地)

捲 말 권	捲捲捲捲捲捲捲捲捲捲	영 clench 중 卷 juǎn 일 ケン(こぶし)
土 흙 토	土土土	영 soil, earth 중 土 tǔ 일 ト・ド(つち)
重 무거울 중	重重重重重重重重重	영 heavy 중 重 zhòng 일 ジュウ(かさなる)
來(来) 올 래	來來來來來來來來	영 come 중 来 lái 일 来 ライ(きたる)

金蘭之契 금란지계 [3II급]

금과 난 같은 맺음이라는 뜻으로, 사이좋은 벗끼리 마음을 합치면 단단한 쇠도 자를 수 있고, 우정의 아름다움은 난의 향기와 같다는 말로 아주 친밀한 친구 사이를 가리킴.

金 쇠 금	金金金金金金金金	영 gold 중 金 jīn 일 キン(かな)
蘭(兰) 난초 란	蘭蘭蘭蘭蘭蘭蘭蘭蘭蘭蘭蘭	영 orchid 중 兰 lán 일 ラン(あららぎ)
之 갈 지	之之之之	영 go 중 之 zhī 일 シ(ゆく・これ)
契 맺을 계	契契契契契契契契	영 bond 중 契 qì 일 ケイ(ちぎる)

고등 교육용 고사성어

錦上添花 금상첨화

[3급] 비단 위에 꽃을 더한 것이라는 뜻으로, 좋은 일이나 상황이 연달아 일어남을 가리킴.
반 설상가상(雪上加霜), 전호후랑(前虎後狼)

| 錦 비단 금 | 錦錦錦錦錦錦錦錦錦錦 | 영 silk 중 锦 jǐn 일 キン(にしき) |

錦 錦 錦 錦 錦

| 上 윗 상 | 上上上 | 영 upper 중 上 shàng 일 ジョウ(うえ) |

上 上 上 上 上

| 添 더할 첨 | 添添添添添添添添添添添 | 영 add 중 添 tiān 일 テン(そえる) |

添 添 添 添 添

| 花 꽃 화 | 花花花花花花花花 | 영 flower 중 花 huā 일 カ(はな) |

花 花 花 花 花

琴瑟之樂 금슬지락

[2급] 부부사이의 다정하고 화목한 즐거움.
동 연리지(連理枝)

| 琴 거문고 금 | 琴琴琴琴琴琴琴琴琴琴琴琴 | 영 Chinese harp 중 琴 qín 일 キン(こと) |

琴 琴 琴 琴 琴

| 瑟 거문고 슬 | 瑟瑟瑟瑟瑟瑟瑟瑟瑟 | 영 Korean-harp 중 瑟 sè 일 シツ(おおごと) |

瑟 瑟 瑟 瑟 瑟

| 之 갈 지 | 之之之之 | 영 go 중 之 zhī 일 シ(ゆく・これ) |

之 之 之 之 之

| 樂(楽) 즐길 락 | 樂樂樂樂樂樂樂樂樂樂樂 | 영 pleasure 중 乐 lè 일 楽 ラク(たのしい) |

樂 樂 樂 樂 樂

錦衣夜行 금의야행 [3II급]

비단 옷을 입고 밤길을 간다는 뜻으로, 아무도 알아주지 않아 별 보람이 없는 행동을 하는 것을 말함.

유 수의야행(繡衣夜行), 반 금의환향(錦衣還鄕)

| 錦 비단 금 | 錦錦錦錦錦錦錦錦錦錦錦錦錦錦錦錦 | 영 silk 중 锦 jǐn 일 キン(にしき) |

| 衣 옷 의 | 衣衣衣衣衣衣 | 영 clothing 중 衣 yī 일 イ(ころも) |

| 夜 밤 야 | 夜夜夜夜夜夜夜夜 | 영 night 중 夜 yè 일 ヤ(よる) |

| 行 갈 행 | 行行行行行行 | 영 go 중 行 xíng 일 コウ(いく) |

奇貨可居 기화가거 [4II급]

기이한 재물은 저축해 두는 것이 옳다는 뜻으로 좋은 물건을 사두면 장차 큰 이익을 본다.

| 奇 기이할 기 | 奇奇奇奇奇奇奇奇 | 영 strange 중 奇 qí 일 キ(くし·めずらしい) |

| 貨 재화 화 | 貨貨貨貨貨貨貨貨貨貨貨 | 영 goods 중 貨 huò 일 カ(たから) |

| 可 옳을 가 | 可可可可可 | 영 right 중 可 kě 일 カ(よい) |

| 居 살 거 | 居居居居居居居居 | 영 dwell 중 居 jū 일 キョ(いる) |

고등 교육용 고사성어 | 213

洛陽之價 낙양지가

낙양의 종이 값이라는 뜻으로, 훌륭한 글을 다투어 베끼느라고 종이의 수요가 늘어서 값이 등귀한 것을 말함이니 문장의 장려함을 칭송하는 데 쓰이는 말.

洛 물이름 낙 — 洛洛洛洛洛洛洛洛洛 — 영 name of the river 중 洛 luò 일 ラク(みやこ)

陽 볕 양 — 陽陽陽陽陽陽陽陽陽陽 — 영 sunshine 중 阳 yáng 일 ヨウ(ひ)

之 갈 지 — 之之之之 — 영 go 중 之 zhī 일 シ(ゆく·これ)

價 값 가 — 價價價價價價價價價價價 — 영 value, price 중 价 jià, jiè, jié 일 価 カ(あたい)

男負女戴 남부여대

남자는 등에 지고 여자는 머리에 인다는 뜻으로, 가난한 사람들이 정착할 곳을 찾아 이리저리 떠돌아다닌다는 말.
 풍찬노숙(風餐露宿), 조진모초(朝秦暮楚)

男 사내 남 — 男男男男男男男 — 영 man 중 男 nán 일 ダン(おとこ)

負 짐질 부 — 負負負負負負負負 — 영 bear a burden 중 负 fù 일 フ(おう)

女 계집 여 — 女女女 — 영 female 중 女 nǚ 일 ジョ(おんな)

戴 일 대 — 戴戴戴戴戴戴戴戴戴戴 — 영 carry on 중 戴 dài 일 タイ(いただく)

3II급 老馬之智 노(로)마지지

늙은 말의 지혜라는 뜻으로, 연륜이 깊은 사람에게는 어려움을 헤쳐나갈 지혜가 있다는 말.
유 노마지도(老馬知途), 노마식도(老馬識途)

老 늙을 노(로)	老老老老老老	영 old 중 老 lǎo 일 ロウ(おいる)
馬 말 마	馬馬馬馬馬馬馬馬馬馬	영 horse 중 马 mǎ 일 バ(うま)
之 갈 지	之之之之	영 go 중 之 zhī 일 シ(ゆく·これ)
智 지혜 지	智智智智智智智智智智智智	영 wisdom 중 智 zhì 일 チ(ちえ)

3II급 弄瓦之慶 농와지경

딸을 낳은 기쁨이란 뜻으로 중국에서 딸을 낳으면 흙으로 만든 실패를 장난감으로 주었던 데서 유래함.

弄 희롱할 농	弄弄弄弄弄弄弄	영 mock 중 弄 nòng 일 ロウ(もてあそぶ)
瓦 기와 와	瓦瓦瓦瓦瓦	영 tile, brick 중 瓦 wǎ, wà 일 ガ(かわら)
之 갈 지	之之之之	영 go 중 之 zhī 일 シ(ゆく·これ)
慶 경사 경	慶慶慶慶慶慶慶慶慶慶	영 happy event 중 庆 qìng 일 ケイ(よろこぶ)

고등 교육용 고사성어

2급 陵遲處斬 능지처참

머리·몸·손·팔다리를 토막 쳐서 죽인다는 뜻으로, 대역(大逆) 죄인에게 내리던 극형을 말함.

참 부관참시(副棺斬屍)

陵 언덕 릉
영 hill 중 陵 líng 일 リョウ(みささぎ)

遲 늦을 지
영 late 중 迟 chí 일 チ(おくれる)

處 곳 처
영 place, site 중 处 chù 일 処 ショ(おる)

斬 벨 참
영 cut 중 斩 zhǎn 일 ザン(きる)

4II급 多事多難 다사다난

일도 많고 어려움도 많다라는 뜻으로, 일이 바쁘게 많거나 어렵고 복잡하게 일어난다는 뜻.

유 다사다망(多事多忙), 반 무사식재(無事息災)

多 많을 다
영 many 중 多 duō 일 タ(おおい)

事 일 사
영 work 중 事 shì 일 ジ(こと)

多 많을 다
영 many 중 多 duō 일 タ(おおい)

難 어려울 난
영 difficult 중 难 nán 일 ナン(むずかしい)

斷機之戒 단기지계 [3II급]

베틀의 실을 끊는 훈계라는 뜻으로, 학업을 중단해서는 안된다는 것을 경계.

동 孟母斷機(맹모단기)

斷 (断) 끊을 단	斷斷斷斷斷斷斷斷斷斷斷斷	영 cut off 중 断 duàn 일 断 ダン(たつ)
機 기계 기	機機機機機機機機機機機	영 machine 중 机 jī 일 キ(はた)
之 갈 지	之之之之	영 go 중 之 zhī 일 シ(ゆく·これ)
戒 경계할 계	戒戒戒戒戒戒戒	영 warning 중 戒 jiè 일 カイ(いましめ)

堂狗風月 당구풍월 [3II급]

서당개도 풍월을 읊는다는 뜻으로, 무식한 사람도 유식한 사람들 틈에 있다보면 다소 유식해진다는 말.

堂 집 당	堂堂堂堂堂堂堂堂堂堂堂	영 house 중 堂 táng 일 ドウ(おもてざしき)
狗 개 구	狗狗狗狗狗狗狗狗	영 dog 중 狗 gǒu 일 ク(いぬ)
風 바람 풍	風風風風風風風風風	영 wind 중 风 fēng 일 フウ(かぜ)
月 달 월	月月月月	영 moon 중 月 yuè 일 ゲツ(つき)

고등 교육용 고사성어

大義名分 대의명분 [4II급]

큰 정의와 명분이라는 뜻으로, 인륜의 큰 의를 밝히고 분수를 지켜 정도에 어긋나지 않도록 하는 것을 말함.

유 춘추대의(春秋大義)

한자	훈음	필순	영	중	일
大	큰 대	大大大	big	大 dà	タイ(おおきい)
義	옳을 의	義義義義義義義義義義義	righteous	义 yì	ギ(よし)
名	이름 명	名名名名名名	name	名 míng	メイ(な)
分	나눌 분	分分分分	divide	分 fēn	フン(わける)

獨不將軍 독불장군 [5급]

혼자서는 장군이 되지 못한다는 뜻으로, 남의 의견을 묵살하고 저혼자 모든 일을 처리하는 사람이나 따돌림을 받는 사람.

유 고장난명(孤掌難鳴), 순망치한(脣亡齒寒)

한자	훈음	필순	영	중	일
獨(独)	홀로 독	獨獨獨獨獨獨獨獨獨獨獨	alone	独 dú	独 ドク
不	아닐 불	不不不不	not	不 bù	フ·ブ
將(将)	장수 장	將將將將將將將將將將	general	将 jiàng	将 ショウ(はた)
軍	임금 군	軍軍軍軍軍軍軍軍軍	military·district	军 jūn	グン(いくさ)

讀書三昧 독서삼매 [1급]

오직 책 읽기에만 골몰한 경지를 가리키는 말, 또는 한 곳에 정신을 집중하는 것을 뜻함.

참 독서삼도(讀書三到), 독서삼여(讀書三餘)

| 讀 読 읽을 독 | 讀讀讀讀讀讀讀讀讀讀讀讀讀 | 영 read 중 读 dú 일 読 ドク(よむ) |

| 書 글 서 | 書書書書書書書書書 | 영 writing 중 书 shū 일 ショ(かく) |

| 三 석 삼 | 三三三 | 영 three 중 三 sān 일 サン(みっつ) |

| 昧 어두울 매 | 昧昧昧昧昧昧昧 | 영 dark 중 昧 mèi 일 バイ(よあけ) |

讀書尚友 독서상우 [3II급]

책을 읽음으로써 옛날의 현인들과 벗이 될 수 있다는 말.

| 讀 読 읽을 독 | 讀讀讀讀讀讀讀讀讀讀讀 | 영 read 중 读 dú 일 読 ドク(よむ) |

| 書 글 서 | 書書書書書書書書書 | 영 writing 중 书 shū 일 ショ(かく) |

| 尚 오히려 상 | 尚尚尚尚尚尚尚尚 | 영 rather 중 尚 shuàng 일 ショウ(なお) |

| 友 벗 우 | 友友友友 | 영 friend 중 友 yǒu 일 コウ(とも) |

고등 교육용 고사성어

4급 登龍門 등용문
용문에 오르다는 뜻으로, 立身出世의 관문. 또는 출세의 계기를 잡다.

登 오를 등	登登登登登登登登登	영 climb 중 登 dēng 일 ト·トウ(のぼる)
龍 용 용 (竜)	龍龍龍龍龍龍龍龍龍龍龍	영 dragon 중 龙 lóng 일 竜 リュウ
門 문 문	門門門門門門門門	영 door 중 门 mén 일 モン(かど)

2급 萬壽無疆 만수무강
장수(長壽)를 빌 때 쓰는 말로, 수명의 끝이 없다는 말.

萬 일만 만 (万)	萬萬萬萬萬萬萬萬萬萬	영 ten thousand 중 万 wàn 일 万 マン(よろず)
壽 목숨 수 (寿)	壽壽壽壽壽壽壽壽壽壽壽	영 life 중 寿 shòu 일 ジュ(ことぶき)
無 없을 무	無無無無無無無無無無	영 nothing 중 无 wú 일 ム(ない)
疆 지경 강	疆疆疆疆疆疆疆疆疆疆疆	영 boundary 중 jiāng 일 キョウ(さかい)

明眸皓齒 명모호치

1급

밝은 눈동자와 흰 이라는 뜻으로, 미인(美人)의 아름다움을 일컫는 말.

明 밝을 명	明明明明明明明明	영 light 중 明 míng 일 メイ(あかり)
眸 눈동자 모	眸眸眸眸眸眸眸眸眸眸	영 pupil 중 眸 móu 일 ボウ(ひとみ)
皓 흴 호	皓皓皓皓皓皓皓皓皓皓	영 white 중 皓 hào 일 コウ(しろい)
齒 (歯) 이 치	齒齒齒齒齒齒齒齒齒齒齒齒	영 tooth 중 齿 chǐ 일 歯 シ(は)

毛遂自薦 모수자천

3급

자기가 자신을 추천한다는 뜻으로, 다른 사람이 자기를 추천해주지 않으니까 자기가 스스로를 추천한다.

毛 터럭 모	毛毛毛毛	영 hair 중 毛 máo 일 モウ(け)
遂 이룰 수	遂遂遂遂遂遂遂遂遂遂遂遂	영 accomplish 중 遂 suì 일 スイ(ついに)
自 스스로 자	自自自自自自	영 self 중 自 zì 일 シジ(みずから)
薦 천거할 천	薦薦薦薦薦薦薦薦薦薦	영 recommend 중 荐 jiàn 일 セン(すすめる)

1급 猫頭縣鈴 묘두현령

고양이 목에 방울 달기란 뜻으로, 실행하기 어려운 공론.

| 猫 고양이 묘 | 猫猫猫猫猫猫猫猫猫猫 | 영 cat 중 猫 māo, máo 일 ビョウ(ねこ) |

| 頭 머리 두 | 頭頭頭頭頭頭頭頭頭頭頭頭頭 | 영 head 중 头 tóu 일 トウ(あたま) |

| 縣 (県) 매달 현 | 縣縣縣縣縣縣縣縣縣縣縣縣 | 영 hang 중 县 xiàn 일 県 ケン(かかる) |

| 鈴 방울 령 | 鈴鈴鈴鈴鈴鈴鈴鈴鈴鈴鈴 | 영 bell 중 铃 líng 일 レイ(すず) |

2급 武陵桃源 무릉도원

무릉 사람이 발견한 복숭아 꽃이 만발한 곳이라는 뜻으로, 사람들이 화목하고 행복하게 살 수 있다는 이상향을 가리킴.
유 도원경(桃源境), 별천지(別天地)

| 武 호반 무 | 武武武武武武武 | 영 military 중 武 wǔ 일 ブ(たけしい) |

| 陵 언덕 릉 | 陵陵陵陵陵陵陵陵陵陵 | 영 hill 중 凌 líng 일 リョウ(みささぎ) |

| 桃 복숭아 도 | 桃桃桃桃桃桃桃桃桃桃 | 영 peach 중 挑 tiāo 일 チョウ(いどむ) |

| 源 근원 원 | 源源源源源源源源源源源源 | 영 source 중 源 yuán 일 ゲン(みなもと) |

博而不精 박이부정 [3급]

여러 방면으로 널리 알되 능란하거나 정밀(精密)하지 못함.

| 博 넓을 박 | 博 | 영 wide, broad | 중 博 bó | 일 ハク(ひろい) |

| 而 말 이을 이 | 而 | 영 and | 중 而 ér | 일 ジ(しかして) |

| 不 아닐 불 | 不 | 영 not | 중 不 bù | 일 フ·ブ |

| 精 자세할 정 | 精 | 영 fine and delicate | 중 精 jīng | 일 セイ(くわしい) |

伯牙絶絃 백아절현 [2급]

백아가 거문고 줄을 끊었다는 뜻으로, 친한 친구의 죽음을 슬퍼하는 말이며 마음으로 통하는 친구.
동 知音(지음)

| 伯 맏 백 | 伯 | 영 eldest | 중 伯 bó | 일 ハク |

| 牙 어금니 아 | 牙 | 영 molar | 중 牙 yá | 일 ガ(きば) |

| 絶 끊을 절 | 絶 | 영 cut off | 중 绝 jué | 일 ゼツ(たえる) |

| 絃 줄 현 | 絃 | 영 ear of a kettle | 중 铉 xuàn | 일 ゲン(みみづる) |

고등 교육용 고사성어

百折不屈 백절불굴 [3II급]

백 번 꺾여도 굴하지 않는다는 뜻으로, 어떠한 어려움에도 결코 굽히지 않음을 일컫는 말.
❀ 백절불요(百折不撓), 불요불굴(不撓不屈)

百 일백 백	百百百百百百	영 hundred 중 百 bǎi 일 ヒャク(もも)
折 꺾을 절	折折折折折折折	영 break off 중 折 zhé 일 セツ(おり)
不 아닐 불	不不不不	영 not 중 不 bù 일 フ・ブ
屈 굽힐 굴	屈屈屈屈屈屈屈屈	영 stooped 중 屈 qū 일 クツ(かがむ)

附和雷同 부화뇌동 [2급]

천둥이 치면 함께 움직인다는 뜻으로, 뚜렷한 소신이나 주관 없이 남의 의견이나 행동을 따라 한다는 말.
❀ 부부뇌동(附付雷同), 경거망동(輕擧妄動)

附 붙을 부	附附附附附附附附	영 attach 중 附 fù 일 フ(つく)
和 화합할 화	和和和和和和和和	영 harmony 중 和 hé 일 ワ(あえる)
雷 천둥 뇌	雷雷雷雷雷雷雷雷雷雷雷	영 thunder 중 雷 léi 일 ライ(かみなり)
同 한 가지 동	同同同同同同	영 same 중 同 tóng 일 トウ(おなじ)

氷山一角 빙산일각 [5급]

빙산의 한 모서리라는 뜻으로, 대부분이 숨겨져 있고 외부로 나타나 있는 것은 극히 일부에 지나지 않는다는 말.

氷 얼음 빙	氷氷氷氷氷	영 ice 중 冰 bīng 일 ヒョウ(こおり)
山 메 산	山山山	영 mountain 중 山 shān 일 サン(やま)
一 한 일	一	영 one 중 一 yī 일 イチ(ひとつ)
角 뿔 각	角角角角角角角	영 horn 중 角 jiǎo 일 カク(つの)

四面楚歌 사면초가 [2급]

사방에서 들리는 초나라의 노래라는 뜻으로, 사방을 적이 둘러싸고 있어서 완전히 고립된 상태를 말함.

유 고립무원(孤立無援), 진퇴양난(進退兩難)

四 사방 사	四四四四四	영 four 중 四 sì 일 シ(よ・よつ)
面 낯 면	面面面面面面面面面	영 face 중 面 miàn 일 メン(かお)
楚 초나라 초	楚楚楚楚楚楚楚楚楚	영 chu 중 楚 chǔ 일 ソ(いばら)
歌 노래 가	歌歌歌歌歌歌歌歌歌歌歌	영 song 중 歌 gē 일 カ(うた)

고등 교육용 고사성어 | 225

思無邪 사무사 [3II급]

생각이 바르므로 사악함이 없음.

| 思 생각할 사 | 思思思思思思思思 | 영 think 중 思 sī 일 シ(おもう) |

思 思 思 思 思

| 無 없을 무 | 無無無無無無無無無無無無 | 영 nothing 중 无 wú 일 ム(ない) |

無 無 無 無 無

| 邪 간사할 사 | 邪邪邪邪邪邪邪 | 영 malicious 중 邪 xié 일 ジャ(よこしま) |

邪 邪 邪 邪 邪

蛇足 사족 [3급]

필요 없는 것을 붙이는 것으로, 또는 필요 없는 것.

| 蛇 뱀 사 | 蛇蛇蛇蛇蛇蛇蛇蛇蛇蛇蛇 | 영 snake 중 蛇 shé 일 ジャ(へび) |

蛇 蛇 蛇 蛇 蛇

| 足 발 족 | 足足足足足足足 | 영 foot 중 足 zú 일 ソク(あし) |

足 足 足 足 足

6급 四通八達 사통팔달

길이나 교통망, 통신망 등이 이리저리 막힘없이 통한다는 뜻으로, 길이 여러 군데로 막힘없이 통한다는 말.
윤 사통오달(四通五達), 사달오통(四達五通)

| 四 넉 사 | 四四四四四 | 영 four 중 四 sì 일 シ(よ·よつ) |

| 通 통할 통 | 通通通通通通通通通通 | 영 go through 중 通 tōng 일 ツ(とおす) |

| 八 여덟 팔 | 八八 | 영 eight 중 八 bā 일 ハチ·ハツ(やっつ) |

| 達 이를 달 | 達達達達達達達達達達達 | 영 succeed 중 达 dá 일 タツ(さとる) |

3II급 傷弓之鳥 상궁지조

활에 상처를 입은 새는 굽은 나무만 보아도 놀란다는 뜻으로, 한 번 궂은 일을 당하고 나면 의심하고 두려워하게 된다.
속 자라 보고 놀란 가슴 솥뚜껑 보고 놀란다.

| 傷 상처 상 | 傷傷傷傷傷傷傷傷傷傷傷 | 영 wound 중 伤 shāng 일 ショウ(いたむ) |

| 弓 활 궁 | 弓弓弓 | 영 bow 중 弓 gōng 일 キュウ(ゆみ) |

| 之 갈 지 | 之之之之 | 영 go 중 之 zhī 일 シ(ゆく·これ) |

| 鳥 새 조 | 鳥鳥鳥鳥鳥鳥鳥鳥鳥鳥鳥 | 영 bird 중 鸟 niǎo 일 ショウ(かね) |

고등 교육용 고사성어 | **227**

3급 小貪大失 소탐대실
작은 것을 탐내다가 오히려 큰 것을 잃는다는 뜻으로, 욕심을 부리지 말라는 말.
㊤ 이주탄작(以珠彈雀), 과유불급(過猶不及)

小 작을 소	小小小	영 small 중 小 xiāo 일 ショウ(ちいさい)
	小 小 小 小 小	

貪 탐할 탐	貪貪貪貪貪貪貪貪貪貪	영 covet 중 贪 tān 일 タン(むさぼる)
	貪 貪 貪 貪 貪	

大 큰 대	大大大	영 big 중 大 dà 일 タイ(おおきい)
	大 大 大 大 大	

失 잃을 실	失失失失失	영 lose 중 失 shī 일 シツ(うしなう)
	失 失 失 失 失	

3급 束手無策 속수무책
손이 묶여 대책이 없다는 뜻으로, 손이 묶인 것처럼 뾰족한 방법이나 대책이 없어서 꼼짝 못한다는 말.
㊣ 속수(束手)

束 묶을 속	束束束束束束束	영 bind, tie 중 束 shù 일 ソク(たば)
	束 束 束 束 束	

手 손 수	手手手手	영 hand 중 手 shǒu 일 シュ(て)
	手 手 手 手 手	

無 없을 무	無無無無無無無無無無	영 nothing 중 无 wú 일 ム(ない)
	無 無 無 無 無	

策 꾀 책	策策策策策策策策策策	영 plan 중 策 cè 일 サク(はかりごと)
	策 策 策 策 策	

2급 松茂柏悅 송무백열

소나무가 무성함을 잣나무가 기뻐한다는 뜻으로, 벗이 잘됨을 기뻐함을 비유하여 일컫는 말.

| 松 소나무 송 | 松松松松松松松松 | 영 pine 중 松 sōng 일 ショウ(まつ) |

| 茂 무성할 무 | 茂茂茂茂茂茂茂茂茂 | 영 grow thick 중 茂 mào 일 ボウ(しげる) |

| 柏 측백나무 백 | 柏柏柏柏柏柏柏柏 | 영 thuja 중 柏 bǎi 일 ハク(かしわ) |

| 悅 기쁠 열 | 悅悅悅悅悅悅悅悅悅悅 | 영 glad 중 悦 yuè 일 エツ(よろこぶ) |

3II급 首尾一貫 수미일관

처음과 끝이 한결같다는 뜻으로, 일 따위를 처음부터 끝까지 한결같이 한다는 말.

유 시종여일(始終如一), 종시일관(終始一貫)

| 首 머리 수 | 首首首首首首首首首 | 영 head 중 首 shǒu 일 シユ(くび) |

| 尾 꼬리 미 | 尾尾尾尾尾尾尾 | 영 tail 중 尾 wěi 일 ビ(お) |

| 一 한 일 | 一 | 영 one 중 一 yī 일 イチ(ひとつ) |

| 貫 꿸 관 | 貫貫貫貫貫貫貫貫貫貫貫 | 영 pierce 중 贯 guàn 일 カン(つらぬく) |

고등 교육용 고사성어 | 229

壽福康寧 수복강녕

3II급

장수하고 행복하고 건강하고 평안하다는 뜻으로, 탈없이 오래도록 건강과 행복을 누리도록 기원함을 말함.

유 만수무강(萬壽無疆), 수산복해(壽山福海)

壽 (寿) 목숨 수	壽壽壽壽壽壽壽壽壽壽	영 life 중 寿 shòu 일 ジュ(ことぶき)
福 복 복	福福福福福福福福福福	영 fortune 중 福 fú 일 フク(さいわい)
康 편안 강	康康康康康康康康康康	영 peaceful 중 康 kāng 일 コウ
寧 (宁) 편안 녕	寧寧寧寧寧寧寧寧寧寧	영 peaceful 중 宁 níng 일 ネイ(むしろ)

宿虎衝鼻 숙호충비

3II급

자는 범의 코를 찌른다는 뜻으로, 화를 스스로 불러들이는 일을 비유하여 일컫는 말.

宿 묵을 숙	宿宿宿宿宿宿宿宿宿宿	영 lodge 중 宿 sù 일 シュク(やどる)
虎 범 호	虎虎虎虎虎虎虎虎	영 tiger 중 虎 hǔ 일 コ(とら)
衝 찌를 충	衝衝衝衝衝衝衝衝衝衝衝	영 pierce 중 冲 chōng 일 ショウ(つく)
鼻 코 비	鼻鼻鼻鼻鼻鼻鼻鼻鼻鼻	영 nose 중 鼻 bí 일 ゼ(はな)

2급 羊頭狗肉 양두구육

양의 머리를 내걸고 개고기를 판다는 뜻으로, 겉과 속이 일치하지 않거나, 겉은 훌륭하게 보이나 속은 변변치 않음을 말함. ㈜ 표리부동(表裏不同), 양질호피(羊質虎皮)

羊 양 양 — 羊羊羊羊羊羊 — 영 sheep 중 羊 yáng 일 ヨウ(ひつじ)

頭 머리 두 — 頭頭頭頭頭頭頭頭頭頭頭頭頭頭頭頭 — 영 head 중 头 tóu 일 トウ(あたま)

狗 개 구 — 狗狗狗狗狗狗狗狗 — 영 dog 중 狗 gǒu 일 ク(いぬ)

肉 고기 육 — 肉肉肉肉肉肉 — 영 meat 중 肉 ròu 일 ニク(しし)

5급 良藥苦口 양약고구

좋은 약은 입에 쓰다는 뜻으로, 바르게 충고하는 말은 귀에 거슬리지만 자신을 이롭게 한다는 말.

良 좋을 양(량) — 良良良良良良 — 영 good 중 良 liáng 일 リョウ(かて)

藥 약 약 — 藥藥藥藥藥藥藥藥藥藥 — 영 medicine 중 药 yào 일 薬 ヤク(くすり)

苦 쓸 고 — 苦苦苦苦苦苦苦苦苦 — 영 bitter 중 苦 kǔ 일 ク(くるしい)

口 입 구 — 口口口 — 영 mouth 중 口 kǒu 일 コウ(くち)

[4급] 魚頭肉尾 어두육미

물고기 머리와 짐승고기 꼬리라는 뜻으로, 물고기는 머리 쪽이 맛있고 짐승의 고기는 꼬리 쪽이 맛있다는 뜻.
⊕ 어두봉미(魚頭鳳尾), 어두일미(魚頭一味)

| 魚 물고기 어 | 魚魚魚魚魚魚魚魚魚魚魚 魚魚魚魚魚 | 영 fish 중 鱼 yú 일 ギョ(さかな) |

| 頭 머리 두 | 頭頭頭頭頭頭頭頭頭頭頭頭頭頭頭頭 頭頭頭頭頭 | 영 head 중 头 tóu 일 トウ(あたま) |

| 肉 고기 육 | 肉肉肉肉肉肉 肉肉肉肉肉 | 영 meat 중 肉 ròu 일 ニク(しし) |

| 尾 꼬리 미 | 尾尾尾尾尾尾尾 尾尾尾尾尾 | 영 tail 중 尾 wěi 일 ビ(お) |

[4II급] 與民同樂 여민동락

백성과 더불어 즐거움을 같이한다는 뜻으로, 백성과 동고동락하는 임금의 자세를 말함.
⊕ 여민해락(與民偕樂)

| 與(与) 더불 여 | 與與與與與與與與與與 與與與與與 | 영 together 중 与 yǔ 일 与 ヨ(あたえる) |

| 民 백성 민 | 民民民民民 民民民民民 | 영 people 중 民 mín 일 ミン(たみ) |

| 同 같을 동 | 同同同同同同 同同同同同 | 영 same 중 同 tóng 일 トウ(おなじ) |

| 樂(楽) 즐길 락 | 樂樂樂樂樂樂樂樂樂樂樂 樂樂樂樂樂 | 영 pleasure 중 乐 lè 일 楽 ラク(たのしい) |

緣木求魚 연목구어 [4급]

나무에 올라가 물고기를 구한다는 뜻으로, 불가능한 일을 하려 함. 또는 잘못된 방법으로 일을 꾀한다는 말.
⊕ 지천석어(指天射魚), 사어지천(射魚指天)

| 緣 인연 연 | 緣緣緣緣緣緣緣緣緣緣緣緣緣緣緣 | 영 affinity, fate | 중 缘 yuán | 일 縁 エン(ふち) |

| 木 나무 목 | 木木木木 | 영 tree | 중 木 mù | 일 ボク(き) |

| 求 구할 구 | 求求求求求求求 | 영 obtain, get | 중 求 qiú | 일 キユウ(もとめる) |

| 魚 물고기 어 | 魚魚魚魚魚魚魚魚魚魚魚 | 영 fish | 중 鱼 yú | 일 ギョ(さかな) |

吳越同舟 오월동주 [2급]

적대 관계에 있는 오나라 사람과 월나라 사람이 같은 배를 타고 있다는 뜻으로, 서로 적이지만 일시적으로 협력함을 가리킴. ⊕ 동주상구(同舟相救), 동주제강(同舟濟江)

| 吳 오나라 오 | 吳吳吳吳吳吳吳 | 영 Wu(state) | 중 吴 wú | 일 ゴ(くれ) |

| 越 월나라 월 | 越越越越越越越越越越越越 | 영 Yue(state) | 중 越 yuè | 일 エツ(こす) |

| 同 한 가지 동 | 同同同同同同 | 영 same | 중 同 tóng | 일 トウ(おなじ) |

| 舟 배 주 | 舟舟舟舟舟舟 | 영 ship | 중 舟 zhōu | 일 シユウ(ふね) |

고등 교육용 고사성어

3II급 溫柔敦厚 온유돈후
마음씨가 따뜻하고 부드러우며 인정이 많고 후덕함.

| 溫
따뜻할 온 | 溫溫溫溫溫溫溫溫溫溫溫溫溫
溫 溫 溫 溫 溫 | 영 warm | 중 温 wēn | 일 温 オン(あたたか) |

| 柔
부드러울 유 | 柔柔柔柔柔柔柔柔柔
柔 柔 柔 柔 柔 | 영 soft | 중 柔 róu | 일 ジュウ(やわらか) |

| 敦
도타울 돈 | 敦敦敦敦敦敦敦敦敦敦敦
敦 敦 敦 敦 敦 | 영 cordial | 중 敦 dūn | 일 トン(あつい) |

| 厚
두터울 후 | 厚厚厚厚厚厚厚厚
厚 厚 厚 厚 厚 | 영 thick | 중 厚 hòu | 일 コウ(あつい) |

3II급 愚公移山 우공이산
우공이 산을 옮긴다는 뜻으로, 남들은 어리석게 여기나 한 가지 일을 소신있게 하면 목적을 달성할 수 있음.
유 山溜穿石(산류천석)

| 愚
어리석을 우 | 愚愚愚愚愚愚愚愚愚愚愚愚愚
愚 愚 愚 愚 愚 | 영 foolish | 중 愚 yú | 일 グ(おろか) |

| 公
공변될 공 | 公公公公
公 公 公 公 公 | 영 official rank | 중 公 gōng | 일 コウ(おおやけ) |

| 移
옮길 이 | 移移移移移移移移移移移
移 移 移 移 移 | 영 remove | 중 移 yí | 일 イ(うつる) |

| 山
메 산 | 山山山
山 山 山 山 山 | 영 mountain | 중 山 shān | 일 サン(やま) |

隱忍自重 은인자중 [3II급]

밖으로 드러내지 않고 참으면서 몸가짐을 신중히 한다는 뜻으로, 마음속으로 참으면서 몸가짐을 신중히 한다는 말.
반 경거망동(輕擧妄動)

| 隱 숨을 은 | 隱隱隱隱隱隱隱隱隱隱隱隱 | 영 hide 중 隐 yǐn 일 隠 イン(かくれる) |

| 忍 참을 인 | 忍忍忍忍忍忍忍 | 영 bear 중 忍 rěn 일 ニン(しのぶ) |

| 自 스스로 자 | 自自自自自自 | 영 self 중 自 zì 일 シジ(みずから) |

| 重 무거울 중 | 重重重重重重重重重 | 영 heavy 중 重 zhòng 일 ジュウ(かさなる) |

因果應報 인과응보 [4II급]

원인과 결과라는 뜻으로, 좋은 원인에 좋은 결과가 나오고 나쁜 원인에 나쁜 결과가 나오듯, 반드시 그것에 상응하는 과보가 있다는 불교 용어.

| 因 인할 인 | 因因因因因因 | 영 cause 중 因 yīn 일 イン(よる) |

| 果 실과 과 | 果果果果果果果果 | 영 fruit 중 果 guǒ 일 カ(はて) |

| 應 응할 응 | 應广广广广府府雁雁應 | 영 reply 중 应 yìng 일 応 オウ(こたえる) |

| 報 갚을 보 | 報報報報報報報報報報 | 영 repay 중 报 bào 일 ホウ(むくいる) |

고등 교육용 고사성어 | **235**

4급 一刻千金 일각천금
매우 짧은 시간도 천금과 같이 귀중함.

| 一 한 일 | 영 one 중 一 yī 일 イチ(ひとつ) |

| 刻 새길 각 | 영 carve 중 刻 kè 일 コク(ざむ) |

| 千 일천 천 | 영 thousand 중 千 qiān 일 セン(ち) |

| 金 쇠 금 | 영 gold 중 金 jīn 일 キン(かな) |

2급 一網打盡 일망타진
한 번의 그물질로 모든 것을 잡는다는 뜻으로, 범죄자나 어떤 무리를 한꺼번에 모조리 잡는다는 뜻.
유 망타(網打)

| 一 한 일 | 영 one 중 一 yī 일 イチ(ひとつ) |

| 網 그물 망 | 영 net 중 网 wǎng 일 ボウ(あみ) |

| 打 칠 타 | 영 strike, hit 중 打 dǎ 일 ダ(うつ) |

| 盡 (尽) 다할 진 | 영 exhaust 중 尽 jìn 일 尽 ジン(つまる) |

4II급 一寸光陰 일촌광음

한 마디밖에 안 되는 시간이라는 뜻으로, 아주 짧은 시간을 가리키는 말.
유 광음여시(光陰如矢), 광음여유수(光陰如流水)

| 一 하나 일 | 一 | 영 one 중 一 yī 일 イチ(ひとつ) |

| 寸 마디 촌 | 寸寸寸 | 영 inch, moment 중 寸 cùn 일 スン |

| 光 빛 광 | 光光光光光光 | 영 light 중 光 guāng 일 コウ(ひかり) |

| 陰 그늘 음 | 陰陰陰陰陰陰陰陰陰陰陰 | 영 shade 중 阴 yīn 일 陰 イン(かげ) |

1급 賊反荷杖 적반하장

도적이 도리어 몽둥이를 든다는 뜻으로, 잘못한 사람이 오히려 큰소리를 치며 잘한 사람을 탓하는 형세를 나타내는 말.
유 주객전도(主客顚倒), 객반위주(客反爲主)

| 賊 도둑 적 | 賊賊賊賊賊賊賊賊賊賊賊賊賊 | 영 thief 중 贼 zéi 일 ゾク |

| 反 도리어 반 | 反反反反 | 영 return 중 反 fǎn 일 ハン(そる) |

| 荷 멜 하 | 荷荷荷荷荷荷荷荷 | 영 load 중 荷 hè 일 カ(はす) |

| 杖 지팡이 장 | 杖杖杖杖杖杖杖 | 영 stick 중 杖 zhàng 일 ジョウ(つえ) |

고등 교육용 고사성어 | **237**

2급 戰戰兢兢 전전긍긍

겁먹고 떠는 모양과 몸을 조심하는 모양을 나타내는 뜻으로, 위기에 닥쳐 몹시 두려워하는 모습.

반 포호빙하(暴虎憑河), 유 소심익익(小心翼翼)

| 戰 (战) 싸움 전 | 戰戰戰戰戰戰戰戰戰戰戰戰戰戰戰戰 戰戰戰戰戰 | 영 war 중 战 zhàn 일 戦 セン(たたかう) |

| 戰 (战) 싸움 전 | 戰戰戰戰戰戰戰戰戰戰戰戰戰戰戰戰 戰戰戰戰戰 | 영 war 중 战 zhàn 일 戦 セン(たたかう) |

| 兢 조심할 긍 | 兢兢兢兢兢兢兢兢兢兢兢兢 兢兢兢兢兢 | 영 caution 중 兢 jīng 일 キョウ(つつしむ) |

| 兢 조심할 긍 | 兢兢兢兢兢兢兢兢兢兢兢兢 兢兢兢兢兢 | 영 caution 중 兢 jīng 일 キョウ(つつしむ) |

3급 轉禍爲福 전화위복

화가 바뀌어 오히려 복이 된다는 뜻으로, 불행이라고 생각했던 일이 나중에는 오히려 좋은 일로 바뀐다는 말.

유 새옹지마(塞翁之馬), 반화위복(反禍爲福)

| 轉 구를 전 | 轉轉轉轉轉轉轉轉轉轉轉 轉轉轉轉轉 | 영 roll 중 转 zhuǎn 일 転 テン(ころぶ) |

| 禍 재앙 화 | 禍禍禍禍禍禍禍禍禍禍 禍禍禍禍禍 | 영 disaster 중 祸 huò 일 カ(わざわい) |

| 爲 (為) 할 위 | 爲爲爲爲爲爲爲爲爲 爲爲爲爲爲 | 영 do 중 为 wèi 일 為 イ(なす·ため) |

| 福 복 복 | 福福福福福福福福福福 福福福福福 | 영 fortune 중 福 fú 일 フク(さいわい) |

4급 絶代佳人 절대가인

이 세상에 비할 데 없는 미인을 말함.

⊕ 경성지미(傾城之美), 화용월태(花容月態)

| 絶 끊을 절 | 絶絶絶絶絶絶絶絶絶絶 | 영 cut off 중 绝 jué 일 ゼツ(たえる) |

| 代 대신할 대 | 代代代代代 | 영 substitute 중 代 dài 일 ダイ(かわる) |

| 佳 아름다울 가 | 佳佳佳佳佳佳佳佳 | 영 beautiful 중 佳 jiā 일 カ |

| 人 사람 인 | 人人 | 영 person 중 人 rén 일 ジン·ニン(ひと) |

3급 絶長補短 절장보단

긴 것을 잘라 짧은 것에 보탠다는 뜻으로, 장점으로 부족한 점이나 나쁜 점을 보충한다는 말.

⊕ 단장보단(斷長補短), 절장보단(截長補短)

| 絶 끊을 절 | 絶絶絶絶絶絶絶絶絶絶 | 영 cut off 중 绝 jué 일 ゼツ(たえる) |

| 長 긴 장 | 長長長長長長長長 | 영 long 중 长 cháng 일 チョウ(ながい) |

| 補 도울 보 | 補補補補補補補補補補 | 영 help 중 补 bǔ 일 ホ(おぎなう) |

| 短 짧을 단 | 短短短短短短短短短短短 | 영 short 중 短 duǎn 일 タン(みじかい) |

고등 교육용 고사성어 | **239**

2급 切齒腐心 절치부심

이를 갈고 속을 썩인다는 뜻으로, 분을 이기지 못하며 몹시 노함을 가리키는 말.
유 절치액완(切齒扼腕)

| 切 끊을 절 | 切切切切 | 영 cut 중 切 qiē 일 セツ(きる) |

| 齒 이 치 | 齒齒齒齒齒齒齒齒齒齒齒齒 | 영 tooth 중 齿 chǐ 일 歯 シ(は) |

| 腐 썩을 부 | 腐腐腐腐腐腐腐腐腐腐 | 영 rotten 중 腐 fǔ 일 フ(くさる) |

| 心 마음 심 | 心心心心 | 영 heart 중 心 xīn 일 シン(こころ) |

糟糠之妻 조강지처

술지게미와 쌀겨로 이어가며 가난한 살림을 해온 아내라는 뜻으로, 가난할 때부터 함께 고생했던 아내를 가리킴.
유 조강(糟糠)

| 糟 지게미 조 | 糟糟糟糟糟糟糟糟糟糟 | 영 lees 중 糟 zāo 일 ソウ(かす) |

| 糠 겨 강 | 糠糠糠糠糠糠糠糠糠糠 | 영 chaffs 중 糠 kāng 일 コウ(ぬか) |

| 之 갈 지 | 之之之之 | 영 go 중 之 zhī 일 シ(ゆく·これ) |

| 妻 아내 처 | 妻妻妻妻妻妻妻妻 | 영 wife 중 妻 qī 일 サイ(つま) |

助長 조장 〔4II급〕

일을 도와서 두드러지게 만든다는 뜻으로, 또는 일을 도와서 나쁜 방향으로 이끎.

| 助 도울 조 | 助助助助助助助
助 助 助 助 助 | 영 help 중 助 zhù 일 ジョ(たすける) |

| 長 길 장 | 長長長長長長長
長 長 長 長 長 | 영 long 중 长 cháng 일 チョウ(ながい) |

借廳借閨 차청차규 〔3급〕

대청을 빌리면 안방도 빌리고자 한다는 뜻으로, 인간의 욕심은 끝이 없다는 말.

유 차청입실(借廳入室), 거어지탄(車魚之歎)

| 借 빌릴 차 | 借借借借借借借借借
借 借 借 借 借 | 영 borrow 중 借 jiè 일 シャク(かりる) |

| 廳 대청 청(庁) | 廳廳廳廳廳廳廳廳廳廳
廳 廳 廳 廳 廳 | 영 hall 중 厅 tīng 일 庁 チョウ |

| 借 빌릴 차 | 借借借借借借借借借
借 借 借 借 借 | 영 borrow 중 借 jiè 일 シャク(かりる) |

| 閨 안방 규 | 閨閨閨閨閨閨閨閨閨閨
閨 閨 閨 閨 閨 | 영 boudoir 중 闺 guī 일 ケイ(ねや) |

고등 교육용 고사성어 | 241

徹頭徹尾 철두철미

3급 머리부터 꼬리까지 투철하다는 뜻으로, 사리가 밝고 투철함을 일컫는 말.

| 徹 뚫을 철 | 徹徹徹徹徹徹徹徹徹徹 | 영 pierce | 중 彻 chè | 일 テツ(とおる) |

| 頭 머리 두 | 頭頭頭頭頭頭頭頭頭頭頭頭頭頭頭頭 | 영 head | 중 头 tóu | 일 トウ(あたま) |

| 徹 뚫을 철 | 徹徹徹徹徹徹徹徹徹徹 | 영 pierce | 중 彻 chè | 일 テツ(とおる) |

| 尾 꼬리 미 | 尾尾尾尾尾尾尾 | 영 tail | 중 尾 wěi | 일 ビ(お) |

兔死狗烹 토사구팽

1급 토끼를 잡으면 사냥하던 개를 삶아 먹는다는 뜻으로, 필요할 때 요긴하게 쓰던 것이 필요 없어지면 버린다는 뜻.
유 교토사양구팽(狡兔死良狗烹)

| 兔 토끼 토 | 兔兔兔兔兔兔兔 | 영 rabbit | 중 兔 tǔ | 일 ト(うさぎ) |

| 死 죽을 사 | 死死死死死死 | 영 die | 중 死 sǐ | 일 シ(しぬ) |

| 狗 개 구 | 狗狗狗狗狗狗狗狗 | 영 dog | 중 狗 gǒu | 일 ク(いぬ) |

| 烹 삶을 팽 | 烹烹烹烹烹烹烹 | 영 boil, cook | 중 烹 pēng | 일 ホウ(にる) |

推敲 퇴고

글을 지을 때 자구(字句)를 여러 번 생각하여 고치다.

| 推 밀 퇴 | 推추扑扎扩推推推 | 영 push 중 推 tuī 일 スイ(おす) |

| 敲 두드릴 고 | 敲敲敲敲敲敲敲敲敲敲 | 영 beat 중 敲 qiāo 일 コウ(たたく) |

破瓜之年 파과지년

참외를 깨는 나이라는 뜻으로, 여자의 나이 16세를 가리키는 말.
준 파과(破瓜)

| 破 깨뜨릴 파 | 破破破破破破破破破破 | 영 break 중 破 pò 일 ハ(やぶる) |

| 瓜 오이 과 | 瓜瓜瓜瓜瓜 | 영 cucumber 중 瓜 guā 일 カ(り) |

| 之 갈 지 | 之之之之 | 영 go 중 之 zhì 일 シ(ゆく·これ) |

| 年 해 년 | 年年年年年年 | 영 year 중 年 nián 일 ネン(とし) |

[3II급] 破邪顯正 파사현정

그릇된 것을 깨뜨리고 올바르게 바로잡음.

| 破 깨뜨릴 파 | 破破破破破破破破破破 | 영 break | 중 破 pò | 일 ハ(やぶる) |

| 邪 간사할 사 | 邪邪邪邪邪邪邪 | 영 malicious | 중 邪 xié | 일 ジャ(よこしま) |

| 顯 [顕] 나타날 현 | 顯顯顯顯顯顯顯顯顯顯顯 | 영 appear | 중 显 xiǎn | 일 顕 ケン(あらわれる) |

| 正 바를 정 | 正正正正正 | 영 straight | 중 正 zhèng | 일 セイ(ただしい) |

[4급] 匹夫匹婦 필부필부

한 사람의 남자와 한 사람의 여자라는 뜻으로, 평범한 사람이나 미천한 남녀, 또는 미천한 남자를 가리킴.

㉌ 갑남을녀(甲男乙女), 선남선녀(善男善女)

| 匹 짝 필 | 匹匹匹匹 | 영 partner | 중 匹 pǐ | 일 ヒツ(ひき·たぐい) |

| 夫 지아비 부 | 夫夫夫夫 | 영 husband | 중 夫 fū | 일 フ(おっと) |

| 匹 짝 필 | 匹匹匹匹 | 영 partner | 중 匹 pǐ | 일 ヒツ(ひき·たぐい) |

| 婦 지어미 부 | 婦婦婦婦婦婦婦婦婦 | 영 wife | 중 妇 fù | 일 フ(おんな) |

鶴首苦待 학수고대 [3급]

학처럼 목을 빼고 기다린다는 뜻으로, 몹시 애타게 기다린다는 말.
유 학수(鶴首), 학망(鶴望)

한자	훈음	영	중	일
鶴	학 학	crane	鶴 hè	カク(つる)
首	머리 수	head	首 shǒu	シュ(くび)
苦	쓸 고	bitter	苦 kǔ	ク(くるしい)
待	기다릴 대	wait	待 dài	タイ(まつ)

邯鄲之夢 한단지몽 [1급]

노생이 한단에서 여옹의 베개를 베고 자다 꾼 꿈이라는 뜻으로, 인생의 부귀영화가 덧없음을 비유한 말.
유 일취지몽(一炊之夢), 한단침(邯鄲枕)

한자	훈음	영	중	일
邯	땅이름 한	land name	邯 hán	カン
鄲	땅이름 단	land name	鄲 dān	タン
之	갈 지	go	之 zhì	シ(ゆく·これ)
夢 (梦)	꿈 몽	dream	梦 mèng	ム(ゆめ)

고등 교육용 고사성어 | 245

3급 咸興差使 **함흥차사**

함흥에 가는 차사. 한 번 가기만 하면 깜깜 소식이라는 뜻으로, 심부름을 가서 아주 소식이 없거나 더디 올 때 쓰는 말.

㊙ 終無消息(종무소식)

| 咸 다 함 | 咸咸咸咸咸咸咸咸咸 咸 咸 咸 咸 咸 | 영 all 중 咸 xián 일 カン(みな) |

| 興 흥할 흥 | 興興興興興興興興興興興興 興 興 興 興 興 | 영 cheerful 중 兴 xīng 일 コウ(おこる) |

| 差 다를 차 | 差差差差差差差差差 差 差 差 差 差 | 영 difference 중 差 chà 일 サ(さす) |

| 使 부릴 사 | 使使使使使使使使 使 使 使 使 使 | 영 employ, mission 중 使 shǐ 일 シ(つかう) |

5급 行雲流水 **행운유수**

떠가는 구름과 흐르는 물이라는 뜻으로, 일의 처리에 막힘이 없거나 마음씨가 시원시원함을 비유하는 말.

| 行 갈 행 | 行行行行行行 行 行 行 行 行 | 영 go 중 行 xíng 일 コウ(いく) |

| 雲 구름 운 | 雲雲雲雲雲雲雲雲雲雲雲雲 雲 雲 雲 雲 雲 | 영 cloud 중 云 yún 일 ウン(くも) |

| 流 흐를 류(유) | 流流流流流流流流流流 流 流 流 流 流 | 영 flow 중 流 liú 일 リュウ(ながれる) |

| 水 물 수 | 水水水水 水 水 水 水 水 | 영 water 중 水 shuǐ 일 スイ(みず) |

懸河之辯 현하지변

흐르는 물과 같은 연설이라는 뜻으로, 매우 유창한 말솜씨.

| 懸 매달 현 | 懸懸懸懸懸懸懸懸懸懸懸懸懸懸懸懸懸 | 영 hang 중 悬 xuán 일 ケン(かける) |

| 河 황하 하 | 河河河河河河河河 | 영 river 중 河 hé 일 カ(かわ) |

| 之 갈 지 | 之之之之 | 영 go 중 之 zhì 일 シ(ゆく·これ) |

| 辯 두루 미칠 변 | 辯辯辯辯辯辯辯辯辯 | 영 distinguish 중 辨 biàn 일 ベン(わきまえる) |

糊口之策 호구지책

입에 풀칠하는 꾀라는 뜻으로, 겨우 생계를 유지할 수 있을 정도의 일을 말함.
유 구식지계(口食之計), 호구지계(糊口之計)

| 糊 풀칠할 호 | 糊糊糊糊糊糊糊糊糊糊糊 | 영 paste 중 糊 hú, hū, hù 일 コ(のり) |

| 口 입 구 | 口口口 | 영 mouth 중 口 kǒu 일 コウ(くち) |

| 之 갈 지 | 之之之之 | 영 go 중 之 zhì 일 シ(ゆく·これ) |

| 策 책략 책 | 策策策策策策策策策策 | 영 plan 중 策 cè 일 サク(はかりごと) |

浩然之氣 호연지기 [3급]

하늘과 땅 사이에 가득 찬 넓고도 큰 기운이라는 뜻으로, 사물에서 해방되어 자유스럽고 유쾌한 마음을 뜻함.
유 정대지기(正大之氣), 호기(浩氣)

浩 넓을 호
浩浩浩浩浩浩浩浩浩浩
浩 浩 浩 浩 浩
영 wide　중 浩 hào　일 コウ(ひろい)

然 그럴 연
然然然然然然然然然然然然
然 然 然 然 然
영 so, such　중 然 rán　일 ゼン(しかり)

之 갈 지
之之之之
之 之 之 之 之
영 go　중 之 zhī　일 シ(ゆく·これ)

氣(気) 기운 기
氣氣氣氣氣氣氣氣氣氣
氣 氣 氣 氣 氣
영 energy　중 气 qì　일 気 キ

胡蝶之夢 호접지몽 [3급]

나비가 된 꿈이라는 뜻으로, 현실과 꿈이 뒤섞여서 무엇이 현실이고 무엇이 꿈인지를 분간하기 어려움을 비유한 말.
유 장주지몽(莊周之夢), 물심일여(物心一如)

胡 오랑캐 호
胡胡胡胡胡胡胡胡胡
胡 胡 胡 胡 胡
영 savage　중 胡 hú　일 コ·ウ·ゴ(えびす)

蝶 나비 접
蝶蝶蝶蝶蝶蝶蝶蝶蝶蝶蝶
蝶 蝶 蝶 蝶 蝶
영 butterfly　중 蝶 dié　일 チョウ

之 갈 지
之之之之
之 之 之 之 之
영 go　중 之 zhī　일 シ(ゆく·これ)

夢(梦) 꿈 몽
夢夢夢夢夢夢夢夢夢
夢 夢 夢 夢 夢
영 dream　중 梦 mèng　일 ム(ゆめ)

3급 昏定晨省 혼정신성

저녁에 이부자리를 보고 아침에 자리를 돌본다는 뜻으로, 아침저녁으로 부모의 안부를 물어서 살핌.

昏 어두울 혼	昏昏昏昏昏昏昏昏	영 dusk 중 昏 hūn 일 コン(くらい)
	昏 昏 昏 昏 昏	

定 정할 정	定定定定定定定定	영 decide, fix 중 定 dìng 일 テイ(さだめる)
	定 定 定 定 定	

晨 새벽 신	晨晨晨晨晨晨晨晨晨晨	영 dawn 중 晨 chén 일 シン(あさ)
	晨 晨 晨 晨 晨	

省 살필 성	省省省省省省省省省	영 look 중 省 shěng 일 セイ(かえりみる)
	省 省 省 省 省	

1급 畫中之餠 화중지병

그림의 떡이라는 뜻으로, 볼 수만 있을 뿐 실제 얻거나 쓸 수는 없다는 말.
↔ 귀화병(歸畫餠)

畫 [画] 그림 화	畫畫畫畫畫畫畫畫畫畫畫	영 picture 중 画 huà 일 画 ガ·カク(えがく)
	畫 畫 畫 畫 畫	

中 가운데 중	中中中中	영 middle 중 中 zhōng 일 チュウ(なか)
	中 中 中 中 中	

之 갈 지	之之之之	영 go 중 之 zhī 일 シ(ゆく·これ)
	之 之 之 之 之	

餠 떡 병	餠餠餠餠餠餠餠餠餠餠餠	영 flour cake 중 餠 bǐng 일 ヘイ(もち)
	餠 餠 餠 餠 餠	

厚顔無恥 후안무치

얼굴 거죽이 두꺼워 자신의 부끄러움도 돌아보지 않는다는 뜻으로, 뻔뻔스러워 부끄러워할 줄을 모름을 일컫는 말.

ⓤ 철면피(鐵面), ⓐ 순정가련(純情可憐)

厚 두터울 후	厚厚厚厚厚厚厚厚	영 thick 중 厚 hòu 일 コウ(あつい)
顔 얼굴 안	顔顔顔顔顔顔顔顔顔顔顔	영 face 중 颜 yán 일 ガン(かお)
無 없을 무	無無無無無無無無無無無無	영 nothing 중 无 wú 일 ム(ない)
恥(耻) 부끄러울 치	恥恥恥恥恥恥恥恥恥	영 shame 중 耻 chǐ 일 耻 チ(はじ)

고등 교육용 한자 900 + 고사성어(故事·成語) 쓰기교본

부록

- 부수(部首) 일람표
- 두음법칙(頭音法則) 한자
- 동자이음(同字異音) 한자
- 약자(略字)·속자(俗字)
- 찾아보기(색인)

부수(部首) 일람표

一 [한 일]	가로의 한 획으로 수(數)의 '하나'의 뜻을 나타냄 (지사자)
丨 [뚫을 곤]	세로의 한 획으로, 상하(上下)로 통하는 뜻을 지님 (지사자)
丶 [점 주(점)]	불타고 있어 움직이지 않는 불꽃을 본뜬 모양 (지사자)
丿 [삐칠 별(삐침)]	오른쪽에서 왼쪽으로 삐쳐 나간 모습을 그린 글자 (상형자)
乙(乚) [새 을]	갈지자형을 본떠, 사물이 원활히 나아가지 않는 상태를 나타냄 (상형자)
亅 [갈고리 궐]	거꾸로 휘어진 갈고리 모양을 본뜬 글자 (상형자)
二 [두 이]	두 개의 가로획으로 수사(數詞)의 '둘'의 뜻을 나타냄 (상형자)
亠 [머리 두(돼지해머리)]	亥에서 亠을 따 왔기 때문에 돼지해밑이라고 함 (상형자)
人(亻) [사람 인(인변)]	사람, 백성 등이 팔을 뻗쳐 서있는 것을 옆에서 본 모양 (상형자)
儿 [어진사람 인]	사람 두 다리를 뻗치고 서있는 모습 (상형자)
入 [들 입]	하나의 줄기가 갈라져 땅속으로 들어가는 모양 (상형자)
八 [여덟 팔]	사물이 둘로 나뉘어 등지고 있는 모습 (지사자)
冂 [멀 경(멀경몸)]	세로의 두 줄에 가로 줄을 그어, 멀리 떨어진 막다른 곳을 뜻함 (상형자)
冖 [덮을 멱(민갓머리)]	집 또는 지붕을 본떠 그린 글자 (상형자)
冫 [얼음 빙(이수변)]	얼음이 언 모양을 그린 글자 (상형자)
几 [안석 궤(책상궤)]	발이 붙어 있는 대의 모양 (상형자)
凵 [입벌릴 감(위터진입구)]	땅이 움푹 들어간 모양 (상형자)
刀(刂) [칼 도]	날이 구부정하게 굽은 칼 모양 (상형자)
力 [힘 력]	팔이 힘을 주었을 때 근육이 불거진 모습 (상형자)
勹 [쌀 포]	사람이 몸을 구부리고 보따리를 싸서 안고 있는 모양 (상형자)
匕 [비수 비]	끝이 뾰쪽한 숟가락 모양 (상형자)
匚 [상자 방(터진입구)]	네모난 상자의 모양을 본뜸 (상형자)
匸 [감출 혜(터진에운담)]	물건을 넣고 뚜껑을 덮어 가린다는 뜻 (회의자)
十 [열 십]	동서남북이 모두 추어진 모양
卜 [점 복]	점을 치기 위하여 소뼈나 거북의 등딱지를 태워서 갈라진 모양

卩(㔾) [병부 절]	사람이 무릎을 꿇은 모양을 본떠, '무릎 관절'의 뜻을 나타냄 (상형자)
厂 [굴바위 엄(민엄호)]	언덕의 위부분이 튀어나와 그 밑에서 사람이 살 수 있는 곳 (상형자)
厶 [사사로울 사(마늘모)]	자신의 소유품을 묶어 싸놓고 있음을 본뜸 (지사자)
又 [또 우]	오른손의 옆모습을 본뜬 글자 (상형자)
口 [입 구]	사람의 입모양을 나타냄 (상형자)
囗 [에울 위(큰입구)]	둘레를 에워싼 선에서, '에워싸다', '두루다'의 뜻을 나타냄 (지사자)
土 [흙 토]	초목의 새싹이 땅 위로 솟아오르며 자라는 모양을 본뜬 글자 (상형자)
士 [선비 사]	一에서 十까지의 기수(基數)로 선비가 학업에 입문하는 것 (상형자)
夂 [뒤져올 치]	아래를 향한 발의 상형으로, '내려가다'의 뜻을 나타냄 (상형자)
夊 [천천히걸을 쇠]	아래를 향한 발자국의 모양으로, 가파른 언덕을 머뭇거리며 내려가다는 뜻을 나타냄 (상형자)
夕 [저녁 석]	달이 반쯤 보이기 시작할 때 즉 황혼 무렵의 저녁을 말함 (상형자)
大 [큰 대]	정면에서 바라 본 사람의 머리, 팔, 머리를 본뜸 (상형자)
女 [계집 녀]	여자가 무릎을 굽히고 얌전히 앉아 있는 모습 (상형자)
子 [아들 자]	사람의 머리와 수족을 본뜸 (상형자)
宀 [집 면(갓머리)]	지붕이 사방으로 둘러싸인 집 (상형자)
寸 [마디 촌]	손가락 하나 굵기의 폭 (지사자)
小 [작을 소]	작은 점의 상형으로 '작다'의 뜻 (상형자)
尢(兀) [절름발이 왕]	한쪽 정강이뼈가 굽은 모양을 본뜸 (상형자)
尸 [주검 시]	사람이 배를 깔고 드러누운 모양 (상형자)
屮(艹) [싹날 철]	풀의 싹이 튼 모양을 본뜸 (상형자)
山 [메 산]	산모양을 본떠, '산'의 뜻을 나타냄 (상형자)
巛(川) [개미허리(내 천)]	물이 굽이쳐 흐르는 모양 (상형자)
工 [장인 공]	천지 사이에 대목이 먹줄로 줄을 튕기고 있는 모습 (상형자)
己 [몸 기]	사람이 자기 몸을 굽히고 있는 모양을 본뜬 글자 (상형자)
巾 [수건 건]	허리띠에 천을 드리우고 있는 모양 (상형자)
干 [방패 간]	끝이 쌍갈래진 무기의 상형으로, '범하다', '막다'의 뜻을 나타냄 (상형자)
幺 [작을 요]	갓 태어난 아이를 본뜸 (상형자)

广 [집 엄(엄호)]	가옥의 덮개에 상당하는 지붕의 모습을 본뜸 (상형자)
廴 [길게 걸을 인(민책받침)]	길게 뻗은 길을 간다는 뜻 (지사자)
廾 [손맞잡을 공(밑스물입)]	두 손으로 받들 공 왼손과 오른손을 모아 떠받들고 있는 모습 (회의자)
弋 [주살 익]	작은 가지에 지주(支柱)를 바친 모양 (상형자)
弓 [활 궁]	화살을 먹이지 않은 활의 모양을 본뜸 (상형자)
彐(彑) [돼지머리 계(터진가로왈)]	돼지머리의 모양을 본뜬 모양 (상형자)
彡 [터럭 삼(삐친석삼)]	터럭을 빗질하여 놓은 모양 (상형자)
彳 [조금걸을 척(중인변)]	넓적다리, 정강이, 발의 세 부분을 그려서 처음 걷기 시작함을 나타냄 (상형자)
心(忄·㣺) [마음 심(심방 변)]	사람의 심장의 모양을 본뜬 모양 (상형자)
戈 [창 과]	주살 익(弋)에 一을 덧붙인 날이 옆에 있는 주살 (상형자)
戶 [지게 호]	지게문의 상형으로, '문', '가옥'의 뜻을 지님 (상형자)
手(扌) [손 수(재방변)]	다섯 손가락을 펼치고 있는 손의 모양 (상형자)
支 [지탱할 지]	대나무의 한 쪽 가지를 나누어 손으로 쥐고 있는 모양 (상형자)
攴(攵) [칠 복(등글월문)]	손으로 북소리가 나게 두드린다는 뜻 (상형자)
文 [글월 문]	사람의 가슴을 열어, 거기에 먹으로 표시한 모양 (상형자)
斗 [말 두]	자루가 달린 용량을 계측하는 말을 본뜸 (상형자)
斤 [도끼 근(날근)]	날이 선, 자루가 달린 도끼로 그 밑에 놓인 물건을 자르려는 모양 (상형자)
方 [모 방]	두 척의 조각배를 나란히 하여 놓고 그 이름을 붙여 놓은 모양 (상형자)
无(旡) [없을 무(이미기방)]	사람의 머리 위에 一의 부호를 더하여 머리를 보이지 않게 한 것 (지사자)
日 [날 일]	태양의 모양을 본뜸 (상형자)
曰 [가로 왈]	입과 날숨을 본뜸 (상형자)
月 [달 월]	달의 모양을 본뜸 (상형자)
木 [나무 목]	나무의 줄기와 가지와 뿌리가 있는 서 있는 나무를 본뜸 (상형자)
欠 [하품 흠]	사람의 립에서 입김이 나오는 모양 (상형자)
止 [그칠 지]	초목에서 싹이 돋아날 무렵의 뿌리 부분의 모양 (상형자)
歹(歺) [뼈앙상할 알(죽을 사변)]	살이 깎여 없어진 사람의 백골 시체의 모양 (상형자)
殳 [칠 수(갖은등글월문)]	오른손에 들고 있는 긴 막대기의 무기 모양 (상형자)
毋 [말 무]	毋말무 여자를 함부로 범하지 못하도록 막아 지킨다는 뜻 (상형자)

比 [견줄 비]	人을 반대 방향으로 나란히 세워 놓은 모양 (상형자)
毛 [터럭 모]	사람이나 짐승의 머리털을 본뜸 (상형자)
氏 [각시 씨]	산기슭에 튀어나와 있는 허물어져가는 언덕의 모양 (상형자)
气 [기운 기]	구름이 피어오르는 모양. 또는 김이 곡선을 그으면서 솟아오르는 모양 (상형자)
水(氵) [물 수(삼수변)]	물이 끊임없이 흐르는 모양 (상형자)
火(灬) [불 화]	불이 활활 타오르는 모양 (상형자)
爪(爫) [손톱 조]	손으로 아래쪽의 물건을 집으려는 모양 (상형자)
父 [아비 부]	손으로 채찍을 들고 가족을 거느리며 가르친다는 뜻 (상형자)
爻 [점괘 효]	육효(六爻)의 머리가 엇갈린 모양을 본뜸 (상형자)
爿 [조각널 장(장수장변)]	나무의 한 가운데를 세로로 자른 그 왼쪽 반의 모양 (상형자)
片 [조각 편]	나무의 한 가운데를 세로로 자른 그 오른 쪽 반의 모양 (상형·지사자)
牙 [어금니 아]	입을 다물었을 때 아래 위의 어금니가 맞닿은 모양 (상형자)
牛(牜) [소 우]	머리와 두 뿔이 솟고, 꼬리를 늘어뜨리고 있는 소의 모양 (상형자)
犬(犭) [개 견]	개가 옆으로 보고 있는 모양 (상형자)
老(耂) [늙을 로]	늙어서 머리털이 변한 모양 (상형자)
玉(王) [구슬 옥]	가로 획은 세 개의 옥돌, 세로 획은 옥 줄을 꿴 끈을 뜻함 (상형자)
艸(艹) [풀 초(초두)]	초목이 처음 돋아나오는 모양 (상형자)
辵(辶) [쉬엄쉬엄갈 착 (책받침)]	가다가는 쉬고 쉬다가는 간다는 뜻 (회의자)
玄 [검을 현]	'亠'과 '幺'이 합하여 그윽하고 멀다는 의미를 지님 (상형자)
瓜 [오이 과]	'八'는 오이의 덩굴을 , '厶'는 오이의 열매를 본뜸 (상형자)
瓦 [기와 와]	진흙으로 구운 질그릇의 모양 (상형자)
甘 [달 감]	'ㅁ'와 '一'을 합한 것으로 입 안에 맛있는 것이 들어있음을 뜻함 (지사자)
生 [날 생]	초목이 나고 차츰 자라서 땅 위에 나온 모양 (상형자)
田 [밭 전]	'ㅁ'은 사방의 경계선을 '十'은 동서남북으로 통하는 길을 본뜸 (상형자)
疋 [필 필]	무릎 아래의 다리 모양 (상형자)
疒 [병들 녁(병질엄)]	사람이 병들어 침대에 기댄 모양 (회의자)
癶 [걸을 발(필발머리)]	두 다리를 뻗친 모양 (상형자)
白 [흰 백]	저녁의 어스레한 물색을 희다고 본데서 '희다'의 뜻을 나타냄 (상형자)

皮 [가죽 피]	손으로 가죽을 벗기는 모습 (상형자)
皿 [그릇 명]	그릇의 모양 (상형자)
目(罒) [눈 목]	사람의 눈의 모양 (상형자)
矛 [창 모]	병거(兵車)에 세우는 장식이 달리고 자루가 긴 창의 모양 (상형자)
矢 [화살 시]	화살의 모양 (상형자)
石 [돌 석]	언덕 아래 굴러있는 돌멩이 모양 (상형자)
示(礻) [보일 시]	인간에게 길흉을 보여 알림을 뜻함 (상형자)
禸 [짐승발자국 유]	짐승의 뒷발이 땅을 밟고 있는 모양 (상형자)
禾 [벼 화]	줄기와 이삭이 드리워진 모양 (상형자)
穴 [구멍 혈]	움을 파서 그 속에서 살 혈거주택을 본 뜬 모양 (상형자)
立 [설 립]	사람이 땅 위에 서 있는 모양 (상형자)
衣(衤) [옷 의]	사람의 윗도리를 가리는 옷이라는 뜻 (상형자)
竹 [대 죽]	대나무의 줄기와 대나무의 잎이 아래로 드리워진 모양 (상형자)
米 [쌀 미]	네 개의 점은 낟알을 뜻하고 十은 낟알이 따로따로 있음을 뜻함 (상형자)
糸 [실 사]	실타래를 본뜬 모양 (상형자)
缶 [장군 부]	장군을 본뜬 모양 (상형자)
网(罓·罒) [그물 망]	그물을 본뜬 모양 (상형자)
羊 [양 양]	양의 뿔과 네 다리를 나타낸 모양 (상형자)
羽 [깃 우]	새의 날개를 본뜬 모양 (상형자)
而 [말이을 이]	코 밑 수염을 본뜬 모양 (상형자)
耒 [쟁기 뢰]	우거진 풀을 나무로 만든 연장으로 갈아 넘긴다는 뜻으로 쟁기를 의미함 (상형자)
耳 [귀 이]	귀를 본뜬 모양 (상형자)
聿 [붓 율]	대쪽에 재빠르게 쓰는 물건 곧 붓을 뜻함 (상형자)
肉(月) [고기 육(육달월변)]	잘라낸 고기 덩어리를 본뜬 모양 (상형자)
臣 [신하 신]	임금 앞에 굴복하고 있는 모양 (상형자)
自 [스스로 자]	코를 본뜬 모양 (상형자)
至 [이를 지]	새가 날아 내려 땅에 닿음을 나타냄 (지사자)
臼 [절구 구(확구)]	확을 본뜬 모양 (상형자)

舌 [혀 설]	口와 干을 합하여 혀를 나타냄 (상형자)
舛(牛) [어그러질 천]	사람과 사람이 서로 등지고 반대 된다는 뜻 (상형·회의자)
舟 [배 주]	배의 모양을 본뜬 모양 (상형자)
艮 [그칠 간]	눈이 나란하여 서로 물러섬이 없다는 뜻 (회의자)
色 [빛 색]	사람의 심정이 얼굴빛에 나타난 모양 (회의자)
虍 [범의문채 호(범호)]	호피의 무늬를 본뜬 모양 (상형자)
虫 [벌레 충(훼)]	살무사가 몸을 도사리고 있는 모양 (상형자)
血 [피 혈]	제기에 담아서 신에게 바치는 희생의 피를 나타냄 (상형자)
行 [다닐 행]	좌우의 발을 차례로 옮겨 걸어감을 의미함 (상형자)
襾 [덮을 아]	그릇의 뚜껑을 본뜬 모양 (지사자)
見 [볼 견]	사람이 눈으로 보는 것을 뜻함 (회의자)
角 [뿔 각]	짐승의 뿔을 본뜬 모양 (상형자)
言 [말씀 언]	불신(不信)이 있을 대는 죄를 받을 것을 맹세한다는 뜻
谷 [골 곡]	샘물이 솟아 산 사이를 지나 바다에 흘러들어 가기까지의 사이를 뜻함 (회의자)
豆 [콩 두]	굽이 높은 제기를 본뜬 모양 (상형자)
豕 [돼지 시]	돼지가 꼬리를 흔드는 모양 (상형자)
豸 [발없는벌레 치(갖은돼지시변)]	짐승이 먹이를 노려 몸을 낮추어 이제 곧 덮치려 하고 있는 모양 (상형자)
貝 [조개 패]	조개를 본뜬 모양 (상형자)
赤 [붉을 적]	불타 밝은데서 밝게 드러낸다는 뜻 (회의자)
走 [달아날 주]	사람이 다리를 굽혔다 폈다 하면서 달리는 모양 (회의자)
足 [발 족]	무릎부터 다리까지를 본뜬 모양 (상형자)
身 [몸 신]	아이가 뱃속에서 움직이는 모양 (상형자)
車 [수레 거]	외바퀴차를 본뜬 모양 (상형자)
辛 [매울 신]	문신을 하기 위한 바늘을 본뜬 모양 (상형자)
辰 [별 진]	조개가 조가비를 벌리고 살을 내놓은 모양 (상형자)
邑(阝) [고을 읍(우부방)]	사람이 모여 사는 마을을 뜻함 (회의자)
酉 [닭 유]	술두루미를 본뜬 모양 (상형자)
釆 [분별할 변]	짐승의 발톱이 갈라져 있는 모양 (상형자)

里 [마을 리]	밭도 있고 흙도 있어서 사람이 살만한 곳을 뜻함 (회의자)
金 [쇠 금]	땅 속에 묻혔으면서 빛을 가진 광석에서 가장 귀한 것을 뜻함 (상형·형성자)
長(镸) [길 장]	사람의 긴 머리를 본뜬 모양 (상형자)
門 [문 문]	두 개의 문짝을 달아놓은 모양 (상형자)
阜(阝) [언덕 부(좌부방)]	층이 진 흙산을 본뜬 모양 (상형자)
隶 [미칠 이]	손으로 꼬리를 붙잡기 위해 뒤에서 미친다는 뜻 (회의자)
隹 [새 추]	꽁지가 짧은 새를 본뜬 모양 (상형자)
雨 [비 우]	하늘의 구름에서 물방울이 뚝뚝 떨어지는 모양 (상형자)
靑 [푸를 청]	싹도 우물물도 맑은 푸른빛을 뜻함 (형성자)
非 [아닐 비]	새가 날아 내릴 때 날개를 좌우로 날아 드리운 모양 (상형자)
面 [낯 면]	사람의 머리에 얼굴의 윤곽을 본뜬 모양 (지사자)
革 [가죽 혁]	두 손으로 짐승의 털을 뽑는 모양 (상형자)
韋 [다룸가죽 위]	어떤 장소에서 다른 방향으로 발걸음을 내디디는 모양 (회의자)
韭 [부추 구]	땅 위에 무리지어 나있는 부추의 모양 (상형자)
音 [소리 음]	말이 입 밖에 나올 때 성대를 울려 가락이 있는 소리를 내는 모양 (지사자)
頁 [머리 혈]	사람의 머리를 강조한 모양 (상형자)
風 [바람 풍]	공기가 널리 퍼져 움직임을 따라 동물이 깨어나 움직인다는 뜻 (상형·형성자)
飛 [날 비]	새가 하늘을 날 때 양쪽 날개를 쭉 펴고 있는 모양 (상형자)
食 [밥 식(변)]	식기에 음식을 담고 뚜껑을 덮은 모양 (상형자)
首 [머리 수]	머리털이 나있는 머리를 본뜬 모양 (상형자)
香 [향기 향]	기장을 잘 익혔을 때 나는 냄새를 뜻함 (회의자)
馬 [말 마]	말을 본뜬 모양 (상형자)
骨 [뼈 골]	고기에서 살을 발라내고 남은 뼈를 뜻함 (회의자)
高 [높을 고]	출입문 보다 누대는 엄청 높다는 뜻 (상형자)
髟 [머리털늘어질 표(터럭발)]	긴 머리털을 뜻함 (회의자)
鬥 [싸울 투]	두 사람이 손에 병장기를 들고 서로 대항하는 모양 (상형자)
鬯 [술 창]	곡식의 낟알이 그릇에 담겨 괴어 액체가 된 것을 숟가락으로 뜬다는 뜻 (회의자)
鬲 [솥 력]	솥과 비슷한 다리 굽은 솥의 모양 (상형자)

鬼 [귀신 귀]	사람을 해치는 망령 곧 귀신을 뜻함 (상형자)
魚 [물고기 어]	물고기를 본뜬 모양 (상형자)
鳥 [새 조]	새를 본뜬 모양 (상형자)
鹵 [소금밭 로]	서쪽의 소금밭을 가리킴 (상형자)
鹿 [사슴 록]	사슴의 머리, 뿔, 네 발을 본뜬 모양 (상형자)
麥 [보리 맥]	겨울에 뿌리가 땅속에 깊이 박힌 모양 (회의자)
麻 [삼 마]	삼의 껍질을 가늘게 삼은 것을 뜻함 (회의자)
黃 [누를 황]	밭의 색은 황토색이기 때문에 '노랗다'는 것을 뜻함 (상형자)
黍 [기장 서]	술의 재료로 알맞은 기장을 뜻함 (상형·회의자)
黑 [검을 흑]	불이 활활 타올라 나가는 창인 검은 굴뚝을 뜻함 (상형자)
黹 [바느질할 치]	바늘에 꿴 실로서 수를 놓는 옷감을 그린 모양 (상형자)
黽 [맹꽁이 맹]	맹꽁이를 본뜬 모양 (상형자)
鼎 [솥 정]	발이 세 개, 귀가 두개인 솥의 모양 (상형자)
鼓 [북 고]	장식이 달린 아기를 오른손으로 친다는 뜻 (회의자)
鼠 [쥐 서]	쥐의 이와 배, 발톱과 꼬리의 모양 (상형자)
鼻 [코 비]	공기를 통하는 '코'를 뜻함 (회의·형성자)
齊 [가지런할 제]	곡식의 이삭이 피어 끝이 가지런한 모양 (상형자)
齒 [이 치]	이가 나란히 서 있는 모양
龍 [용 룡]	끝이 뾰쪽한 뿔과 입을 벌린 기다란 몸뚱이를 가진 용의 모양 (상형자)
龜 [거북 귀(구)]	거북이를 본뜬 모양 (상형자)
龠 [피리 약]	부는 구멍이 있는 관(管)을 나란히 엮은 모양 (상형자)

두음법칙(頭音法則) 한자

한자음에서 첫머리나 음절의 첫소리에서 발음되는 것을 피하기 위해 다른 소리로 바꾸어 발음하는 것으로 즉, 'ㅣ, ㅑ, ㅕ, ㅛ, ㅠ' 앞에서 'ㄹ과 ㄴ'이 'ㅇ'이 되고, 'ㅏ, ㅓ, ㅗ, ㅜ, ㅡ, ㅐ, ㅔ, ㅚ' 앞의 'ㄹ'은 'ㄴ'으로 변하는 것을 말한다.

ㄴ→ㅇ로 발음

尿(뇨)	뇨-糖尿病(당뇨병) 요-尿素肥料(요소비료)	尼(니)	니-比丘尼(비구니) 이-尼僧(이승)	泥(니)	니-雲泥(운니) 이-泥土(이토)
溺(닉)	닉-眈溺(탐닉) 익-溺死(익사)	女(녀)	여-女子(여자) 녀-小女(소녀)	匿(닉)	닉-隱匿(은닉) 익-匿名(익명)
紐(뉴)	뉴-結紐(결뉴) 유-紐帶(유대)	念(념)	념-理念(이념) 염-念佛(염불)	年(년)	년-數十年(수십년) 연-年代(연대)

ㄹ→ㄴ,ㅇ로 발음

洛(락)	락-京洛(경락) 낙-洛東江(낙동강)	蘭(란)	란-香蘭(향란) 난-蘭草(난초)	欄(란)	란-空欄(공란) 난-欄干(난간)
藍(람)	람-甘藍(감람) 남-藍色(남색)	濫(람)	람-氾濫(범람) 남-濫發(남발)	拉(랍)	랍-被拉(피랍) 납-拉致(납치)
浪(랑)	랑-放浪(방랑) 낭-浪說(낭설)	廊(랑)	랑-舍廊(사랑) 낭-廊下(낭하)	涼(량)	량-淸涼里(청량리) 양-涼秋(양추)
諒(량)	량-海諒(해량) 양-諒解(양해)	慮(려)	려-憂慮(우려) 여-慮外(여외)	勵(려)	려-獎勵(장려) 여-勵行(여행)
曆(력)	력-陽曆(양력) 역-曆書(역서)	蓮(련)	련-水蓮(수련) 연-蓮根(연근)	戀(련)	련-悲戀(비련) 연-戀情(연정)
劣(렬)	렬-拙劣(졸렬) 열-劣等(열등)	廉(렴)	렴-淸廉(청렴) 염-廉恥(염치)	嶺(령)	령-大關嶺(대관령) 영-嶺東(영동)

동자이음(同字異音) 한자

降	내릴	강	降雨(강우)		更	다시	갱	更生(갱생)
	항복할	항	降伏(항복)			고칠	경	更張(경장)
車	수레	거	車馬(거마)		乾	하늘, 마를	건	乾燥(건조)
	수레	차	車票(차표)			마를	간	乾物(간물)
見	볼	견	見聞(견문)		串	버릇	관	串童(관동)
	나타날, 뵐	현	謁見(알현)			땅이름	곶	甲串(갑곶)
告	알릴	고	告示(고시)		奈	나락	나	奈落(나락)
	뵙고청할	곡	告寧(곡녕)			어찌	내	奈何(내하)
帑	처자	노	妻帑(처노)		茶	차	다	茶菓(다과)
	나라곳집	탕	帑庫(탕고)			차	차	茶禮(차례)
宅	댁	댁	宅內(댁내)		度	법도	도	度數(도수)
	집	택	宅地(택지)			헤아릴	탁	忖度(촌탁)
讀	읽을	독	讀書(독서)		洞	마을	동	洞里(동리)
	구절	두	吏讀(이두)			통할	통	洞察(통찰)
屯	모일	둔	屯田(둔전)		反	돌이킬	반	反亂(반란)
	어려울	준	屯困(준곤)			뒤집을	번	反田(번전)
魄	넋	백	魂魄(혼백)		便	똥오줌	변	便所(변소)
	넋잃을	탁/박	落魄(낙탁)			편할	편	便利(편리)
復	회복할	복	復歸(복귀)		父	아비	부	父母(부모)
	다시	부	復活(부활)			남자미칭	보	尙父(상보)
否	아닐	부	否決(부결)		北	북녘	북	北進(북진)
	막힐	비	否塞(비색)			달아날	패	敗北(패배)
分	나눌	분	分裂(분열)		不	아니	불	不能(불능)
	단위	푼	分錢(푼전)			아닐	부	不在(부재)
沸	끓을	비	沸騰(비등)		寺	절	사	寺刹(사찰)
	물용솟음칠	불	沸水(불수)			내시, 관청	시	寺人(시인)
殺	죽일	살	殺生(살생)		狀	모양	상	狀況(상황)
	감할	쇄	殺到(쇄도)			문서	장	狀啓(장계)

索	찾을 쓸쓸할	색 삭	索引(색인) 索莫(삭막)	塞	막을 변방	색 새	塞源(색원) 要塞(요새)
說	말씀 달랠 기뻐할	설 세 열	說得(설득) 說客(세객) 說喜(열희)	省	살필 덜	성 생	省墓(성묘) 省略(생략)
率	거느릴 비율	솔 률/율	率先(솔선) 率身(율신)	衰	쇠할 상복	쇠 최	衰退(쇠퇴) 衰服(최복)
數	셀 자주 촘촘할	수 삭 촉	數學(수학) 數窮(삭궁) 數罟(촉고)	宿	잘 별	숙 수	宿泊(숙박) 宿曜(수요)
拾	주울 열	습 십	拾得(습득) 拾萬(십만)	瑟	악기이름 악기이름	슬 실	瑟居(슬거) 琴瑟(금실)
食	밥 먹일	식 사	食堂(식당) 簞食(단사)	識	알 기록할	식 지	識見(식견) 標識(표지)
什	열사람 세간	십 집	什長(십장) 什器(집기)	十	열 	십 시	十干(십간) 十月(시월)
惡	악할 미워할	악 오	惡漢(악한) 惡寒(오한)	樂	풍류 즐길 좋아할	악 낙/락 요	樂聖(악성) 樂園(낙원) 樂山樂水(요산요수)
若	만약 반야	약 야	若干(약간) 般若(반야)	於	어조사 탄식할	어 오	於是乎(어시호) 於兎(오토)
厭	싫어할 누를	염 엽	厭世(염세) 厭然(엽연)	葉	잎 성씨	엽 섭	葉書(엽서) 葉氏(섭씨)
六	여섯 여섯	육/륙 유/뉴	六年(육년) 六月(유월)	易	쉬울 바꿀, 주역	이 역	易慢(이만) 易學(역학)
咽	목구멍 목멜	인 열	咽喉(인후) 嗚咽(오열)	刺	찌를 수라 찌를	자 라 척	刺戟(자극) 水刺(수라) 刺殺(척살)
炙	구울 고기구이	자 적	炙背(자배) 炙鐵(적철)	著	지을 붙을	저 착	著述(저술) 著近(착근)
抵	막을 칠	저 지	抵抗(저항) 抵掌(지장)	切	끊을 모두	절 체	切迫(절박) 一切(일체)

提	끌 보리수 떼지어날	제 리 시	提携(제휴) 菩提樹(보리수) 提提(시시)	辰	지지 일월성	진 신	辰時(진시) 生辰(생신)
斟	술따를 짐작할	짐 침	斟酌(짐작) 斟量(침량)	徵	부를 음률이름	징 치	徵兵(징병) 宮商角徵羽(궁상각치우)
差	어긋날 층질	차 치	差別(차별) 參差(참치)	帖	문서 체지	첩 체	帖着(첩착) 帖文(체문)
諦	살필 울	체 제	諦念(체념) 眞諦(진제)	丑	소 이름	축 추	丑時(축시) 公孫丑(공손추)
則	법 곧	칙 즉	則效(칙효) 然則(연즉)	沈	가라앉을 성씨	침 심	沈沒(침몰) 沈氏(심씨)
拓	박을 넓힐	탁 척	拓本(탁본) 拓殖(척식)	罷	그만둘 고달플	파 피	罷業(파업) 罷勞(피로)
編	엮을 땋을	편 변	編輯(편집) 編髮(변발)	布	베 베풀	포 보	布木(포목) 布施(보시)
暴	사나울 사나울	폭 포	暴動(폭동) 暴惡(포악)	曝	볕쬘 볕쬘	폭 포	曝衣(폭의) 曝白(포백)
皮	가죽 가죽	피 비	皮革(피혁) 鹿皮(녹비)	行	다닐 항렬·줄	행 항	行樂(행락) 行列(항렬)
陜	좁을 땅이름	협 합	陜隘(협애) 陜川(합천)	滑	미끄러울 어지러울	활 골	滑降(활강) 滑稽(골계)

약자(略字)·속자(俗字)

假=仮 (거짓 가)
價=価 (값 가)
覺=覚 (깨달을 각)
擧=挙 (들 거)
據=拠 (의지할 거)
輕=軽 (가벼울 경)
經=経 (경서 경)
徑=径 (지름길 경)
鷄=雞 (닭 계)
繼=継 (이을 계)
館=舘 (집 관)
關=関 (빗장 관)
廣=広 (넓을 광)
敎=教 (가르칠 교)
區=区 (구역 구)
舊=旧 (예 구)
驅=駆 (몰 구)
國=国 (나라 국)
權=権 (권세 권)
勸=勧 (권할 권)
龜=亀 (거북 귀)
氣=気 (기운 기)
旣=既 (이미 기)
內=内 (안 내)
單=単 (홑 단)
團=団 (둥글 단)
斷=断 (끊을 단)
擔=担 (멜 담)
當=当 (당할 당)
黨=党 (무리 당)
對=対 (대할 대)
德=徳 (큰 덕)
圖=図 (그림 도)
讀=読 (읽을 독)
獨=独 (홀로 독)
樂=楽 (즐길 락)
亂=乱 (어지러울 란)
覽=覧 (볼 람)
來=来 (올 래)
兩=両 (두 량)
凉=涼 (서늘할 량)
勵=励 (힘쓸 려)
歷=歴 (지날 력)
練=練 (익힐 련)
戀=恋 (사모할 련)

靈=灵 (신령 령)
禮=礼 (예도 례)
勞=労 (수고로울 로)
爐=炉 (화로 로)
綠=緑 (푸를 록)
賴=頼 (의지할 뢰)
龍=竜 (용 룡)
樓=楼 (다락 루)
稟=禀 (삼갈·사뢸 품)
萬=万 (일만 만)
滿=満 (찰 만)
蠻=蛮 (오랑캐 만)
賣=売 (팔 매)
麥=麦 (보리 맥)
半=半 (반 반)
發=発 (필 발)
拜=拝 (절 배)
變=変 (변할 변)
辯=弁 (말잘할 변)
邊=辺 (가 변)
並=並 (아우를 병)
寶=宝 (보배 보)
拂=払 (떨칠 불)
佛=仏 (부처 불)
冰=氷 (어름 빙)
絲=糸 (실 사)
寫=写 (베낄 사)
辭=辞 (말씀 사)
雙=双 (짝 쌍)
敍=叙 (펼 서)
潟=舃 (개펄 석)
釋=釈 (풀 석)
聲=声 (소리 성)
續=続 (이을 속)
屬=属 (붙을 속)
收=収 (거둘 수)
數=数 (수 수)
輸=輸 (보낼 수)
肅=粛 (삼갈 숙)
濕=湿 (젖을 습)
乘=乗 (탈 승)
實=実 (열매 실)
兒=児 (아이 아)
亞=亜 (버금 아)
惡=悪 (악할 악)

嚴=岩 (바위 암)
壓=圧 (누를 압)
藥=薬 (약 약)
讓=譲 (사양할 양)
嚴=厳 (엄할 엄)
餘=余 (남을 여)
與=与 (줄 여)
驛=駅 (정거장 역)
譯=訳 (통역할 역)
鹽=塩 (소금 염)
榮=栄 (영화 영)
豫=予 (미리 예)
藝=芸 (재주 예)
溫=温 (따뜻할 온)
圓=円 (둥글 원)
圍=囲 (둘레 위)
爲=為 (하 위)
陰=陰 (그늘 음)
應=応 (응할 응)
醫=医 (의원 의)
貳=弐 (두 이)
壹=壱 (하나 일)
姊=姉 (누이 자)
殘=残 (남을 잔)
潛=潜 (잠길 잠)
雜=雑 (섞일 잡)
壯=壮 (씩씩할 장)
莊=庄 (별장 장)
爭=争 (다툴 쟁)
戰=戦 (싸움 전)
錢=銭 (돈 전)
傳=伝 (전할 전)
轉=転 (구를 전)
點=点 (점 점)
靜=静 (고요 정)
淨=浄 (깨끗할 정)
濟=済 (건널 제)
齊=斉 (다스릴 제)
條=条 (가지 조)
弔=吊 (조상할 조)
從=従 (쫓을 종)
晝=昼 (낮 주)
卽=即 (곧 즉)
增=増 (더할 증)
證=証 (증거 증)

眞=真 (참 진)
盡=尽 (다할 진)
晉=晋 (나라 진)
贊=賛 (찬성할 찬)
讚=讃 (칭찬할 찬)
參=参 (참여할 참)
册=冊 (책 책)
處=処 (곳 처)
淺=浅 (얕을 천)
鐵=鉄 (쇠 철)
廳=庁 (관청 청)
體=体 (몸 체)
觸=触 (닿을 촉)
總=総 (다 총)
蟲=虫 (벌레 충)
齒=歯 (이 치)
恥=耻 (부끄러울 치)
稱=称 (일컬을 칭)
彈=弾 (탄할 탄)
澤=沢 (못 택)
擇=択 (가릴 택)
廢=廃 (폐할 폐)
豐=豊 (풍성할 풍)
學=学 (배울 학)
解=觧 (풀 해)
鄕=郷 (고을 향)
虛=虚 (빌 허)
獻=献 (드릴 헌)
驗=験 (증험할 험)
顯=顕 (나타날 현)
螢=蛍 (반딧불 형)
號=号 (부르짖을 호)
畫=画 (그림 화)
擴=拡 (늘릴 확)
歡=歓 (기쁠 환)
黃=黄 (누를 황)
會=会 (모을 회)
回=囘 (돌아올 회)
效=効 (본받을 효)
黑=黒 (검을 흑)
戱=戯 (희롱할 희)

한자 색인

ㄱ

3급 架(가) 14
4급 暇(가) 14
3급 却(각) 14
4급 刻(각) 14
3Ⅱ급 閣(각) 14
4급 覺(각) 15
3Ⅱ급 刊(간) 15
3Ⅱ급 肝(간) 15
3급 姦(간) 15
3Ⅱ급 幹(간) 15
3Ⅱ급 懇(간) 16
4급 簡(간) 16
4Ⅱ급 監(감) 16
3Ⅱ급 鑑(감) 16
3Ⅱ급 剛(강) 16
4Ⅱ급 康(강) 17
3Ⅱ급 綱(강) 17
3급 鋼(강) 17
3급 慨(개) 17
3Ⅱ급 介(개) 17
3급 蓋(개) 18
3Ⅱ급 概(개) 18
4급 拒(거) 18
3Ⅱ급 距(거) 18
4급 據(거) 18
5급 件(건) 19
5급 健(건) 19
3급 乞(걸) 19
4급 傑(걸) 19
3Ⅱ급 劍(검) 19
4급 儉(검) 20
4Ⅱ급 檢(검) 20
5급 格(격) 20
3급Ⅱ 隔(격) 20
4급 激(격) 20
4급 擊(격) 21
3급 肩(견) 21
3급 牽(견) 21
3급 絹(견) 21
3급 遣(견) 21
4Ⅱ급 缺(결) 22
3Ⅱ급 兼(겸) 22
3Ⅱ급 謙(겸) 22
3급 徑(경) 22
3급 竟(경) 22
3Ⅱ급 頃(경) 23
3급 硬(경) 23
3급 卿(경) 23
4급 傾(경) 23
4Ⅱ급 境(경) 23
4급 鏡(경) 24
4Ⅱ급 警(경) 24
4급 系(계) 24
4급 戒(계) 24
4Ⅱ급 係(계) 24
3Ⅱ급 契(계) 25
3급 桂(계) 25
3Ⅱ급 械(계) 25
3Ⅱ급 啓(계) 25
4급 階(계) 25
3급 繫(계) 26
4급 繼(계) 26
4급 孤(고) 26
3Ⅱ급 姑(고) 26
3급 枯(고) 26
4급 庫(고) 27
3Ⅱ급 鼓(고) 27
3Ⅱ급 稿(고) 27
3급 顧(고) 27
3Ⅱ급 哭(곡) 27
4급 孔(공) 28
4급 攻(공) 28
3Ⅱ급 供(공) 28
3Ⅱ급 恐(공) 28
3Ⅱ급 恭(공) 28
3Ⅱ급 貢(공) 29
3Ⅱ급 誇(과) 29
3Ⅱ급 寡(과) 29
3급 郭(곽) 29
3Ⅱ급 冠(관) 29
3Ⅱ급 貫(관) 30
4급 管(관) 30
3Ⅱ급 慣(관) 30
3Ⅱ급 寬(관) 30
3Ⅱ급 館(관) 30
3Ⅱ급 狂(광) 31
4급 鑛(광) 31
3급 掛(괘) 31
3Ⅱ급 怪(괴) 31
3급 塊(괴) 31
3급 愧(괴) 32
3Ⅱ급 壞(괴) 32
3Ⅱ급 巧(교) 32
3급 郊(교) 32
3Ⅱ급 較(교) 32
3급 矯(교) 33
3급 丘(구) 33
3급 狗(구) 33
3Ⅱ급 拘(구) 33
5급 具(구) 33
3급 苟(구) 34
3급 俱(구) 34
6급 區(구) 34
6급 球(구) 34
4급 構(구) 34
3급 龜(구) 35
3급 懼(구) 35
3급 驅(구) 35
5급 局(국) 35
3Ⅱ급 菊(국) 35
4급 群(군) 36
4급 屈(굴) 36
4Ⅱ급 宮(궁) 36
4급 窮(궁) 36
4급 券(권) 36
3Ⅱ급 拳(권) 37
3급 厥(궐) 37
3급 軌(궤) 37
3Ⅱ급 鬼(귀) 37
3급 叫(규) 37
3급 糾(규) 38
5급 規(규) 38
3급 菌(균) 38
3Ⅱ급 克(극) 38
4급 劇(극) 38
3급 斤(근) 39
3급 僅(근) 39
3급 謹(근) 39
3Ⅱ급 琴(금) 39
3Ⅱ급 禽(금) 39
3Ⅱ급 錦(금) 40
6급 級(급) 40
3급 肯(긍) 40
3Ⅱ급 企(기) 40
3급 忌(기) 40
4급 奇(기) 41
3Ⅱ급 祈(기) 41
4급 紀(기) 41
3급 豈(기) 41
3급 飢(기) 41
4급 寄(기) 42
3급 欺(기) 42
3급 棄(기) 42
7급 旗(기) 42
3Ⅱ급 畿(기) 42
4Ⅱ급 器(기) 43
4급 機(기) 43
3급 騎(기) 43
3Ⅱ급 緊(긴) 43

ㄴ

3급 那(나) 43
3Ⅱ급 諸(낙) 44

4급 納(납) 44
3Ⅱ급 娘(낭) 44
3급 奈(내/나) 44
3Ⅱ급 耐(내) 44
3Ⅱ급 寧(녕(영)) 45
3Ⅱ급 奴(노) 45
4Ⅱ급 努(노) 45
3급 惱(뇌) 45
3Ⅱ급 腦(뇌) 45
3급 泥(니) 46

ㄷ

3Ⅱ급 茶(다) 46
3Ⅱ급 旦(단) 46
4급 段(단) 46
5급 團(단) 46
5급 壇(단) 47
4Ⅱ급 檀(단) 47
4Ⅱ급 斷(단) 47
3Ⅱ급 淡(담) 47
4Ⅱ급 擔(담) 47
3급 畓(답) 48
3Ⅱ급 踏(답) 48
3Ⅱ급 唐(당) 48
3Ⅱ급 糖(당/탕) 48
4Ⅱ급 黨(당) 48
4Ⅱ급 帶(대) 49
4Ⅱ급 隊(대) 49
3급 貸(대) 49
3Ⅱ급 臺(대) 49
3급 挑(도) 49
3급 倒(도) 50
3급 桃(도) 50
4급 逃(도) 50
3Ⅱ급 陶(도) 50
3Ⅱ급 途(도) 50
4급 盜(도) 51
3급 塗(도) 51
3급 渡(도) 51
3급 跳(도) 51
3급 稻(도) 51
4Ⅱ급 導(도) 52
4Ⅱ급 毒(독) 52
4Ⅱ급 督(독) 52
3급 篤(독) 52
3급 豚(돈) 52
3급 敦(돈) 53
3Ⅱ급 突(돌) 53
3급 凍(동) 53
4Ⅱ급 銅(동) 53
3급 屯(둔) 53
3급 鈍(둔) 54

3급 騰(등) 54

ㄹ

4Ⅱ급 羅(라(나)) 54
3Ⅱ급 絡(락(낙)) 54
4급 亂(란(난)) 54
3Ⅱ급 蘭(란(난)) 55
3Ⅱ급 欄(란(난)) 55
3급 濫(람) 55
4급 覽(람) 55
3Ⅱ급 廊(랑(낭)) 55
3급 掠(략(약)) 56
4급 略(략(약)) 56
3급 梁(량(양)) 56
3급 諒(량(양)) 56
4급 糧(량(양)) 56
4급 慮(려(여)) 57
3Ⅱ급 勵(려(여)) 57
4Ⅱ급 麗(려(여)) 57
3Ⅱ급 曆(력(역)) 57
3급 蓮(련(연)) 57
3급 憐(련(연)) 58
3Ⅱ급 鍊(련(연)) 58
3Ⅱ급 聯(련(연)) 58
3Ⅱ급 戀(련(연)) 58
3급 劣(렬(열)) 58
3Ⅱ급 裂(렬(열)) 59
3급 廉(렴(염)) 59
3급 獵(렵(엽)) 59
3급 零(령(영)) 59
3Ⅱ급 靈(령(영)) 59
3Ⅱ급 嶺(령(영)) 60
3급 隷(례(예)) 60
3Ⅱ급 爐(로(노)) 60
3급 鹿(록(녹)) 60
3Ⅱ급 祿(록(녹)) 60
4Ⅱ급 錄(록(녹)) 61
3Ⅱ급 弄(롱(농)) 61
3급 雷(뢰(뇌)) 61
3Ⅱ급 賴(뢰) 61
3급 了(료(요)) 61
3급 僚(료(요)) 62
4급 龍(룡(용)) 62
3급 淚(루(누)) 62
3급 累(루(누)) 62
3급 漏(루(누)) 62
3급 屢(루(누)) 63
3Ⅱ급 樓(루(누)) 63
5급 類(류(유)) 63
4급 輪(륜(윤)) 63
3Ⅱ급 栗(률(율)) 63
3Ⅱ급 隆(륭(융)) 64

3Ⅱ급 陵(릉(능)) 64
3Ⅱ급 吏(리(이)) 64
3급 梨(리(이)) 64
3Ⅱ급 裏(리(이)) 64
3Ⅱ급 履(리(이)) 65
4급 離(리(이)) 65
3급 隣(린(인)) 65
3Ⅱ급 臨(림(임)) 65

ㅁ

3급 麻(마) 65
3급 磨(마) 66
3Ⅱ급 幕(막) 66
3Ⅱ급 漠(막) 66
3급 漫(만) 66
3급 慢(만) 66
3Ⅱ급 妄(망) 67
3급 罔(망) 67
3급 茫(망) 67
3급 埋(매) 67
3Ⅱ급 梅(매) 67
3급 媒(매) 68
4Ⅱ급 脈(맥) 68
3Ⅱ급 盲(맹) 68
3Ⅱ급 孟(맹) 68
3Ⅱ급 猛(맹) 68
3Ⅱ급 盟(맹) 69
3Ⅱ급 綿(면) 69
3Ⅱ급 滅(멸) 69
3급 冥(명) 69
3Ⅱ급 銘(명) 69
3급 侮(모) 70
3급 冒(모) 70
3급 某(모) 70
3급 募(모) 70
3Ⅱ급 貌(모) 70
3Ⅱ급 慕(모) 71
4급 模(모) 71
3Ⅱ급 謀(모) 71
4Ⅱ급 牧(목) 71
3Ⅱ급 睦(목) 71
3Ⅱ급 沒(몰) 72
3Ⅱ급 蒙(몽) 72
3Ⅱ급 夢(몽) 72
3급 苗(묘) 72
4급 墓(묘) 72
3급 廟(묘) 73
3Ⅱ급 貿(무) 73
3급 霧(무) 73
3Ⅱ급 默(묵) 73
3급 眉(미) 73
3급 迷(미) 74

3Ⅱ급 微(미) 74
3급 敏(민) 74
3급 憫(민) 74
3급 蜜(밀) 74

ㅂ

4급 拍(박) 75
3급 泊(박) 75
3Ⅱ급 迫(박) 75
4Ⅱ급 博(박) 75
3Ⅱ급 薄(박) 75
3급 伴(반) 76
3급 返(반) 76
3급 叛(반) 76
3Ⅱ급 般(반) 76
6급 班(반) 76
3급 盤(반) 77
3급 拔(발) 77
4급 髮(발) 77
3급 邦(방) 77
4급 妨(방) 77
3급 芳(방) 78
3급 倣(방) 78
3급 傍(방) 78
4Ⅱ급 背(배) 78
5급 倍(배) 78
4Ⅱ급 配(배) 79
3Ⅱ급 培(배) 79
3Ⅱ급 排(배) 79
3Ⅱ급 輩(배) 79
3Ⅱ급 伯(백) 79
3급 煩(번) 80
3Ⅱ급 繁(번) 80
3급 飜(번) 80
4Ⅱ급 罰(벌) 80
4급 犯(범) 80
4급 範(범) 81
3Ⅱ급 碧(벽) 81
4Ⅱ급 壁(벽) 81
3급 辨(변) 81
4Ⅱ급 邊(변) 81
4급 辯(변) 82
3급 竝(병) 82
3급 屛(병) 82
4급 普(보) 82
3Ⅱ급 補(보) 82
3급 譜(보) 83
4Ⅱ급 寶(보) 83
3급 卜(복) 83
3Ⅱ급 腹(복) 83
4급 複(복) 83
3Ⅱ급 覆(복/부) 84

3Ⅱ급 封(봉) 84
3Ⅱ급 峯(봉) 84
3급 蜂(봉) 84
3급 鳳(봉) 84
3Ⅱ급 付(부) 85
4Ⅱ급 府(부) 85
3Ⅱ급 附(부) 85
3급 赴(부) 85
4급 負(부) 85
4Ⅱ급 副(부) 86
3Ⅱ급 符(부) 86
3급 腐(부) 86
3급 賦(부) 86
3Ⅱ급 簿(부) 86
3Ⅱ급 奔(분) 87
3급 墳(분) 87
3Ⅱ급 紛(분) 87
4급 粉(분) 87
4급 憤(분) 87
3Ⅱ급 奮(분) 88
3급 拂(불) 88
3급 崩(붕) 88
3Ⅱ급 妃(비) 88
4급 批(비) 88
3Ⅱ급 肥(비) 89
3Ⅱ급 卑(비) 89
4급 祕(비) 89
3Ⅱ급 婢(비) 89
5급 費(비) 89
4급 碑(비) 90
3급 賓(빈) 90
3급 頻(빈) 90
3급 聘(빙) 90

ㅅ

3Ⅱ급 司(사) 90
3급 似(사) 91
3Ⅱ급 沙(사) 91
3Ⅱ급 邪(사) 91
6급 社(사) 91
3Ⅱ급 祀(사) 91
5급 査(사) 92
3급 蛇(사) 92
3급 斜(사) 92
3급 捨(사) 92
3Ⅱ급 詞(사) 92
3급 詐(사) 93
3급 斯(사) 93
5급 寫(사) 93
3급 賜(사) 93
4급 辭(사) 93
3급 削(삭) 94

3급 朔(삭) 94
4Ⅱ급 床(상) 94
4Ⅱ급 狀(상) 94
3급 桑(상) 94
3급 祥(상) 95
4급 象(상) 95
3Ⅱ급 詳(상) 95
3Ⅱ급 像(상) 95
3Ⅱ급 裳(상) 95
3급 嘗(상) 96
3급 償(상) 96
3급 塞(새/색) 96
3Ⅱ급 索(색/삭) 96
3Ⅱ급 徐(서) 96
3Ⅱ급 恕(서) 97
3급 庶(서) 97
3급 敍(서) 97
3급 逝(서) 97
3Ⅱ급 署(서) 97
3급 誓(서) 98
3Ⅱ급 緖(서) 98
3급 析(석) 98
3Ⅱ급 釋(석) 98
4급 宣(선) 98
3Ⅱ급 旋(선) 99
3급 禪(선) 99
3급 涉(섭) 99
3급 攝(섭) 99
3급 召(소) 99
3급 昭(소) 100
4Ⅱ급 掃(소) 100
3Ⅱ급 疏(소) 100
3Ⅱ급 訴(소) 100
3급 蔬(소) 100
3급 燒(소) 101
3Ⅱ급 蘇(소) 101
3급 騷(소) 101
5급 束(속) 101
3급 粟(속) 101
4급 屬(속) 102
4급 損(손) 102
3Ⅱ급 率(솔) 102
4급 頌(송) 102
3급 訟(송) 102
3급 誦(송) 103
3Ⅱ급 刷(쇄) 103
3급 鎖(쇄) 103
3Ⅱ급 衰(쇠) 103
3급 囚(수) 103
3Ⅱ급 垂(수) 104
3Ⅱ급 帥(수) 104
3Ⅱ급 殊(수) 104

3급 搜(수/소) 104
3급 睡(수) 104
3급 遂(수) 105
3II급 需(수) 105
3II급 隨(수) 105
3II급 輸(수) 105
3II급 獸(수) 105
3급 孰(숙) 106
4급 肅(숙) 106
3II급 熟(숙) 106
3II급 旬(순) 106
3II급 巡(순) 106
3급 殉(순) 107
3급 脣(순) 107
3급 循(순) 107
3II급 瞬(순) 107
3II급 述(술) 107
6급 術(술) 108
3급 濕(습) 108
2급 襲(습) 108
3II급 昇(승) 108
3II급 僧(승) 108
3급 矢(시) 109
3II급 侍(시) 109
4II급 息(식) 109
3II급 飾(식) 109
3급 伸(신) 109
3급 晨(신) 110
3II급 愼(신) 110
3급 尋(심) 110
3II급 審(심) 110
3II급 雙(쌍) 110

ㅇ

3급 牙(아) 111
3II급 亞(아) 111
3급 芽(아) 111
3II급 雅(아) 111
3급 餓(아) 111
3급 岳(악) 112
3II급 岸(안) 112
3급 雁(안) 112
3급 謁(알) 112
3급 押(압/갑) 112
4II급 壓(압) 113
3II급 央(앙) 113
3급 殃(앙) 113
3급 涯(애) 113
3급 厄(액) 113
4급 額(액) 114
3급 耶(야) 114
3급 躍(약) 114

3급 楊(양) 114
4급 樣(양) 114
3II급 壤(양) 115
3II급 御(어) 115
3II급 抑(억) 115
3급 焉(언) 115
3급 予(여) 115
3급 輿(여) 116
3II급 役(역) 116
3급 疫(역) 116
4급 域(역) 116
3II급 譯(역) 116
3II급 驛(역) 117
4급 延(연) 117
3II급 沿(연) 117
3II급 宴(연) 117
3II급 軟(연) 117
4급 鉛(연) 118
4II급 演(연) 118
4급 緣(연) 118
3급 燕(연) 118
4급 燃(연) 118
3급 閱(열) 119
3II급 染(염) 119
3급 鹽(염) 119
3급 泳(영) 119
4급 映(영) 119
3급 詠(영) 120
3II급 影(영) 120
4급 營(영) 120
3급 銳(예) 120
4급 豫(예) 120
3II급 譽(예) 121
3급 汚(오) 121
3급 娛(오) 121
3급 傲(오) 121
3급 嗚(오) 121
3II급 獄(옥) 122
3급 翁(옹) 122
3급 擁(옹) 122
3급 緩(완) 122
3급 畏(외) 122
3급 腰(요) 123
3급 搖(요) 123
3급 遙(요) 123
4II급 謠(요) 123
3II급 辱(욕) 123
3II급 慾(욕) 124
3급 庸(용) 124
3급 羽(우) 124
3II급 偶(우) 124
4급 郵(우) 124

3II급 愚(우) 125
4급 優(우) 125
3II급 韻(운) 125
4II급 員(원) 125
5급 院(원) 125
4급 援(원) 126
4급 源(원) 126
3II급 越(월) 126
4급 委(위) 126
3급 胃(위) 126
4급 圍(위) 127
3급 違(위) 127
3급 僞(위) 127
4급 慰(위) 127
3급 緯(위) 127
4II급 衛(위) 128
3II급 謂(위) 128
4급 乳(유) 128
3II급 幽(유) 128
3II급 悠(유) 128
3급 惟(유) 129
3II급 裕(유) 129
3급 愈(유) 129
3II급 誘(유) 129
3II급 維(유) 129
4급 儒(유) 130
3급 閏(윤) 130
3II급 潤(윤) 130
4급 隱(은) 130
3급 淫(음) 130
3급 凝(응) 131
3급 宜(의) 131
4급 疑(의) 131
4급 儀(의) 131
3급 夷(이) 131
3II급 翼(익) 132
3급 姻(인) 132
3II급 逸(일) 132
5급 任(임) 132
3II급 賃(임) 132

ㅈ

3급 刺(자) 133
4급 姿(자) 133
3급 茲(자) 133
3급 恣(자) 133
3급 紫(자) 133
4급 資(자) 134
3급 酌(작) 134
3급 爵(작) 134
4급 殘(잔) 134
3II급 暫(잠) 134

3II급 潛(잠) 135
4급 雜(잡) 135
3II급 丈(장) 135
3II급 莊(장) 135
4급 帳(장) 135
4급 張(장) 136
4II급 障(장) 136
3II급 掌(장) 136
3II급 粧(장) 136
4급 腸(장) 136
4급 裝(장) 137
3II급 葬(장) 137
4급 奬(장) 137
3급 墻(장) 137
3II급 藏(장) 137
3II급 臟(장) 138
5급 災(재) 138
3급 宰(재) 138
3II급 裁(재) 138
3II급 載(재) 138
4급 底(저) 139
3II급 抵(저) 139
3II급 寂(적) 139
4급 賊(적) 139
3II급 跡(적) 139
3급 滴(적) 140
3II급 摘(적) 140
4급 積(적) 140
4급 績(적) 140
4급 籍(적) 140
4급 專(전) 141
3II급 殿(전) 141
4급 轉(전) 141
5급 切(절) 141
4급 折(절) 141
3급 竊(절) 142
4급 占(점) 142
3II급 漸(점) 142
4급 點(점) 142
3급 蝶(접) 142
3II급 廷(정) 143
3II급 征(정) 143
3II급 亭(정) 143
3급 訂(정) 143
4II급 程(정) 143
4급 整(정) 144
4II급 制(제) 144
4II급 提(제) 144
3급 堤(제) 144
4II급 際(제) 144
3II급 齊(제) 145
4II급 濟(제) 145

3급 弔(조) 145
3급 租(조) 145
4급 條(조) 145
4급 組(조) 146
3II급 照(조) 146
4급 潮(조) 146
5급 操(조) 146
3급 燥(조) 146
3급 拙(졸) 147
3II급 縱(종) 147
3급 佐(좌) 147
4급 座(좌) 147
5급 州(주) 147
3급 舟(주) 148
4급 周(주) 148
3II급 奏(주) 148
3II급 柱(주) 148
3II급 洲(주) 148
3급 株(주) 149
3급II 珠(주) 149
3급II 鑄(주) 149
3급 俊(준) 149
4II급 準(준) 149
3급 遵(준) 150
3급 仲(중) 150
3II급 症(증) 150
3II급 蒸(증) 150
3II급 憎(증) 150
3급 贈(증) 151
3II급 池(지) 151
4급 智(지) 151
4급 誌(지) 151
3급 遲(지) 151
4II급 職(직) 152
4급 織(직) 152
4급 珍(진) 152
3II급 振(진) 152
4급 陣(진) 152
3II급 陳(진) 153
3II급 震(진/신) 153
3II급 鎭(진) 153
3급 姪(질) 153
3II급 秩(질) 153
3II급 疾(질) 154
3II급 徵(징) 154
3급 懲(징) 154

ㅊ

4급 差(차) 154
3급 捉(착) 154
3급 錯(착) 155
3II급 贊(찬) 155

4급 讚(찬) 155
3급 慘(참) 155
3급 慙(참) 155
3II급 倉(창) 156
4II급 創(창) 156
3급 暢(창) 156
3II급 蒼(창) 156
3II급 彩(채) 156
3급 債(채) 157
3II급 策(책) 157
3급 斥(척) 157
3II급 拓(척) 157
3II급 戚(척) 157
3II급 賤(천) 158
3급 遷(천) 158
3II급 踐(천) 158
3급 薦(천) 158
3II급 哲(철) 158
3II급 徹(철) 159
3급 尖(첨) 159
3급 添(첨) 159
3급 妾(첩) 159
4급 廳(청) 159
3급 替(체) 160
3급 逮(체) 160
3II급 滯(체) 160
3급 遞(체) 160
3II급 肖(초) 160
3급 抄(초) 161
3급 秒(초) 161
3II급 超(초) 161
3II급 礎(초) 161
3II급 促(촉) 161
3급 燭(촉) 162
3II급 觸(촉) 162
4II급 銃(총) 162
4II급 總(총) 162
3급 聰(총) 162
3II급 催(최) 163
3급 抽(추) 163
3급 醜(추) 163
3급 畜(축) 163
3급 逐(축) 163
4II급 蓄(축) 164
4II급 築(축) 164
4급 縮(축) 164
3II급 衝(충) 164
3급 臭(취) 164
4급 趣(취) 165
3II급 醉(취) 165
3II급 側(측) 165
4II급 測(측) 165

4급 層(층) 165
3Ⅱ급 値(치) 166
3Ⅱ급 恥(치) 166
4Ⅱ급 置(치) 166
3급 漆(칠) 166
3Ⅱ급 沈(침) 166
3급 枕(침) 167
4Ⅱ급 侵(침) 167
3급 浸(침) 167
4급 寢(침) 167
4급 稱(칭) 167

ㅌ

3급 妥(타) 168
3급 墮(타) 168
3급 托(탁) 168
5급 卓(탁) 168
3급 濁(탁) 168
3급 濯(탁) 169
5급 炭(탄) 169
3급 誕(탄) 169
4급 彈(탄) 169
4급 歎(탄) 169
3급 奪(탈) 170
3급 貪(탐) 170
3Ⅱ급 塔(탑) 170
3급 湯(탕) 170
3Ⅱ급 殆(태) 170
3급 怠(태) 171
4Ⅱ급 態(태) 171
3Ⅱ급 澤(택) 171
4급 擇(택) 171
3급 吐(토) 171
4급 討(토) 172
4급 痛(통) 172
3급 透(투) 172
4급 鬪(투) 172

ㅍ

3급 把(파) 172
4급 派(파) 173
3급 頗(파) 173
3급 播(파) 173
3급 罷(파) 173
5급 板(판) 173
3Ⅱ급 版(판) 174
3급 販(판) 174
3Ⅱ급 偏(편) 174
3급 遍(편) 174
3급 編(편) 174
4급 評(평) 175
3Ⅱ급 肺(폐) 175

3급 廢(폐) 175
3Ⅱ급 弊(폐) 175
3급 幣(폐) 175
3급 蔽(폐) 176
4Ⅱ급 包(포) 176
4급 胞(포) 176
3Ⅱ급 浦(포) 176
3급 捕(포) 176
3급 飽(포) 177
3급 幅(폭) 177
4급 爆(폭) 177
4Ⅱ급 票(표) 177
3급 漂(표) 177
4급 標(표) 178
4급 疲(피) 178
3Ⅱ급 被(피) 178
4급 避(피) 178
3Ⅱ급 畢(필) 178

ㅎ

3급 荷(하) 179
3Ⅱ급 鶴(학) 179
3급 汗(한) 179
3급 旱(한) 179
3Ⅱ급 割(할) 179
3Ⅱ급 含(함) 180
3급 咸(함) 180
3Ⅱ급 陷(함) 180
4급 抗(항) 180
3급 巷(항) 180
4Ⅱ급 航(항) 181
4Ⅱ급 港(항) 181
3Ⅱ급 項(항) 181
3급 奚(해) 181
3급 該(해) 181
4급 核(핵) 182
3급 享(향) 182
3Ⅱ급 響(향) 182
3급 軒(헌) 182
4급 憲(헌) 182
3Ⅱ급 獻(헌) 183
4급 險(험) 183
4Ⅱ급 驗(험) 183
3Ⅱ급 玄(현) 183
3급 絃(현) 183
3급 縣(현) 184
3Ⅱ급 懸(현) 184
4급 顯(현) 184
3급 穴(혈) 184
3급 嫌(혐) 184
3Ⅱ급 脅(협) 185
3급 亨(형) 185

3급 螢(형) 185
3급 衡(형) 185
3급 兮(혜) 185
3Ⅱ급 慧(혜) 186
3급 互(호) 186
3Ⅱ급 胡(호) 186
3Ⅱ급 浩(호) 186
3급 毫(호) 186
3Ⅱ급 豪(호) 187
4Ⅱ급 護(호) 187
3Ⅱ급 惑(혹) 187
3급 昏(혼) 187
3Ⅱ급 魂(혼) 187
3Ⅱ급 忽(홀) 188
3급 弘(홍) 188
3Ⅱ급 洪(홍) 188
3급 鴻(홍) 188
3급 禾(화) 188
3Ⅱ급 禍(화) 189
4Ⅱ급 確(확) 189
3급 擴(확) 189
3급 穫(확) 189
3급 丸(환) 189
3Ⅱ급 換(환) 190
3Ⅱ급 還(환) 190
4급 環(환) 190
4급 況(황) 190
3급 荒(황) 190
3Ⅱ급 悔(회) 191
3Ⅱ급 懷(회) 191
3Ⅱ급 劃(획) 191
3Ⅱ급 獲(획) 191
3Ⅱ급 橫(횡) 191
3급 曉(효) 192
3급 侯(후) 192
4급 候(후) 192
3급 毁(훼) 192
4급 揮(휘) 192
3급 輝(휘) 193
3급 携(휴) 193
4Ⅱ급 吸(흡) 193
3Ⅱ급 稀(희) 193
3Ⅱ급 戲(희) 193

고사성어 색인

ㄱ
街談巷說(가담항설) 196
佳人薄命(가인박명) 196
肝膽相照(간담상조) 197
看雲步月(간운보월) 197
渴而穿井(갈이천정) 198
甘言利說(감언이설) 198
改過遷善(개과천선) 199
康衢煙月(강구연월) 199
車載斗量(거재두량) 200
乾坤一擲(건곤일척) 200
隔世之感(격세지감) 201
見蚊拔劍(견문발검) 201
傾國之色(경국지색) 202
耕山釣水(경산조수) 202
鯨戰蝦死(경전하사) 203
鷄口牛後(계구우후) 203
鷄肋(계륵) 204
鷄鳴狗盜(계명구도) 204
股肱之臣(고굉지신) 205
膏粱子弟(고량자제) 205
鼓腹擊壤(고복격양) 206
孤雲野鶴(고운야학) 206
曲學阿世(곡학아세) 207
空中樓閣(공중누각) 207
刮目相對(괄목상대) 208
矯角殺牛(교각살우) 208
九曲肝腸(구곡간장) 209
口尙乳臭(구상유취) 209
九折羊腸(구절양장) 210
君子三樂(군자삼락) 210
捲土重來(권토중래) 211
金蘭之契(금란지계) 211
錦上添花(금상첨화) 212
琴瑟之樂(금슬지락) 212
錦衣夜行(금의야행) 213
奇貨可居(기화가거) 213

ㄴ·ㄷ
洛陽之價(낙양지가) 214
男負女戴(남부여대) 214

老馬之智(노(로)마지지) 215
弄瓦之慶(농와지경) 215
陵遲處斬(능지처참) 216
多事多難(다사다난) 216
斷機之戒(단기지계) 217
堂狗風月(당구풍월) 217
大義名分(대의명분) 218
獨不將軍(독불장군) 218
讀書三昧(독서삼매) 219
讀書尙友(독서상우) 219
登龍門(등용문) 220

ㅁ
萬壽無疆(만수무강) 220
明眸皓齒(명모호치) 221
毛遂自薦(모수자천) 221
猫頭縣鈴(묘두현령) 222
武陵桃源(무릉도원) 222

ㅂ
博而不精(박이부정) 223
伯牙絶鉉(백아절현) 223
百折不屈(백절불굴) 224
附和雷同(부화뇌동) 224
氷山一角(빙산일각) 225

ㅅ
四面楚歌(사면초가) 225
思無邪(사무사) 226
蛇足(사족) 226
四通八達(사통팔달) 227
傷弓之鳥(상궁지조) 227
小貪大失(소탐대실) 228
束手無策(속수무책) 228
松茂柏悅(송무백열) 229
首尾一貫(수미일관) 229
壽福康寧(수복강녕) 230
宿虎衝鼻(숙호충비) 230

ㅇ
羊頭狗肉(양두구육) 231
良藥苦口(양약고구) 231
魚頭肉尾(어두육미) 232

與民同樂(여민동락) 232
緣木求魚(연목구어) 233
吳越同舟(오월동주) 233
溫柔敦厚(온유돈후) 234
愚公移山(우공이산) 234
隱忍自重(은인자중) 235
因果應報(인과응보) 235
一刻千金(일각천금) 236
一網打盡(일망타진) 236
一寸光陰(일촌광음) 237

ㅈ
賊反荷杖(적반하장) 237
戰戰兢兢(전전긍긍) 238
轉禍爲福(전화위복) 238
絶代佳人(절대가인) 239
絶長補短(절장보단) 239
切齒腐心(절치부심) 240
糟糠之妻(조강지처) 240
助長(조장) 241

ㅊ·ㅌ·ㅍ
借廳借閨(차청차규) 241
徹頭徹尾(철두철미) 242
兎死狗烹(토사구팽) 242
推敲(퇴고) 243
破瓜之年(파과지년) 243
破邪顯正(파사현정) 244
匹夫匹婦(필부필부) 244

ㅎ
鶴首苦待(학수고대) 245
邯鄲之夢(한단지몽) 245
咸興差使(함흥차사) 246
行雲流水(행운유수) 246
懸河之辨(현하지변) 247
糊口之策(호구지책) 247
浩然之氣(호연지기) 248
胡蝶之夢(호접지몽) 248
昏定晨省(혼정신성) 249
畵中之餠(화중지병) 249
厚顔無恥(후안무치) 250

부수명칭(部首名稱)

	1획				
一	한 일	大	큰 대	木	나무 목
丨	뚫을 곤	女	계집 녀	欠	하품 흠
丶	점 주(점)	子	아들 자	止	그칠 지
丿	삐칠 별(삐침)	宀	집 면(갓머리)	歹(歺)	뼈앙상할 알(죽을사변)
乙(乚)	새 을	寸	마디 촌	殳	칠 수 (갖은등글월문)
亅	갈고리 궐	小	작을 소	毋	말 무
	2획	尢(兀)	절름발이 왕	比	견줄 비
二	두 이	尸	주검 시	毛	터럭 모
亠	머리 두(돼지해머리)	屮(艸)	싹날 철	氏	각시 씨
人(亻)	사람 인(인변)	山	메 산	气	기운 기
儿	어진사람 인	巛(川)	개미허리(내 천)	水(氵)	물 수(삼수변)
入	들 입	工	장인 공	火(灬)	불 화
八	여덟 팔	己	몸 기	爪(爫)	손톱 조
冂	멀 경(멀경몸)	巾	수건 건	父	아비 부
冖	덮을 멱(민갓머리)	干	방패 간	爻	점괘 효
冫	얼음 빙(이수변)	幺	작을 요	爿	조각널 장(장수장변)
几	안석 궤(책상궤)	广	집 엄(엄호)	片	조각 편
凵	입벌릴 감 (위터진입구)	廴	길게걸을 인(민책받침)	牙	어금니 아
刀(刂)	칼 도	廾	손맞잡을 공(밑스물입)	牛(牜)	소 우
力	힘 력	弋	주살 익	犬(犭)	개 견
勹	쌀 포	弓	활 궁		5획
匕	비수 비	彐(彑)	돼지머리 계(터진가로왈)	玄	검을 현
匚	상자 방(터진입구)	彡	터럭 삼(삐친석삼)	玉(王)	구슬 옥
匸	감출 혜(터진에운담)	彳	조금걸을 척(중인변)	瓜	오이 과
十	열 십		4획	瓦	기와 와
卜	점 복	心(忄·㣺)	마음 심(심방변)	甘	달 감
卩(㔾)	병부 절	戈	창 과	生	날 생
厂	굴바위 엄(민엄호)	戶	지게 호	用	쓸 용
厶	사사로울 사(마늘모)	手(扌)	손 수(재방변)	田	밭 전
又	또 우	支	지탱할 지	疋	필 필
	3획	攴(攵)	칠 복 (등글월문)	疒	병들 녁(병질엄)
口	입 구	文	글월 문	癶	걸을 발(필발머리)
囗	에울 위(큰입구)	斗	말 두	白	흰 백
土	흙 토	斤	도끼 근(날근)	皮	가죽 피
士	선비 사	方	모 방	皿	그릇 명
夂	뒤져올 치	无(旡)	없을 무(이미기방)	目(罒)	눈 목
夊	천천히걸을 쇠	日	날 일	矛	창 모
夕	저녁 석	曰	가로 왈	矢	화살 시
		月	달 월	石	돌 석

示(礻)	보일 시	谷	골 곡	10 획	
内	짐승발자국 유	豆	콩 두	馬	말 마
禾	벼 화	豕	돼지 시	骨	뼈 골
穴	구멍 혈	豸	발없는벌레 치(갖은돼지시변)	高	높을 고
立	설 립	貝	조개 패	髟	머리털늘어질 표(터럭발)
colspan 6 획		赤	붉을 적	鬥	싸울 투
竹	대 죽	走	달아날 주	鬯	술 창
米	쌀 미	足(⻊)	발 족	鬲	솥 력
糸	실 사	身	몸 신	鬼	귀신 귀
缶	장군 부	車	수레 거	11 획	
网(罒·㓁)	그물 망	辛	매울 신	魚	물고기 어
羊	양 양	辰	별 진	鳥	새 조
羽	깃 우	辵(辶)	쉬엄쉬엄갈 착(책받침)	鹵	소금밭 로
老(耂)	늙을 로	邑(阝)	고을 읍(우부방)	鹿	사슴 록
而	말이을 이	酉	닭 유	麥	보리 맥
耒	쟁기 뢰	釆	분별할 변	麻	삼 마
耳	귀 이	里	마을 리	12 획	
聿	붓 율	8 획		黃	누를 황
肉(月)	고기 육(육달월변)	金	쇠 금	黍	기장 서
臣	신하 신	長(镸)	길 장	黑	검을 흑
自	스스로 자	門	문 문	黹	바느질할 치
至	이를 지	阜(阝)	언덕 부(좌부방)	13 획	
臼	절구 구(확구)	隶	미칠 이	黽	맹꽁이 맹
舌	혀 설	隹	새 추	鼎	솥 정
舛(牟)	어그러질 천	雨	비 우	鼓	북 고
舟	배 주	靑	푸를 청	鼠	쥐 서
艮	그칠 간	非	아닐 비	14 획	
色	빛 색	9 획		鼻	코 비
艸(艹)	풀 초(초두)	面	낯 면	齊	가지런할 제
虍	범의문채 호(범호)	革	가죽 혁	15 획	
虫	벌레 충(훼)	韋	다룸가죽 위	齒	이 치
血	피 혈	韭	부추 구	16 획	
行	다닐 행	音	소리 음	龍	용 룡
衣(衤)	옷 의	頁	머리 혈	龜	거북 귀(구)
襾	덮을 아	風	바람 풍	17 획	
7 획		飛	날 비	龠	피리 약변
見	볼 견	食(飠)	밥 식(변)	*는	*忄 심방(변) *扌 재방(변)
角	뿔 각	首	머리 수	부수의	*氵 삼수(변) *犭 개사슴록(변)
言	말씀 언	香	향기 향	변형글자	*阝(邑) 우부(방) *阝(阜) 좌부(변)